Ausführliches Verzeichnis der

Guttentag'schen Sammlung

Deutscher Reichs- und Preußischer Gesetze

— Text-Ausgaben mit Anmerkungen; Taschenformat —

welche alle wichtigeren Gesetze in unbedingt zuverlässigen Gesetzestexten und in mustergültiger Weise erläutert enthält, befindet sich hinter dem Sachregister.

Guttentag'sche Sammlung
Nr. 91. Deutscher Reichsgesetze. Nr. 91.
Text-Ausgaben mit Anmerkungen.

Die Eisenbahn-Verkehrsordnung

vom 23. Dezember 1908

nebst

allgemeinen Ausführungsbestimmungen.

Text-Ausgabe mit Anmerkungen, vergleichender Paragraphenübersicht und Sachregister

herausgegeben von

Dr. jur. Ernst Blume,
Regierungsassessor, Breslau.

Berlin 1909.
J. Guttentag, Verlagsbuchhandlung,
G. m. b. H.

Abkürzungen.

a = Allgemeine Ausführungs-Bestimmung zur Eisenbahn-Verkehrsordnung.
AAV. = Allgemeine Abfertigungsvorschriften.
Abs. = Absatz.
AG. = Ausführungs-Gesetz.
Arch. = Archiv für Eisenbahnwesen, herausgegeben im Königlich Preußischen Ministerium der öffentl. Arbeiten.
AusfBest. = Ausführungs-Bestimmung zum Übereinkommen über den Internationalen Eisenbahn-Frachtverkehr.
Begr. = Begründung der Vorlage an den Landeseisenbahnrat bzw. Bundesrat.
Bek. = Bekanntmachung.
BGB. = Bürgerliches Gesetzbuch.
BGBl. = Bundesgesetzblatt.
BGes. = Bundesgesetz.
BO. = Eisenbahn-Bau- und Betriebsordnung vom 4. November 1904 (RGBl. S. 387).
Bolze Praxis = Bolze, Praxis des Reichsgerichts.
DEGT. = Deutscher Eisenbahn-Gütertarif.
DEP. u. GT. = Deutscher Eisenbahn-Personen- und Gepäcktarif.
Dernburg Schuldr. = Dernburg, Die Schuldverhältnisse nach dem Rechte des Deutschen Reichs und Preußens. Halle 1899/01.
DJZ. = Deutsche Juristen-Zeitung.
E. = Eingangsbestimmungen der früheren Verkehrsordnung.
EE. = Eisenbahnrechtliche Entscheidungen und Abhandlungen — herausg. von Eger.
Eis. = Eisenbahn.
Erl. = Erlaß.

ENB. = Eisenbahn-Nachrichten-Blatt.
EVB. = Eisenbahn-Verordnungs-Blatt.
FahrdVorschr. = Fahrdienst-Vorschriften.
Festschrift = F. über die Tätigkeit des Vereins Deutscher Eisenbahnverwaltungen, Berlin 1896.
FGG. = Ges. betr. die Freiwillige Gerichtsbarkeit.
FreifO. = Freifahrtordnung vom 15. Oktober 1907 (EVB. S. 373.
Fritsch = K. Fritsch, Handbuch der Eisenbahngesetzgebung in Preußen und im Deutschen Reiche. Berlin 1906.
Gerstner JE. = Gerstner, Internationales Eisenbahn-Frachtrecht Berlin 1893.
Gerstner NSt. = Gerstner, Der neueste Stand des Berner Internationalen Übereinkommens über den Eisenbahn-Frachtverkehr vom 14. Oktober 1890, Berlin 1901.
GoldschmZ. = Zeitschrift für das gesamte Handelsrecht. Begründet von Goldschmidt.
Gruchot Beitr. = Beiträge zur Erläuterung des deutschen Rechts. Begründet von Gruchot.
GS. = Gesetzsammlung für Preußen bzw. die Königlich Preußischen Staaten.
GVG. = Gerichtsverfassungsgesetz.
Hertzer = Hertzer, Handkommentar zur Eisenbahnverkehrsordnung 1902.
HGB. = Handelsgesetzbuch vom 10. Mai 1897.
IÜ. = Internationales Übereinkommen über den Eisenbahn-Frachtverkehr vom 14. Oktober 1890 mit den Änderungen und Ergänzungen in der Zusatzvereinbarung vom 16. Juli 1895 und in den Zusatzübereinkommen vom 16. Juni 1898 und vom 19. September 1906 und Zusatzerklärung vom 20. September 1893 (RGBl. 1908 S. 515). Ausgabe des Zentralamtes in Bern.
IntZtschr. = Zeitschrift für den internationalen Eisenbahntransport.
JW. = Juristische Wochenschrift.
KG. = Entscheidung des Kammergerichts.

OLG. = Die Rechtsprechung der Oberlandesgerichte auf dem Gebiete des Zivilrechts. Herausgegeben von Mugdan und Falkmann. OLG. mit Ortsnamen bedeutet Entscheidung des betr. OLG.

PrEisGes. = Gesetz über die Eisenbahn-Unternehmungen vom 3. November 1838 (GS. S. 505).

PrKleinbG. = Gesetz über Kleinbahnen und Privatanschlußbahnen vom 28. Juli 1892 (GS. S. 225).

R. = Das Recht, Rundschau für den Deutschen Juristenstand.

REA. = Reichseisenbahnamt.

RGBl. = Reichsgesetzblatt.

ReichsVerf. auch RVerf. = Verfassung des Deutschen Reiches.

RG. = Entscheidung des Reichsgerichts u. z.:

RGArch. = abgedruckt in Arch.; RGEE. in EE.; RGJW. in JW.; RGS. in der offiziellen Sammlung für Strafsachen; RGZ. in der offiziellen Sammlung für Zivilsachen.

RGes. = Reichsgesetz.

ROH. = Entscheidungen des Reichsoberhandelsgerichts.

Rosenthal = Eduard Rosenthal, Internationales Eisenbahnfrachtrecht. Jena 1904.

Rundnagel = Rundnagel, Die Haftung der Eisenbahn für Verlust, Beschädigung und Lieferfristüberschreitung nach deutschem Eisenbahnfrachtrecht. Leipzig 1906.

SeuffA. = Seufferts Archiv.

Staub = Staub's Kommentar zum Handelsgesetzbuch. 8. Auflage bearbeitet von Könige, Stranz und Pinner. Berlin 1906—1909.

Sped. u. SchiffZ. = Speditions- und Schiffahrtszeitung.

VerZtg. = Zeitung des Vereins deutscher Eisenbahnverwaltungen, Berlin.

VO. = Eisenbahn-Verkehrsordnung vom 26. Oktober 1899.

ZBl. = Zentralblatt für das Deutsche Reich.

ZPO. = Zivilprozeßordnung.

Zus. u. ZusBest. = Zusatzbestimmung zu VO.

ZusÜb. = Zusatz-Übereinkommen zu IÜ.

§ ohne näheren Zusatz bezeichnen solche der EVO.

Inhalt.

Berichtigung.

Zu § 6: Anm. 9 bezieht sich auf Abs. (4). Die Anmerkungszahlen 9 u. 10 im Abs. (5) sind in 10 u. 11 zu ändern, 11 ist zu streichen.

Einleitung.[1]

1. Geschichte der Eisenbahnverkehrsordnung.

Zur Regelung der besonders gearteten Beziehungen zwischen den Eisenbahnunternehmern und dem Publikum, das ihre Einrichtungen, sei es zu Reisen, sei es zur Güterbeförderung benutzte, genügten von Anfang an die bestehenden allgemeinen gesetzlichen Vorschriften nicht. Die Verabredung besonderer Vertragsbedingungen für jeden einzelnen Fall verbot sich durch die übergroße Anzahl der infolge des un-

1. Näheres bei Koch, Deutschlands Eisenbahnen 1859 **2** S. 8; Krönig, Verwaltung **1** 61; Ulrich in Stengels Wörterbuch: Eisenbahnbetriebsreglement **1** 334; von der Leyen, ebenda, Ergänzungsband: Eisenbahnbetriebsreglement **1—2** 46; ders. in Goldschmidts Zeitschrift **41** 501 und **49** 381; Wehrmann in Rölls Encyklopädie des gesamten Eisenbahnwesens **2** 525: Betriebsreglement; Gierke, Handelsrecht in Kohlers Encyklopädie **2** 1002: Beförderung von Gütern und Personen auf den Eisenbahnen; Staub, Kommentar zum Handelsgesetzbuch 1906—1909[8]; Fleck, Das Betriebsreglement für die Eisenbahnen Deutschlands und die Allgemeinen Tarifvorschriften der deutschen Eisenbahnen 1886; Fritsch, Handbuch der Eisenbahngesetzgebung 1906 503 ff.; Eger, Die Eisenbahnverkehrsordnung vom 26. Oktober 1899, 1901[2]; Hertzer, Handkommentar zur Eisenbahnverkehrsordnung 1902; Festschrift über die Tätigkeit des Vereins Deutscher Eisenbahn-Verwaltungen in den ersten 50 Jahren seines Bestehens 1846—1896 Berlin 1896 189 ff.

geheuren Verkehrsaufschwungs täglich sich abwickelnden Beförderungsverträge. Als notwendige Folge erwuchs daraus die Aufstellung einheitlicher Grundsätze, unter denen sich jeder Eisenbahnunternehmer ein für allemal bereit erklärte, Personen oder Güter auf seinen Strecken zu befördern. So entstanden die nach dem damaligen Rechtssprachgebrauch als Lokal- oder Spezial-„Betriebsreglements" bezeichneten Beförderungsgrundsätze zur Regelung der gegenseitigen Rechte und Pflichten des Publikums und der Eisenbahnen. Mit der Ausdehnung der Transporte über den Bereich der einzelnen Eisenbahnunternehmung hinaus in denjenigen benachbarter Eisenbahngesellschaften hinein entstand bald das Bedürfnis nach Reglements, welche die Strecken mehrerer Unternehmer umfaßten. Zu diesem Zwecke schlossen sich die Gesellschaften zu Eisenbahnverbänden zusammen und vereinbarten Verbandsbetriebsreglements. Der für die Folge bedeutsamste derartige Verband sollte der im Juni 1847 durch Beamte von sechzehn Verwaltungen preußischer Eisenbahnen gegründete „Verein Deutscher Eisenbahnverwaltungen" werden — Statut vom 28. Juni 1847 —, der in dem im November 1846 geschlossenen Verbande preußischer Eisenbahndirektionen seinen Vorgänger hatte. Von ihm wurden 1847 die „Normalbestimmungen für die Reglements der zum Deutschen Eisenbahn-Verein gehörigen Verwaltungen über die Personen-, Gepäck-, Equipagen-, Pferde- und Vieh-

Beförderung"[1] und 1850 ein „Reglement für den Güterverkehr"[2] herausgegeben.

Man kann es verstehen, wenn die Eisenbahnunternehmer in diesen von ihnen selbst aufgestellten Reglements nach Möglichkeit ihre Rechte sich zu sichern suchten. Hieraus ergaben sich Härten, gegen die das Publikum infolge des jedem Eisenbahnunternehmen eignen faktischen Beförderungsmonopols — kein Frachtführer kann so schnell und so billig befördern wie die Eisenbahn — sich nicht schützen konnte. So war ein Rückschlag unvermeidlich: es mußten die Rechte der Verfrachter auch zur Berücksichtigung gelangen. Das allgemeine deutsche Handelsgesetzbuch brachte ihn für den Gütertransport, also vornehmlich für den Stand der Handeltreibenden, indem es einmal das „Frachtgeschäft überhaupt" und dann das „Frachtgeschäft der Eisenbahnen insbesondere" regelte und dabei der alten uneingeschränkten Vertragsfreiheit der Eisenbahnen namentlich durch die Einführung des Beförderungszwanges und des Grundsatzes der Gleichberechtigung aller Absender erhebliche Fesseln anlegte. Auf den im Handelsgesetzbuch enthaltenen gesetzlichen Grundlagen wurde ein neues „Reglement für den Vereins-Güterverkehr auf den Bahnen des Vereins Deutscher Eisenbahn-Verwaltungen" vom 1. März 1862, Neuauflage vom 1. März 1865, zugleich mit einem

1. Abgedruckt: Festschrift S. 251. 2. Festschrift S. 257.

„Vereinsreglement für die Beförderung von Personen, Reisegepäck, Leichen, Fahrzeugen und lebenden Tieren auf den Bahnen des Vereins Deutscher Eisenbahn-Verwaltungen" vom 1. März 1865, in Kraft vom 15. April 1865 aufgebaut.

Gegenüber dem früheren Zustande bedeuten diese Reglements einen großen Fortschritt. Sie stellen sich aber lediglich als freiwillig von den Eisenbahnverwaltungen vereinbarte Bestimmungen dar, an welche die einzelne Verwaltung nur so lange gebunden war, als sie die Vereinbarung nicht kündigte. Das änderte sich durch die Verfassung des Norddeutschen Bundes vom 26. Juni 1867 bzw. die Reichsverfassung vom 16. April 1871 von Grund aus, durch die im Artikel 4 8 der Beaufsichtigung seitens des (Norddeutschen Bundes) Reiches und dessen Gesetzgebung unterstellt wird: „das Eisenbahnwesen — ‚in Bayern vorbehaltlich der Bestimmungen in Artikel 46 — ...' im Interesse der Landesverteidigung und des allgemeinen Verkehrs". In Ergänzung dessen weist Artikel 45 dem Reiche die Kontrolle über das Tarifwesen zu und erlegt ihm die Verpflichtung auf, namentlich dahin zu wirken: „daß baldigst auf allen deutschen Eisenbahnen übereinstimmende Betriebsreglements eingeführt werden."

In Ausführung des Artikels 45 hat der Bundesrat durch Bekanntmachung des Kanzlers des Norddeutschen Bundes vom 10. Juni 1870 (BGBl. 419) ein die Reglements des Vereins zusammenfassendes „Betriebsreglement für die Eisenbahnen des Norddeutschen Bundes" herausgegeben, dessen Geltung durch weitere Bekanntmachung des Reichskanzlers vom 22. Dezember 1871 (RGBl. 473) als „Betriebsreglement für die Eisenbahnen Deutschlands" auf alle deutschen Bahnen — mit Ausnahme derjenigen Bayerns — ausgedehnt wurde. Für Bayern wurde es mit Geltung vom 1. Januar 1872 besonders eingeführt. Eine neue Bearbeitung des Betriebsreglements wurde durch Bekanntmachung vom 11. Mai 1874 (RGBl. 84, Wortlaut im ZBl. 179) mit Gültigkeit vom 1. Juli 1874 veröffentlicht. Das Zustandekommen des Berner Internationalen Übereinkommens über den Eisenbahnfrachtverkehr, das mit dem 1. Januar 1893 (RGBl. 1892 793) in Kraft trat, erforderte wiederum eine Durchsicht. Aus ihr ging das Reglement als „Verkehrsordnung für die Eisenbahnen Deutschlands" vom 15. November 1892 (RGBl. 923) mit Gültigkeit vom 1. Januar 1893 hervor. Für Bayern wurde es in Nr. 85 des Verordnungs- und Anzeigeblattes am 16. Dezember 1892 bekanntgegeben. Mit der neuen Bezeichnung „Verkehrsordnung" trug man dem wirklichen Inhalt der Bundesratsverordnung, die ja den Verkehr, d. h. die Beförderung von Personen und Gütern auf den Eisenbahnen, nicht aber den Betrieb, d. h. die Bereitstellung der Mittel zur Beförderung, regelt, auch äußerlich Rechnung.

Das Bürgerliche Gesetzbuch vom 18. August 1896, die damit notwendig gewordene Umarbeitung des Allgemeinen deutschen Handelsgesetzbuches und endlich das am 16. Juni 1898 abgeschlossene Zusatzübereinkommen zum Berner Übereinkommen ließen auch die Verkehrsordnung nicht unberührt. Neubearbeitet wurde sie am 26. Oktober 1899 im RGBl. 557, für Bayern am 16. Dezember 1899 in Nr. 81 des Verordnungs- und Anzeigeblattes veröffentlicht. Sie ist vom 1. Januar 1900 an in Kraft gewesen. Die weitere Entwickelung des Verkehrs[1] und ein zweites Zusatzübereinkommen zum Berner Übereinkommen vom 19. September 1906 (RGBl. 1898 S. 515) forderten dringend eine neuerliche Anpassung der in der Verkehrsordnung niedergelegten Vorschriften an die „modernen Verhältnisse", insbesondere hinsichtlich der Bestimmungen über die bedingungsweise zur Eisenbahnbeförderung zugelassenen Gegenstände (frühere Anlage B). „Ein nach diesen Gesichtspunkten im Reichs-Eisenbahnamt aufgestellter Entwurf ... ist ... den meistbeteiligten Bundesregierungen sowie den ... Vertretern des Handels, der Industrie und der Landwirtschaft mitgeteilt worden. Bei der Fassung der Vorschriften ist ... die Sprache der neueren Gesetze angenommen. Der Entwurf wurde dann in zwei Konferenzen mit Vertretern der Bundesregierungen beraten. An der letzten Konferenz nahmen auch die

1. Das Folgende s. Bundesratsvorlage.

meisten Mitglieder des der ständigen Tarifkommission der deutschen Eisenbahnverwaltungen beigegebenen Ausschusses der Verkehrsinteressenten teil, der aus Vertretern des Handels, der Industrie und der Landwirtschaft besteht. Außerdem haben zweimal, im Juli 1907 in Salzburg und im Mai 1908 in Eisenach, Besprechungen zwischen Vertretern Deutschlands, Österreichs und Ungarns stattgefunden, wodurch fast überall eine Übereinstimmung der Entwürfe neuer reglementarischer Bestimmungen in den drei Staaten erreicht worden ist."

Dieser Entwurf wurde vom Bundesrat am 17. Dezember 1908 mit einigen Änderungen genehmigt und durch Bekanntmachung des Reichskanzlers vom 23. Dezember 1908 als „Eisenbahn-Verkehrsordnung" (EVO.) (RGBl. 1909 93) mit Gültigkeit vom 1. April 1909 ab veröffentlicht. Für Bayern erfolgte die Veröffentlichung im Verordnungs- und Anzeigeblatt vom 25. Januar 1909 Nr. 5.

2. Der rechtliche Charakter der Eisenbahnverkehrsordnung.

Während die Vereinsbetriebsreglements sich als „von den Eisenbahnunternehmern entworfene und veröffentlichte Vertragsbedingungen" darstellen, denen sich das Publikum der Not der Verhältnisse gehorchend beugen mußte, erkennen wir in den Bundesratsverordnungen vom 10. Juni 1870, 11. Mai 1874 und 15. November 1892 Verwaltungsanordnungen der obersten Reichsaufsichtsbehörde auf dem Gebiete des allgemeinen Verkehrs, deren Befolgung den Eisenbahnen bei ihren Vertragsabschlüssen anbefohlen ist. Aber auch die in ihnen enthaltenen Bestimmungen wirkten nur dadurch, daß Eisenbahn wie Publikum sie stillschweigend beim Abschluß ihren Verträgen zugrunde legten, sie waren also Vertragsrecht. Hierin hat das Handelsgesetzbuch vom 10. Mai 1897 eine wesentliche Änderung gebracht: durch den Hinweis im § 454 und § 472 ist die EVO. zur Rechtsverordnung erhoben, so daß die Auslegung ihrer Vorschriften Gegenstand der Revision sein kann. Danach enthält sie Rechtsnormen, die denen des HGB. über das Frachtgeschäft (6. Abschnitt des dritten Buches) vorgehen und denen im 7. Abschnitt des HGB. gleichgestellt sind. Ferner sind die Bestimmungen der EVO. über die Beförderung von Gütern, soweit sie denjenigen des HGB. entsprechen, zwingenden Rechts: Vereinbarungen, die mit ihnen im Widerspruch stehen, erklärt § 471 II HGB. für nichtig, das gilt auch für solche, welche das Publikum gegenüber EVO. begünstigen würden. Anders verhält es sich mit denjenigen über die Beförderung von Personen, für die EVO. durch § 472 HGB. zur alleinigen Rechtsquelle erhoben ist, während HGB. selbst über diese Tätigkeit der Eisenbahnen nichts enthält; hier können, z. B. durch den Tarif, dem Publikum Vergünstigungen entgegen der EVO. eingeräumt werden.

Da HGB. schlechthin von der „Eisenbahnverkehrsordnung“ spricht, ohne eine bestimmte einzelne zu bezeichnen, so hat man darunter die jeweils geltende zu verstehen.[1]

3. Die Ausführungsbestimmungen.

Die EVO. regelt den Beförderungsvertrag von Personen und Gütern auf den öffentlichen Haupt- und Nebeneisenbahnen Deutschlands (§ 1), doch ist die Regelung keine erschöpfende; denn einmal kommen Vorschriften des HGB. daneben in Betracht — vor EVO. Abschnitt 7 HGB., dann EVO., subsidiär Abschnitt 6 HGB., sowie sonstiges Handelsrecht und BGB., — schließlich, soweit das nach dem Gesetze und EVO. zulässig ist, Vereinbarungen der vertragschließenden Parteien. Während es in der vorliegenden Ausgabe genügen wird, auf die subsidiären Rechtsquellen jeweils hinzuweisen, bedürfen die Vereinbarungen der Parteien, welche regelmäßig den auf EVO. beruhenden Verträgen zugrunde gelegt zu werden pflegen, näherer Erwähnung und des Abdrucks.

§ 2 (1) gestattet den Eisenbahnen mit Genehmigung der Landesaufsichtsbehörde Ausführungsbestimmungen zur EVO. zu treffen und § 6 (1) macht es ihnen zur Pflicht, Tarife aufzustellen, die über alle für den Beförderungsvertrag maßgebenden Bestim-

1. Das Nähere s. bei Staub § 453 Anm. 1—4 und den dort Zitierten.

mungen, über die Beförderungspreise und die Nebengebühren Auskunft geben. Sie bedürfen zu ihrer Gültigkeit der Veröffentlichung und sind bei Erfüllung der darin angegebenen Bedingungen für jedermann in derselben Weise anzuwenden. Daraus folgt, daß der einzelne Beförderungsvertrag nicht auf Grund des HGB. und der EVO. abgeschlossen wird, sondern auf Grund der Tarife, welche die Eisenbahn aufstellen muß. Diese Tarife aber, wenn sie über alle für den Beförderungsvertrag maßgebenden Bestimmungen Auskunft geben sollen, müssen notgedrungen auch die EVO. als die Grundlage allen Beförderungsrechts enthalten, zu der sie noch die im § 2 vorgesehenen Ausführungsbestimmungen hinzufügen. Das im Interesse der Förderung des Verkehrs bei den Betriebsreglements bereits erwähnte Streben des Zusammenschlusses mehrerer Eisenbahnunternehmer zu einem Verbande zum Zwecke der Vereinbarung gleichlautender Vorschriften ist naturgemäß auch für die Festlegung der die Verkehrsordnung ergänzenden Ausführungsbestimmungen zutage getreten. Die Verwaltungen der verschiedenen deutschen Bahnen hatten aus diesem Grunde miteinander verhandelt und waren schließlich zu einem Tarifschema gelangt, das sie dem Bundesrat vorschlugen, und mit dem sich dieser durch Beschluß vom 14. Dezember 1876 unter gewissen Vorbehalten einverstanden erklärte. Infolgedessen trat am 12. und 13. Februar 1877 in Berlin die Generalkonferenz der deutschen Eisenbahnverwaltungen zusammen, der die Herbeiführung einer dem Bundesratsbeschlusse entsprechenden Einigung gelang. „Auf Anregung des Ministers der öffentlichen Arbeiten wurde durch Vereinbarung der im Besitz von Staatsbahnen befindlichen deutschen Bundesregierungen unter Beitritt der deutschen Privatbahnen die periodische Wiederholung derartiger Generalkonferenzen festgesetzt und zur Vorbereitung der Verhandlung eine ‚ständige Tarifkommission' bestellt, welcher zugleich auf Anregung der Reichs-Eisenbahnverwaltung ein ‚ständiger Ausschuß der Verkehrsinteressenten' beigegeben ist."[1] Seitdem kennt man auf den deutschen Eisenbahnen folgende Tarife:

1. den Personen- und Gepäcktarif, der die Beförderung von Personen, Reisegepäck, Expreßgut und Leichen allgemein regelt,
2. den Tiertarif, für die Beförderung lebender Tiere,
3. den Gütertarif, enthaltend die Bestimmungen für die Beförderung von Eil- und Frachtgütern.

Jeder dieser drei Tarife besteht aus dem

Teil I: Allgemeine Bestimmungen;

Teil II: Besondere Bestimmungen.

Die Teile I bestehen aus den entsprechenden Abschnitten der EVO. und den „allgemeinen Ausführungsbestimmungen" — bisher „allgemeine Zusatzbestimmungen" genannt — welche der jahrelangen rastlosen Tätigkeit der erwähnten „Generalkonferenz"

1. Fleck, Betriebsreglement S. 194.

und der „ständigen Tarifkommission" ihre Entstehung verdanken, die dazu geführt hat, daß mit der Zeit für ganz Deutschland gleichlautende Teile I geschaffen sind. Diese Teile I heißen:

1. Deutscher Eisenbahn-Personen- und Gepäcktarif Teil I, seit 1. April 1894.
2. Deutscher Eisenbahn-Tiertarif Teil I, seit 1. Juli 1888.
3. Deutscher Eisenbahn-Gütertarif Teil I, seit 1. August 1881 bzw. 1. Januar 1893,

der seinerseits wieder in zwei Abteilungen A und B zerfällt. A enthält EVO. nebst den allgemeinen Ausführungsbestimmungen, B die sogenannten allgemeinen Bestimmungen für den Güterverkehr, auf die hier nicht näher einzugehen ist.

Die Teile II enthalten die besonderen Bestimmungen, die für jeden Verkehr besonders herausgegeben werden.

Da somit die EVO. erst im Zusammenhang mit den allgemeinen Ausführungsbestimmungen — mit denen sie jene Tarife Teile I bildet — die eigentliche Grundlage für den einzelnen Beförderungsvertrag wird, so erfolgt deren Mitabdruck (in lateinischer Schrift). Ihrer rechtlichen Natur nach sind sie nicht anders zu beurteilen, als die ehemaligen von den Verwaltungen erlassenen Betriebsreglements. Dadurch aber, daß sie in § 6 (1) EVO., die in § 2 (1) vorgeschriebene Genehmigung der Landesaufsichtsbehörde vorausgesetzt, zur Grundlage des Beförderungsvertrages erhoben werden, der gegenüber nach § 6 (3) jede Preisermäßigung und sonstige Begünstigung verboten und nichtig ist, so daß jeder Vertrag auf ihrer Grundlage geschlossen werden muß, sind sie Vorschriften geworden, die praktisch bindende Kraft haben.

4. Dienstvorschriften.

Zur geordneten Abwicklung der auf dieser rechtlichen Grundlage stündlich sich vollziehenden Beförderungsvorgänge haben die Eisenbahnverwaltungen, namentlich da sie auch mit nicht rechtskundigem Personal arbeiten, eine große Reihe von Dienstvorschriften schaffen müssen. Zweckmäßigkeitsgründe haben auch hier dazu geführt, daß ganze Gruppen von Verwaltungen sich zusammengeschlossen und für ihre Abfertigungsstellen und Angestellten einheitliche Vorschriften erlassen haben. Vor allem verdient hier der „Deutsche Eisenbahnverkehrsverband" der Erwähnung, dem auch außerdeutsche Verwaltungen, so die Generaldirektion der Niederländischen Staats-Eisenbahn-Gesellschaft und die der Holländischen Eisenbahn-Gesellschaft, angehören, und der seine Vorschriften als sog. „Kundmachungen" erläßt. Die für unsere Fragen wichtigsten sind die „Allgemeinen Abfertigungsvorschriften". Alle jene Dienstvorschriften, nichts anderes sind auch die genannten Kundmachungen, die in erster Linie die technische Seite der bei den Beförderungsverträgen sich ergebenden Dienstverrichtungen der Eisenbahnangestellten einheitlich regeln, ihnen die Handgriffe sagen und vorschreiben, die sie in der Praxis des Abfertigungsdienstes, ferner bei der Verrechnung usf., zu leisten haben, sind lediglich interne Instruktionen, deren Beachtung allein die Aufsichtsstellen zu überwachen berechtigt sind. Sie haben keinerlei rechtliche oder gar gesetzliche, etwa die Tarife ergänzende Bedeutung für das Verhältnis zwischen Eisenbahnverwaltungen und Verkehrsinteressenten. Dazu fehlt es ihnen formell wie materiell an jeder Voraussetzung, sie sind weder im Tarif veröffentlicht noch gar als Gesetze oder Rechtsverordnungen. Es ist daher nur geeignet, Irrtümer hervorzurufen, wenn in einer nicht für den dienstlichen Gebrauch bestimmten Ausgabe der EVO. auf sie gewissermaßen zur Erläuterung des Sinnes einer Vorschrift der EVO. hingewiesen wird. Mit den Verhältnissen nicht hinreichend Vertraute haben dann darin Bestimmungen gesucht, die auch nach außen hin, dem Publikum gegenüber, die Eisenbahnverwaltungen und ihre Beamten verpflichten. Demgegenüber muß streng auf den § 6 (1) und (3) EVO. hingewiesen werden: Allein der Tarif, neben ihm ergänzend das Gesetz, ist für die Beförderungsleistungen der Eisenbahn dem Publikum gegenüber maßgebend und kann die Grundlage für im Klagewege verfolgbare Ansprüche abgeben[1].

1. In der am Schlusse der Ausgabe gebrachten vergleichenden Paragraphenübersicht ist daher auf die für den Dienstgebrauch in Frage kommenden Paragraphen der AAB. lediglich hingewiesen.

5. Einteilung der EVO. (Inhaltsübersicht).

Die EVO. zerfällt, ebenso wie die alte „Eisenbahn-Verkehrsordnung" in acht Abschnitte. Den „Eingangsbestimmungen" (§§ 1—2), welche den Geltungsbereich sowie die Möglichkeit von Ausführungsbestimmungen, von abweichenden und ändernden Vorschriften erörtern, folgen „Allgemeine Bestimmungen" (§§ 3—9), die zusammenfassen, was den verschiedenen Beförderungsgeschäften der Eisenbahnen gemeinsam ist. Die Abschnitte III—VIII enthalten die Sondervorschriften für diese einzelnen Geschäfte, nämlich für die Beförderung von Personen (§§ 10—29), von Reisegepäck (§§ 30—39), von Expreßgut (§§ 40—43), von Leichen (§§ 44—47), von lebenden Tieren (§§ 48—52) und endlich von Gütern (§§ 53—100). Gegenüber der alten Verkehrsordnung hat EVO. eine große Reihe den Ansprüchen der Verkehrsinteressenten entgegenkommende Änderungen getroffen. Aber auch formell bedeutet sie einen großen Fortschritt. Indem man in den einzelnen Abschnitten sich strenger als früher an die Reihenfolge der einzelnen Beförderungsvorgänge anschloß, ist es gelungen, das Zusammengehörende zusammenzufassen. Namentlich aber hat eine den neuen Gesetzen entsprechende Ausdrucksweise unter möglichster Vermeidung von Fremdwörtern Verwendung gefunden.

Grundlegende Änderungen kann EVO. deshalb nicht bringen, weil sie ja nur eine Ausführungsverordnung zum HGB. darstellt, dieses selbst aber unverändert geblieben ist. Völlig neu allein ist die gänzlich umgearbeitete Anlage C — früher B — zu § 54 Abs. (2) A: „Vorschriften über bedingungsweise zur Beförderung zugelassene Gegenstände" enthaltend. Da sie steter Ergänzung unterworfen ist, wird hier von ihrer Aufnahme Abstand genommen.[1]

1. Sie kann in neuester Fassung bei den Güterabfertigungen eingesehen oder in Gestalt des Gütertarifs Teil I Abt. A erworben werden.

Gemäß dem vom Bundesrat vom 17. Dezember 1908 auf Grund des Artikel 45 der Reichsverfassung gefaßten Beschlusse tritt mit dem 1. April 1909 an die Stelle der Eisenbahn-Verkehrsordnung vom 26. Oktober 1899 die nachstehende Eisenbahn-Verkehrsordnung.

Berlin, den 23. Dezember 1908.

Der Reichskanzler.
Fürst von Bülow.

Eisenbahn-Verkehrsordnung
nebst
allgemeinen Ausführungsbestimmungen.

(Die Ausführungsbestimmungen sind in lateinischer Schrift gedruckt.)

I. Eingangsbestimmungen.

§ 1. Geltungsbereich.

Die Eisenbahn-Verkehrsordnung[1] (abgekürzte Be- E. (1)*) zeichnung EVO.) gilt auf allen dem öffentlichen Verkehre dienenden Haupt- **) und Nebeneisenbahnen[2]

*) Alte Verkehrsordnung. — **) Die Unterstreichungen finden sich im RGBl. nicht. Sie sollen die Neuerungen gegenüber dem Text der früheren Verkehrsordnung hervorheben.

Deutschlands.[3,4] Für den internationalen Verkehr gilt sie nur so weit, als er nicht durch besondere Bestimmungen geregelt ist.[5]

Die Bestimmungen der EVO. gelten auch in folgenden Fällen:

a) wenn ein Gut durch das Gebiet eines fremden, am Internationalen Übereinkommen über den Eisenbahnfrachtverkehr vom 14. Oktober 1890 beteiligten Staats befördert wird, seine Versand- und Bestimmungsstation im Gebiete des Deutschen Reichs liegen und die fremde Linie von einer deutschen Eisenbahnverwaltung betrieben wird;

b) wenn ein Gut von einer auf deutschem Gebiet gelegenen Station nach dem Grenzbahnhof eines am Internationalen Übereinkommen über den Eisenbahnfrachtverkehr vom 14. Oktober 1890 beteiligten Nachbarstaats, wo die Zollbehandlung erfolgt oder nach einer Station befördert werden, die zwischen diesem Bahnhof und der Grenze liegt, es sei denn, daß der Absender die Anwendung des Internationalen Übereinkommens über den Eisenbahnfrachtverkehr durch Aufgabe mit einem internationalen Frachtbriefe verlangt. Das Gleiche gilt für Sendungen in umgekehrter Richtung.

HGB. 453, 454, 471, 473. JÜ. 1.

1. Rechtsverordnung: HGB. 454, 472; s. Einleitung unter 2. — 2. nicht auf Kleinbahnen HGB. 473 I; § 14 Preuß. KleinbGes. —

3. Außer Bayern (Art. 46 II RVerf.); s. Einleitung unter 1. — 4. nicht für deutsche Bahnen im Auslande. — 5. Fritsch S. 527 Anm. 6.

§ 2. Ausführungsbestimmungen. Abweichungen. Vorläufige oder vorübergehende Änderungen.

(1) Ausführungsbestimmungen[1] können von der Eisenbahn mit Genehmigung der Landesaufsichtsbehörde[2] getroffen werden. E. (3)

(2) Abweichungen können in Berücksichtigung besonderer Verhältnisse von der Landesaufsichtsbehörde nach Zustimmung des Reichs-Eisenbahnamts für einzelne Bahnstrecken, Stationen, Fahrzeuge, Züge oder Zuggattungen, sowie für gewisse Abfertigungsarten genehmigt werden. E. (3)

(3) Solche Ausführungsbestimmungen und Abweichungen bedürfen zu ihrer Gültigkeit der Aufnahme in den Tarif.[3] Auch die Genehmigung muß aus dem Tarife zu ersehen sein. E. (3)

(4) Vorläufige oder vorübergehende Änderungen einzelner Vorschriften dieser Ordnung können, sei es allgemein, sei es nur für bestimmte Bahnstrecken oder Verkehrsbeziehungen, vom Reichs-Eisenbahnamt im Einverständnisse mit den beteiligten Landesaufsichtsbehörden verfügt werden.[4] Solche Verfügungen müssen im Reichs-Gesetzblatte veröffentlicht, auch sollen sie im Reichsanzeiger bekanntgemacht werden. E. (2)

HGB. 471.

1. Geschehen durch d. Allgemeinen Ausführungsbestimmungen s. Einleitung unter 3. — 2. In Preußen Minister der öffentlichen Arbeiten. — 3. § 6. — 4. Zulässigkeit bestritten. Siehe Reindl EE. 17 75; Hertzer S. 2.

II. Allgemeine Bestimmungen.[1]

1. Weggelassen der frühere § 1 „Pflichten der Eisenbahnbediensteten", weil er Dienstvorschriften enthielt, die nicht in eine Rechtsverordnung gehören; § 2 „Anordnungen der Bediensteten" und § 5 „Betreten der Bahnhöfe und der Bahn", weil für jeden Dritten, nicht nur für Reisende und Verfrachter gültige Polizeivorschriften, jetzt BO. §§ 77 ff.

§ 3. Pflicht[1] zur Beförderung.

(1) Die Beförderung kann nicht verweigert[2] werden, wenn

6 (1) 1. den geltenden Beförderungsbedingungen[3] und den sonstigen allgemeinen Anordnungen der Eisenbahn[4] entsprochen wird;

50 A 3 2. die Beförderung nicht nach gesetzlicher Vorschrift[5] oder aus Gründen der öffentlichen Ordnung verboten ist;

3. die Beförderung mit den regelmäßigen[6] Beförderungsmitteln möglich ist;

4. die Beförderung nicht durch Umstände verhindert wird, die als höhere Gewalt[7] zu betrachten sind.

50 A 2 (2) Gegenstände, die sich nach der Anlage oder dem Betriebe der beteiligten Bahnen nicht zur Beförderung eignen, braucht die Eisenbahn zur Beförderung nicht anzunehmen.

6 (2) (3) Gegenstände, deren Ein- oder Ausladen besondere Vorrichtungen[8] erfordert, braucht die Eisenbahn nur auf und nach solchen Stationen[9] anzunehmen, wo die Vorrichtungen vorhanden sind.

§ 53. HGB. 453. Jü. 5.

1. Beförderungszwang als Äquivalent für das faktische Beförderungsmonopol der Eis., dazu Beförderungsgemeinschaft aller beteiligten Bahnen §§ 75 (2), 76 (5), 100. HGB. 432. Gilt auch für Personenbeförderung (HGB. 453 I nur für Güterbeförderung) aber § 63 (1). — **2.** Sonst Schadensersatzanspruch HGB. 453 IV. (Coermann EE. **22** 204), der nach d. Recht am Ort der Weigerung zu entscheiden (RGZ. **57** 145, EE. **20** 350 u. **21** 47). — **3.** HGB., EVO. (§ 12, § 54 Anl. C), BO. — **4.** Fahrpläne, Tarife. — **5.** Gesundheitspolizeiliche, im Interesse der Landesverteidigung, Aus- und Einfuhrverbote, Zollvorschriften, strafgesetzliche. — **6.** § 4 Züge mit der ev. höchstzulässigen Belastung, wie Eis. sie zur Bewältigung des Verkehrs — auch z B des periodisch stärkeren V. — nötig hat. Kein zivilr. Anspruch auf deren Vorhandensein (Reindl VerZtg. **97** 1045; Gerstner RSt. 40), nur Aufsichtsbehörde kann einschreiten; a. A. Staub 453 Anm. 10. Namentlich kein Anspruch auf Sonderzüge, falls die regelmäßigen nicht ausreichen. — **7.** § 84. — **8.** Z. B. Fahrzeuge. — **9.** Des § 1, für Kleinbahnen HGB. 473 II.

§ 4. Züge.

(1) Zur Beförderung dienen die regelmäßig nach bestimmtem Fahrplan[1] und die nach Bedarf verkehrenden Züge. 10 (1)

(2) Die Ausführung von Sonderfahrten[2] auf Bestellung unterliegt dem Ermessen der Eisenbahn.[3] 10 (2)

Wegen der Gebühren für Sonderzüge zur Personenbeförderung vgl. Ausf.-Best. A. 1—7 zu § 12. Diese Bestimmungen gelten auch für Sonderzüge von Kunstreitergesellschaften, Menagerien und dgl. Unter welchen Bedingungen und gegen welche Gebühren Sonderzüge für die Beförderung von Leichen, Tieren und Gütern gestellt werden, bestimmen die Teile II. 10 A 8

1. § 10. — 2. Auch für Güterbeförderung. — 3. In Preußen die Königlichen Eisenbahndirektionen. Auf Personensonderzüge findet Abschnitt III sinngemäße Anwendung; auf Gütersonderzüge Abschnitt VIII, ergänzend HGB. (vgl. auch RGEE. **22** 258).

§ 5. Haftung der Eisenbahn für ihre Leute.[1]

9 Die Eisenbahn haftet[2] für ihre Leute[3] und für andere Personen, deren sie sich bei Ausführung der Beförderung[4] bedient.

§§ 38, 63 (8), 76 (8), 78, 84. HGB. 431, 458, 471. IÜ. 29.

1. Gilt auch für die Personenbeförderung (HGB. 458 nur für Güterbeförderung). — 2. Auch ohne Verschulden der Leute bei Zufall und zwar unmittelbar, im übrigen bei Verschulden bereits aus HGB. 431 u. BGB. 278. — 3. RGZ. 7 126 (gewisse Beziehung zur Anstellung ist nötig); Beamte RGZ. **18** 166; RGEE. 7 327; RGZ. **46** 340 (nicht § 39 Z. 2 AGGBG.). Tarifauskunft siehe § 6. — 4. Also nicht z. B. für falsche Auskunft, die ein Bahnarbeiter dem Reisenden über den zu benutzenden Zug erteilt. Es muß sich um Leute handeln, deren sie sich bei Ausführung der Beförderung bedient („Erfüllungsgehilfen"). Der Relativsatz bezieht sich auch auf Leute.

§ 6. Tarife.[1]

7 (1) (1) Die Eisenbahn hat Tarife aufzustellen, die über alle für den Beförderungsvertrag maßgebenden Bestimmungen, über die Beförderungspreise[2] und die Nebengebühren[3] Auskunft[4] geben. Die Tarife bedürfen zu ihrer Gültigkeit der Veröffentlichung.[5] Sie sind bei Erfüllung der darin angegebenen Bedingungen für jedermann in derselben Weise anzuwenden.[6]

(2) Die Beförderungspreise müssen dem Betrage nach feststehen.[7]

(3) Jede Preisermäßigung oder sonstige Begünsti- 7 (3)
gung gegenüber[8] den Tarifen ist verboten und nichtig.

(4) Für milde oder öffentliche Zwecke oder im 7 (4)
dienstlichen Interesse der Eisenbahn sind Begünstigungen mit Genehmigung der Landesaufsichtsbehörde zulässig.

(5) Die Tarife treten nicht vor ihrer Veröffent- 7 (2)
lichung[9] in Kraft, Tariferhöhungen oder andere Erschwerungen der Beförderungsbedingungen frühestens zwei[10] Monate nach der Veröffentlichung, wenn nicht der Tarif nur für eine bestimmte Zeit eingeführt war.[11]

1. Siehe oben S. 9ff. — 2. Teile II und Preistafeln. — 3. Nebengebühren-Tarife. — 4. Haftung für Irrtümer bei der Veröffentlichung (RGZ. 6 100). Unklare Fassung geht zum Schaden der Eis. (OLG. Dresden EE. 21 78). Falsche Auskunft seitens eines Beamten begründet nicht ein Recht auf abweichende Berechnung (Gerstner JE. 204). Eis. haftet nicht für unrichtige Auskunftserteilung vor Beantragung der Beförderung (OLG. 16 133; EE. 22 5; 25 8). Der Auskunfterteilende haftet höchstens persönlich, aber BGB. 676 und 826 nur bei Vorsatz. (Amtl. Auskunftsstellen). — 5. Entscheidend ist die Bek. im Reichs- und Staatsanzeiger (Vorwort zu den Tarifen). Grundsatz der Öffentlichkeit der T. — 6. Grundsatz der Gleichheit oder Gleichmäßigkeit der T. (§§ 26, 32 EisG.; Art. 11 JÜ.). — 7. Daher kann auch ein Tarif (Abs. 5) sich nicht rückwirkende Kraft beilegen. — 8. Verbot der heimlichen Rückvergütung (Refaktie). — 9. § 12 Anm. 4. — 10. Nicht maßgebend das Datum der Bek. — 11. Früher nur sechs Wochen, aber § 75 (3) 3 und (4).

§ 7. Beschwerden.

(1) Beschwerden können mündlich oder schriftlich 4
angebracht werden.[1]

(2) Auf Beschwerden ist so bald wie möglich ein Bescheid zu erteilen.[2]

1. Beschwerdebuch ist abgeschafft. — 2. Vgl. Frachtreklamationen § 99.

§ 8. Meinungsverschiedenheiten.

3 Meinungsverschiedenheiten zwischen dem Publikum und den Bediensteten entscheidet auf den Stationen der Aufsichtsbeamte, während der Fahrt der Zugführer[1].

1. § 22 Zunächst der Schaffner.

§ 9. Zahlungsmittel.

8 Außer den gesetzlichen[1] Zahlungsmitteln ist, wo das Bedürfnis besteht, auch das in den Nachbarländern gesetzlichen Kurs besitzende Gold- und Silbergeld anzunehmen.[2] Den Annahmekurs hat die Eisenbahn festzusetzen und bei den Abfertigungsstellen durch Schalteraushang zu veröffentlichen.

1. Vgl. Reichsmünzgesetz vom 9. Juli 1873 (RGBl. S. 233); RGes. betr. Ausprägung von Reichsgoldmünzen vom 4. Dezember 1871 (RGBl. S. 404); BGes. über die Ausgabe von Papiergeld vom 16. Juni 1870 (BGBl. S. 507) und RGes. betr. die Ausgabe von Reichskassenscheinen vom 30. April 1874 (RGBl. S. 40); Ges. betr. Änderungen im Münzwesen vom 19. Mai 1908 (RGBl. S. 212). Vgl. aber § 14 (3). — 2. Jetzt auch Scheidemünze.

III. Beförderung von Personen.

1. Unter Fahrkarten im Sinne dieses Tarifs[1] sind Fahrausweise aller Art zu verstehen.
2. Die Vorschriften dieses Tarifs, die auf die IV. Klasse Bezug haben, gelten, wo diese Klasse

nicht geführt wird, für die III. Klasse, soweit sie der IV. Klasse im Preis entspricht und nicht etwas anderes vorgeschrieben ist.

1. d. h. des Deutschen Eisenbahn-Personen- und Gepäcktarifs.

Vorbemerkung: Personenbeförderungsvertrag ist nicht Frachtvertrag im Sinne des HGB. 425; 454; 472 und untersteht nicht HGB. 3. Buch 6. Abschn. Im Großbetriebe aber ist er Handelsgeschäft (HGB. 1 Abs. 2 Z. 5; 343 Abs. 1). HGB. enthält über ihn keine Sondervorschrift, § 472 verweist lediglich auf EVO., also Abschnitt I—III. Ergänzend gilt (EGHGB. 2) Werkvertragsrecht (BGB. 631 ff. RGJW. **05** 484). Tarif ist Anregung zum Vertragsabschluß, der sich in der Regel vollzieht durch Fordern eines Fahrausweises seitens des Reiselustigen (Angebot), auf das der Schalterbeamte durch Hingabe der Fahrkarte eingeht (Staub § 472 Anm. 13). Haftung d. Eis. (Reichshaftpflichtges. vom 7. Juni 1871) für Tod und Körperverletzung von Menschen; (PrEisGes. vom 3. November 1838 § 25) für Sachschaden, endlich aus dem Vertrage für die persönl. Sicherheit während der Beförderung. Beispiele: Sicherer Zu- und Abgang (RGZ. **4** 192). Fehltritt bei Hinausfahren des Zuges über den Bahnsteig (RGArch. **03** 1263). Beleuchtung (RGEE. **24** 49). Glätte (RGArch. **09** 279) im Bahnhof. Zugang zum Bahnhof (RGEE. **24** 43; Arch. **08** 758; EE. **24** 49). Gefahrloser Ausgang: Mangel von Sicherheitsvorkehrungen (RGArch. **08** 485). Unebener Plattenbelag (RGEE. **22** 40; JW. **05** 185, Nr. 36; Gruchot Beitr. **48** 885). Eine losgelöste Platte kein Mangel an Sorgfalt (RGArch. **05** 728 auch 725). Verletzung eines Reisenden durch den Portier, der einen Trunkenen entfernt (RGEE. **21** 69; JW. **04** 358). Glätte (RGArch. **04** 476; RGZ. **55** 336; RGEE. **25** 32). Aber Gegenbeweis, daß kein für den ordnungsmäßigen Zustand Verantwortlicher es an Sorgfalt habe fehlen lassen: Glätte (geschützte Tunneltreppe) (RGArch. **06** 661), geringer Konstruktionsfehler einer Treppe (RGArch. **05** 725). Auf der Fahrt: Schlägerei im Abteil (RGArch. **07** 796). Ausgleiten vom Trittbrett (RGArch. **07** 1442). Hinausstürzen eines Kindes (RGEG. **22** 400). Herabfallendes Gepäckstück (RGArch. **08** 762). — Verjährung der Ansprüche aus d. Personenbeförderungsvertrage gegen d. Eis. BGB. 638; der Eis. auf Fahrgeld BGB. 196 Ziff. 3. — Entgeltlichkeit ist nicht Voraussetzung der vertraglichen Rechte des Reisenden.

§ 10. Fahrpläne.

10 Die Fahrpläne[1] sind vor ihrem Inkrafttreten zu veröffentlichen und rechtzeitig auf den Stationen auszuhängen. Aus ihnen müssen Gattung, Wagenklassen und Abfahrzeiten, für die größeren Übergangs- und die Endstationen auch die Ankunftszeiten der Züge sowie die wichtigeren Zuganschlüsse zu ersehen sein. Die ausgehängten Fahrpläne des eigenen Verwaltungsbezirkes müssen auf hellgelbem, die anderer inländischer Verwaltungen auf weißem Papiere gedruckt sein. Außer Kraft getretene Fahrpläne sind sofort zu entfernen.

HGB. 472. Reichsverf. Art. 44.

1. Die Gestaltung der F. ist innere Angelegenheit der Verwaltungen; das Reich sorgt für Ineinandergreifen der F. Es hat sich der Gebrauch entwickelt, Sommer- und Winter-F. (1. Mai und 1. Oktober) herauszugeben. Jede Verwaltung haftet für die Richtigkeit ihrer *amtlichen* F. und Kursbücher. Für d. Reichskursbuch, das von der Reichspost herausgegeben wird, haften die Eisenbahnverwaltungen nicht.

§ 11. Von der Beförderung ausgeschlossene oder nur bedingungsweise zugelassene Personen.

20 (3) (1) Personen, die die vorgeschriebene Ordnung nicht beachten, sich den Anordnungen der Bediensteten nicht fügen oder den Anstand verletzen, insbesondere betrunkene Personen,[1] können[2] von der Beförderung ausgeschlossen werden.[3]

(2) Personen, die wegen einer Krankheit oder aus anderen Gründen[4] Mitreisenden lästig fallen würden, sind von der Beförderung auszuschließen, wenn ihnen nicht ein besonderes Abteil angewiesen werden kann. Das Fahrgeld und die Gepäckfracht sind ihnen nach Abzug des Betrags für die durchfahrene Strecke zu erstatten. 20 (1)

(3) Pestkranke dürfen nicht befördert werden. An Aussatz (Lepra), Cholera (asiatischer), Fleckfieber (Flecktyphus), Gelbfieber oder Pocken (Blattern) erkrankte oder einer solchen Krankheit verdächtige Personen dürfen nur dann befördert werden, wenn der für die Zugangsstation zuständige beamtete Arzt die Zulässigkeit der Beförderung bescheinigt. Die an Aussatz erkrankten oder dieser Krankheit verdächtigen Personen sind in abgeschlossenem Abteile mit besonderem Aborte, die übrigen hier aufgeführten Personen in besonderem Wagen zu befördern. 20 (2) 1. Teil

(4) Personen, die an Typhus (Unterleibstyphus), Diphtherie, Ruhr, Scharlach, Masern oder Keuchhusten leiden, sind in abgeschlossenem Abteile mit besonderem Aborte zu befördern. Ist eine Person einer solchen Krankheit verdächtig, so kann die Eisenbahn die Vorlegung eines ärztlichen Zeugnisses verlangen,[5] aus dem die Art der Krankheit hervorgeht. 20 (2) 2. Teil

(5) Für den besonderen Wagen oder das Wagenabteil ist die tarifmäßige Gebühr zu entrichten. 20 (2) Schluß

(6) Wegen Rückgabe des Gepäcks vgl. § 34 Abs. (4) und (5). 20 (4)

20 (3) Beim Ausschluß von Personen von der Beförderung gemäß Abs. (1) besteht kein Anspruch auf Ersatz des Fahrgeldes und der Gepäckfracht.

1. Ausnahmen von der Regel (des § 3) der Beförderungspflicht. Die Vorschriften befinden sich an dieser Stelle, weil sie schon vor der Lösung von Fahrkarten beachtet werden müssen. (Begr.) Am häufigsten ist ja doch der Fall, daß der Reisende die Fahrkarte selbst, nicht aber durch einen Dritten lösen läßt. § 11 (1) gibt der Eis. das Recht, § 11 (2)–(4) legt ihr sogar die Pflicht auf, die Persönlichkeit der Reisenden einer gewissen Prüfung zu unterwerfen. — 2. Früher zwingend! — 3. Vgl. auch BO. 77, 82. — 4. z. B. schmutzige, stäubende, Geruch verbreitende Kleidung. — 5. und bis zu dessen Vorlegung den Reisenden von der Bef. ausschließen.

§ 12. Fahrpreise. Ermäßigung für Kinder.

(1) Auf jeder Station ist ein Tarifauszug[1] auszuhängen oder auszulegen, der die Preise der dort verkäuflichen[2] Fahrkarten enthält.

(2) Kinder bis zum vollendeten vierten Lebensjahre, für die kein besonderer Platz beansprucht wird, sind frei zu befördern. Kinder vom vollendeten vierten bis zum vollendeten zehnten Lebensjahr und jüngere Kinder, für die ein besonderer Platz beansprucht wird, sind zu ermäßigten[3] Preisen zu befördern.[4]

10 A A. Sonderzüge.

1–7 1. (1) Als Gebühr für die Beförderung von Sonderzügen werden für das Tarifkilometer erhoben:

a) für die Lokomotive . . . . . 1,20 Mark,
b) für jede Achse eines auf Verlangen gestellten Personenwagens 0,40 „

c) für jede Achse eines auf Verlangen gestellten oder aus Betriebsrücksichten erforderlichen anderen Wagens . . . . . . 0,20 Mark,

mindestens jedoch 4 Mark für das Tarifkilometer und 100 Mark im ganzen.

(2) Die Gebühr unter (1) a kann für Strecken, wo wegen der Belastungs- und Neigungsverhältnisse mehr als eine Lokomotive verwendet wird, für jede Lokomotive erhoben werden.

(3) Erfolgt Hin- und Rückfahrt des Sonderzuges innerhalb 24 Stunden, so gelten für die Berechnung des Mindestbetrags beide Fahrten als eine Fahrt.

2. Für die Beförderung von Sonderzügen über Verbindungsbahnen werden außerdem Überfuhrgebühren nach der Anlage I^5 erhoben.

3. Werden Sonderzüge für die Nachtzeit auf Strecken bewilligt, auf denen mangels regelmäßigen Nachtdienstes keine Bewachung der Bahn stattfindet, so werden überdies 2 Mark für das Tarifkilometer als Bahnbewachungsgebühr erhoben. Die Bewachungsgebühr wird nur einmal erhoben, wenn mehrere Züge befördert werden.

4. (1) Werden auf Antrag des Bestellers besonders bezeichnete Wagen gestellt, so werden für ihre Beförderung auf Strecken, die der Sonderzug nicht befährt, sowohl für den Hinweg wie für den Rückweg 7 Pfennig für die Achse und das

Tarifkilometer erhoben. Bei Berechnung dieser Gebühr wird — auch wenn die Wagen auf einem anderen Wege als auf dem Hinwege nach der Heimatstation zurückgeführt werden — die Streckenlänge, die die Wagen besetzt durchfahren haben, auf die Gesamtlänge der von den Wagen leer durchlaufenen Strecken angerechnet; nur für die hiernach verbleibende Mehrentfernung werden Gebühren erhoben.

(2) Die Gebühr wird auch erhoben, wenn der Wagen der Eisenbahn nicht gehört; sie wird in diesem Falle, und zwar für die Hin- und Rückfahrt auch dann berechnet, wenn der Wagen auf besonderes Verlangen vor oder nach der Verwendung zur Instandsetzung nach einer Werkstätte gesandt wird.

(3) Im übrigen bleibt vorbehalten, mit dem Besteller die weiteren Bedingungen zu vereinbaren, unter denen die gewünschten Wagen überlassen werden.

5. Für die Beförderung der Lokomotive und der Wagen nach der Abgangsstation des Sonderzuges sowie für ihre Rückbeförderung von der Bestimmungsstation des Sonderzuges nach der Heimatstation wird, unbeschadet der Bestimmung unter Ziffer 4, nichts berechnet.

6. Der Beförderungspreis für den Sonderzug (Ziffern 1—4) ist auf der Abgangsstation vorauszubezahlen. Der Besteller erhält einen Ab-

fertigungsschein, den er bei Beendigung der Fahrt abzugeben hat.

7. Im Falle der Abbestellung eines Sonderzuges sind der Eisenbahn die durch die Vorbereitung usw. erwachsenen Kosten zu erstatten.

8. In Sonderzügen, die von der Eisenbahn zur Er- 10 A 9
leichterung von Ferien- und ähnlichen Reisen für den allgemeinen Verkehr gestellt werden (Verwaltungs-, Feriensonderzüge) oder die die Eisenbahn auf Antrag zu gemeinschaftlichen Reisen größerer Gesellschaften gewährt (Gesellschaftssonderzüge), werden Reisende in der II. und III. Klasse nach folgenden Bestimmungen befördert:

a) Zu Feriensonderzügen werden, soweit in den Teilen II nichts anderes bestimmt ist, Fahrkarten ausgegeben, die zur Hinfahrt mit dem Sonderzuge, zur Rückfahrt mit den fahrplanmäßigen Zügen einschließlich der Schnellzüge berechtigen. Die Fahrkarten haben eine Geltungsdauer von 2 Monaten, vom Abfahrtstage gerechnet. Die Rückreise muß mit Ablauf des letzten Geltungstags beendet sein.

b) Bei anderen Verwaltungssonderzügen und bei Gesellschaftssonderzügen können besondere für die Hin- und Rückfahrt gültige Fahrkarten ausgegeben werden, wenn beide Fahrten in Sonderzügen zurückgelegt werden. Soll die Rückfahrt mit fahrplanmäßigen Zügen stattfinden, so werden nur einfache Sonderzugkarten verabfolgt.

c) Kinder genießen die Fahrpreisermäßigung nach Ausführungsbestimmung C I.

d) Für Gesellschaftssonderzüge gelten die Ausführungsbestimmung 1 über die zu zahlende Mindestgebühr, sowie die Ausführungsbestimmungen 2 bis 5 und 7. Auch kann die Stellung der Gesellschaftssonderzüge von der Einzahlung eines die Mindestgebühr deckenden Betrags abhängig gemacht werden.

Im übrigen werden die Gebührensätze für Ferien- und Gesellschaftssonderzüge in den Teilen II festgesetzt, diejenigen für andere Verwaltungssonderzüge dagegen, sowie sonstige Bedingungen für die Benutzung aller dieser Sonderzüge, von Fall zu Fall besonders veröffentlicht.

e) Fahrtunterbrechung ist im Sonderzug ausgeschlossen, auf Feriensonderzugkarten auf der Rückfahrt nach den Ausführungsbestimmungen zu § 25 gestattet.

10 B 1—9 **B. Personen-, Kranken- und Gepäckwagen.**

1. Wenn die Einstellung bahneigener oder Privaten gehöriger Salon-, Schlaf- oder sonstiger Personenwagen sowie besonders eingerichteter Krankenwagen gestattet wird, so sind für die Benutzung ohne Rücksicht auf die Achsenzahl Fahrkarten

I. Klasse für so viel Personen, wie den Wagen benutzen, mindestens für 12 Personen für jeden eingestellten Wagen, zu lösen (s. jedoch Ziffer 5). Bei Einstellung von bahneigenen Schlafwagen wird daneben eine Gebühr für die Benutzung der Schlafplätze nicht erhoben.

2. Werden auf Verlangen zur Beförderung des Gepäcks besondere Wagen eingestellt, so wird hierfür eine Gebühr von 0,40 Mark für die Achse und das Tarifkilometer erhoben.

3. In jedem der nach Ziffer 1 gestellten Wagen wird 1 Begleiter (Wagenmeister) auf Grund eines von der vorgesetzten Dienststelle der den Wagen einstellenden Verwaltung auszufertigenden Ausweises auf den Benutzungs- und Leerfahrten des Wagens frei befördert. Der Ausweis berechtigt auch zur freien Fahrt mit einem anderen Zuge.

4. (1) Werden auf Antrag des Bestellers besonders bezeichnete Wagen gestellt, so werden für ihre Beförderung auf Strecken, die diese Wagen unbesetzt durchfahren, sowohl für den Hinweg wie für den Rückweg 7 Pfennig für die Achse und das Tarifkilometer erhoben. Bei Berechnung dieser Gebühr wird — auch wenn die Wagen auf einem anderen Wege als auf dem Hinwege nach der Heimatstation zurückgeführt werden — die Streckenlänge, die die Wagen besetzt durchfahren haben, auf die Gesamtlänge

der von den Wagen leer durchlaufenen Strecken angerechnet; nur für die hiernach verbleibende Mehrentfernung werden Gebühren erhoben.

(2) Die Gebühr wird auch erhoben, wenn der Wagen der Eisenbahn nicht gehört; sie wird in diesem Falle und zwar für die Hin- und Rückfahrt auch dann berechnet, wenn der Wagen auf besonderes Verlangen vor oder nach der Verwendung zur Instandsetzung nach einer Werkstätte gesandt wird.

(3) Im übrigen bleibt vorbehalten, mit dem Besteller die weiteren Bedingungen zu vereinbaren, unter denen die gewünschten Wagen überlassen werden.

5. (1) Wird für die Beförderung von Kranken ein Gepäck- oder Güterwagen, ein Wagen IV. Klasse oder ein Wagen III. Klasse mit herausgenommenen Sitzen eingestellt, so sind für die Kranken, ohne Rücksicht auf ihre Zahl, 6 Fahrkarten II. Klasse der betreffenden Zuggattung zu lösen.

(2) Bei Benutzung eines besonderen Krankenabteils in Wagen III. Klasse, deren übrige Abteile dem allgemeinen Verkehr dienen, sind für die Kranken, ohne Rücksicht auf ihre Zahl, 4 Fahrkarten III. Klasse der betreffenden Zuggattung, mindestens aber für Eilzüge, zu lösen.

(3) 2 Begleiter werden in dem Krankenwagen oder besonderen Krankenabteile frei befördert;

weitere in demselben Wagen oder Abteile mitreisende Begleiter haben je 1 Fahrkarte III. Klasse der betreffenden Zuggattung, mindestens aber für Eilzüge, zu lösen.

(4) Die zur Bequemlichkeit und Notdurft der Kranken während der Fahrt nötigen Gegenstände können in dem Wagen oder in dem Krankenabteile gebührenfrei mitgeführt werden. Für das sonstige Reisegepäck ist die tarifmäßige Gepäckfracht zu entrichten.

6. Wenn für die Beförderung eines Kranken mit Transportbett ein Wagenabteil III. Klasse überlassen wird, so sind 2 Fahrkarten III. Klasse der betreffenden Zuggattung, mindestens aber für Eilzüge, und für jeden in dem Abteile mitfahrenden Krankenbegleiter 1 Fahrkarte III. Klasse der betreffenden Zuggattung, mindestens aber für Eilzüge, zu lösen.

7. Werden Wagen der in den Ziffern 1, 2 und 5 genannten Art über Verbindungsbahnen befördert, die der Zug, in den sie eingestellt sind, nicht befährt, so werden außerdem Überfuhrgebühren nach der Anlage I 5 erhoben.

8. Bei Berechnung der Mindestgebühr in den Fällen zu 1, 5 und 6 werden 2 Fahrkarten zum halben Preise als 1 Fahrkarte gerechnet.

9. Die Gebühren zu 2, 4 und 7 sind auf der Abgangsstation vorauszubezahlen; der Besteller er-

hält einen Abfertigungsschein, den er bei Beendigung der Fahrt abzugeben hat.

11 Zus.-Best.

C. Fahrpreisermäßigungen.

1. Bei Beförderung zum halben Preise wird der Preis für jede Fahrkarte, bei Kindern auch für die Schnellzugzuschlagkarte, auf 5 Pfennig aufgerundet. Der Mindestpreis einer halben Fahrkarte beträgt 5 Pfennig.
2. Wo die Einheitssätze der III. Klasse für Personenzüge und für Eilzüge verschieden sind, wird in den unter IV—VIII aufgeführten Fällen der Preis nur auf den halben Eilzugpreis ermäßigt.
3. In den unter IV—IX aufgeführten Fällen ist der Übergang in eine höhere Klasse oder in einen Schnellzug nur zulässig, soweit die Preisermäßigung auch für diese Klasse und Zuggattung gewährt wird. Zusatzkarten sind zum halben, Schnellzugzuschlagkarten zum vollen Betrage zu lösen.

I. Für Kinder.

Für Kinder vom vollendeten vierten bis zum vollendeten zehnten Lebensjahre, sowie für jüngere Kinder, für die ein Platz beansprucht wird, ist eine Fahrkarte, auch Schnellzugzuschlagkarte, zum halben Preise zu lösen. Für 2 solche Kinder kann 1 Fahrkarte zum vollen Preise gelöst werden. Jedes Kind, für dessen Beförderung bezahlt wird, hat Anspruch auf einen ganzen Platz.

II. Für Inhaber von Zeitkarten.

Besondere Bestimmungen über die Ausgabe von Zeitkarten sind für jeden Verkehr in einem Teile II des Tarifs enthalten.

III. Für Arbeiter.

1. Nach den besonderen Vorschriften der einzelnen Verwaltungen werden Arbeiterkarten für die IV. und da, wo diese nicht besteht, für die III. Klasse zu ermäßigten Preisen an solche Personen ausgegeben, die außerhalb ihres Wohnorts mit mechanischen oder Handarbeiten beschäftigt sind, also zu den Arbeitern oder Arbeiterinnen im engeren Sinne des Worts gehören.
2. Die Arbeiterkarten gelten für bestimmte, bekannt gemachte Züge.
3. Die mit Arbeiterkarten reisenden Personen haben die ihnen zugewiesenen Wagen oder Wagenabteile zu benutzen; auch kann weiter eine getrennte Unterbringung der weiblichen und männlichen Reisenden angeordnet werden.
4. Die Arbeiterkarten sind nicht übertragbar. Zu Unrecht benutzte Karten werden ohne Ersatz eingezogen.
5. Fahrtunterbrechung oder Übergang in eine höhere Wagenklasse ist unzulässig.

IV. Für Fahrten zu wissenschaftlichen und belehrenden Zwecken, für Schulfahrten und für Fahrten nach und von Ferienkolonien.

1. In Eil- und Personenzügen werden zum halben Preise befördert:

A. Studierende akademischer Anstalten, auch der Bergschulen, Kunstschulen und Kunstgewerbeschulen, sowie Schüler von Fachschulen (Baugewerkschulen, Maschinenbauschulen, Textilschulen, staatlichen oder staatlich unterstützten Handwerker- und ähnlichen Schulen) und die begleitenden Lehrer zu gemeinschaftlichen, unter Leitung von Lehrern zu wissenschaftlichen und belehrenden Zwecken unternommenen Ausflügen in der II. oder III. Klasse;

B. Schüler öffentlicher Schulen oder staatlich genehmigter und beaufsichtigter Privatschulen, auch der Fortbildungsschulen, Seminarien, Präparandenanstalten und Unterrichtsanstalten für Blinde und Taubstumme, und die begleitenden Lehrer und Schulinspektoren zu gemeinschaftlichen, unter Aufsicht der Lehrer unternommenen Ausflügen in der III. Klasse;

C. Kinder, die in Ferienkolonien entsendet werden, und die zur Aufsicht beigegebenen Begleiter, sowohl für die Reise nach der Ferienkolonie und zurück, als auch für Ausflüge während des Aufenthalts daselbst, in der III. Klasse, sofern die Kosten der Entsendung in die

Ferienkolonie ganz oder teilweise und das Fahrgeld aller Begleiter von Vereinen oder Behörden getragen werden,

und zwar in den Fällen zu A und B bei einer Teilnehmerzahl von mindestens 10 Personen oder bei Zahlung für mindestens 10 Personen — wobei im Falle zu A sämtliche Teilnehmer dieselbe Klasse zu benutzen haben — im Falle zu C ohne Beschränkung auf eine Mindestzahl.

2. Ausnahmsweise kann auch die Benutzung von Schnellzügen zugelassen werden. Wird sie zugelassen, so wird für jeden Teilnehmer der tarifmäßige Schnellzugzuschlag berechnet.

3. In den Fällen zu Ziffer 1 B und 1 C wird die Vergünstigung zu Fahrten an Sonn- und Festtagen in der Regel nicht gewährt.

4. 2 Schüler der Klassen, die im allgemeinen von Kindern im Alter unter 10 Jahren besucht werden, werden für 1 Person gerechnet. Als solche Klassen sind anzusehen: die Vorschulklassen und die unterste ordentliche Klasse der Gymnasien, Realschulen, Lateinschulen und höheren Bürger- und Mädchenschulen sowie die untere Hälfte der Klassen einer Volksschule. Bei ungerader Klassenzahl gilt die größere Zahl als untere Hälfte. Für ein einzelnes Kind wird der halbe Fahrpreis ohne weitere Ermäßigung berechnet.

5. Die Ermäßigung ist bei der Abgangsstation (auch bei der für die Rückfahrt, sofern nicht ein Beförderungsschein für Hin- und Rückfahrt — vgl. Ziffer 6 — ausgestellt wird) schriftlich zu beantragen unter Angabe

des Reisezwecks,
des Tags der Reise,
des Reiseziels,
der zu benutzenden Züge,
der Wagenklasse, sowie
der Zahl der Teilnehmer, und zwar

im Falle der Ziffer 1 A von dem leitenden Lehrer,
" " " " 1 B von dem Schulvorstand,
" " " " 1 C von der Behörde

oder dem Verein, der die Entsendung vornimmt. Im Falle der Ziffer 1 C muß der Antrag außerdem die Erklärung enthalten, daß die Kosten für die Entsendung der Kinder ganz oder zum Teil und das Fahrgeld aller Begleiter von der Behörde oder von dem Verein getragen werden. Für die Rückreise eines Begleiters vom Erholungsorte der Kinder nach der Abgangsstation, sowie für die Hinreise von der Abgangsstation zur Abholung der Kinder ist ein besonderer Antrag einzureichen, falls der Begleiter diese Reisen allein ausführt.

Die Anmeldung soll spätestens am Tage vor dem Ausflug erfolgen; sie wird aber noch bis 1 Stunde vor Abgang des zu benutzenden Zuges berücksichtigt, wenn nicht etwa die Zahl der Teilnehmer die Anforderung besonderer Wagen oder verstärkter Zugkraft erheischt.

6. Die Abfertigung erfolgt mit Beförderungsschein, der auf Grund des Antragschreibens für einfache oder für Hin- und Rückfahrt ausgestellt und bei Beendigung der Fahrt abgenommen wird.

7. Alleinreisende Begleiter von Ferienkolonisten (1 C) erhalten Fahrkarten. Als Ausweis dient ihnen das Antragschreiben der Behörde oder des Vereins, der sie entsendet.

Das Antragschreiben wird von der Fahrkartenausgabestelle beim Antritt der Reise abgestempelt und dem Inhaber zurückgegeben, der es dem Fahrpersonal auf Verlangen vorzuzeigen hat. Bei Beendigung der Fahrt ist es mit der Fahrkarte abzugeben.

V. Zugunsten der öffentlichen Krankenpflege, der Magdalenenstifte und der Kriegskrankenpflege.

1. In der II. und III. Klasse werden zum halben Preis, in Schnellzügen außerdem gegen tarifmäßigen Zuschlag, befördert:

A. Angehörige der in Deutschland ansässigen weltlichen und geistlichen Vereine und Genossenschaften, die sich satzungsgemäß in Ausübung freier Liebestätigkeit der öffentlichen Krankenpflege widmen, einschließlich der Anstalten zur Pflege von Fallsüchtigen, Blödsinnigen und Schwachsinnigen (Idioten), und zwar:

a) die Vorstände und Vorstandsmitglieder bei Reisen zu Konferenzen,

b) das Pflegepersonal bei Reisen zur Ausübung der öffentlichen Krankenpflege und bei anderen Reisen, die durch die Ausübung der öffentlichen Krankenpflege veranlaßt sind,

c) das Pflegepersonal bei Reisen infolge von Versetzungen und zu Kur- und Erholungszwecken,

d) bei Reisen zu Revisionszwecken.

B. Vorstände und Pflegepersonal der Magdalenenstifte, d. h. solcher Vereine und Anstalten, die sich der Fürsorge für gefallene Frauen und Mädchen widmen, und zwar:

a) die Vorstände und Vorstandsmitglieder bei Reisen zu Konferenzen,

b) die begleitende Pflegerin bei Reisen zur Unterbringung der Gefallenen in einer der bezeichneten Anstalten oder zum Zwecke der Zuführung zu Verwandten oder in einen Dienst, sowie bei Rückreisen nach Ablieferung der Schützlinge am Bestimmungsort,

c) das Pflegepersonal bei Reisen infolge von Versetzungen und zu Kur- und Erholungszwecken, wenn zur Erreichung dieser Zwecke eine mehrtägige ununterbrochene Abwesenheit vom Anstalts- oder Niederlassungsorte notwendig ist,

d) bei Reisen zu Revisionszwecken.

C. Teilnehmer an den der Förderung der Kriegskrankenpflege gewidmeten Zusammenkünften der freiwilligen Sanitätskolonnen für die Interessen der Landesverteidigung, wie Ärzte- und Führerversammlungen sowie Kolonnentagen, bei Reisen zu solchen Versammlungen, Übungen usw., die von den zuständigen Territorialdelegierten genehmigt sind.

2. Bei Reisen, die von Krankenpflegern auf Ansuchen von Privatpersonen oder zur Begleitung kranker Personen auf deren Kosten, und bei Reisen, die zum Zwecke des Eintritts in die der öffentlichen Krankenpflege dienenden Vereine und Genossenschaften unternommen werden, wird die Vergünstigung nicht gewährt.

3. Die Fahrkarten zum halben Preise werden von den Fahrkartenausgabestellen auf Grund der nach den vorgeschriebenen Mustern ausgestellten, in den Fällen der Ziffer 1 A und 1 B auch mit dem Abdrucke des Vereins- oder Anstaltsstempels versehenen Ausweise verabfolgt.

4. Die Ausweise sind in den Fällen 1 A und 1 B von den Vorständen der Vereine und Genossenschaften, Anstalten und Zweigniederlassungen, im Falle zu 1 C von dem Führer der Sanitäts-

kolonne auszustellen. Die Ausweise müssen enthalten:

Name und Stand der Reisenden,
Zweck und Ziel der Reise,
die zu benutzende Klasse,
die Zeit für die der Ausweis gilt;

bei Reisen zur Pflege von Kranken außerhalb eines öffentlichen Krankenhauses und bei Reisen zur Begleitung kranker Personen auch

die Bestätigung, daß die Pflege unentgeltlich erfolgt;

bei Reisen im Falle der Ziffer 1Bc auch die Bestätigung für die Notwendigkeit der mehrtägigen ununterbrochenen Abwesenheit zu Kur- und Erholungszwecken,

bei Reisen im Falle der Ziffer 1C auch

die Angabe, daß die Versammlung, Übung usw. von dem zuständigen Territorialdelegierten genehmigt ist.

5. Die Ausweise werden von den Fahrkartenausgabestellen bei jeder Lösung einer Fahrkarte abgestempelt und den Inhabern zurückgegeben, die sie dem Fahrpersonal auf Verlangen vorzuzeigen haben. Die Ausweise sind mit den Fahrkarten bei Beendigung der Fahrt, und wenn sie zugleich für die Rückreise ausgestellt waren, bei Beendigung der Rückfahrt abzugeben.

VI. Für mittellose Kranke und andere hilfsbedürftige Personen.

1. In der III. Klasse werden auf der Hinreise und auf der Rückreise zum halben Preis, in Schnellzügen außerdem gegen tarifmäßigen Zuschlag, befördert:

A. mittellose Personen bei Aufnahme in öffentliche Krankenhäuser, öffentliche Kliniken oder öffentliche Anstalten für Geisteskranke, bei Besuchsbehandlung in solchen Anstalten und bei dem Besuch von Kurorten, wo ihnen der Gebrauch der Bäder oder der sonstigen Kureinrichtungen unentgeltlich oder zu ermäßigtem Preise gestattet ist, sofern die an dem Kurorte liegende Kuranstalt eine öffentliche ist oder doch in erster Linie Kurzwecken dient und die erwähnten Vergünstigungen an mittellose Personen allgemein gewährt; ferner Kinder mittelloser Personen bei Aufnahme in die für kranke Kinder eingerichteten besonderen Heilstätten.

B. mittellose Zöglinge und Pfleglinge

a) der öffentlichen Blinden- und Taubstummenanstalten,

b) der öffentlichen Heil- und Pflegeanstalten für epileptische Kranke und für blöde Kinder,

c) der unter Aufsicht des Staats stehenden Waisenanstalten

bei Unterbringung in eine dieser Anstalten, bei Urlaubsreisen zum Besuch ihrer Angehörigen und beim Wiederaustritt aus der Anstalt;

C. mittellose Blinde und Taubstumme zu vorübergehendem Besuch in Blinden- und Taubstummenanstalten, mittellose Taubstumme auch zum Besuch eines behördlich gebilligten oder überwachten Taubstummengottesdienstes;

D. Mitglieder von Krankenkassen im Sinne der reichsgesetzlichen Bestimmungen über die Krankenversicherung der Arbeiter (Gemeindekrankenversicherung, Ortskrankenkassen, Betriebs- [Fabrik-], Bau- und Innungskrankenkassen) und von Knappschaftskrankenkassen, versicherungspflichtige Mitglieder eingeschriebener Hilfskassen, sowie Versicherte der Landesversicherungsanstalten und der diesen gleichgestellten besonderen Kasseneinrichtungen bei Aufnahme in Heilstätten, bei Besuchsbehandlung in öffentlichen Krankenhäusern oder in öffentlichen Kliniken und bei dem Besuche von Kur- und Erholungsorten, sofern die Entsendung auf Kosten der genannten Kassen oder Anstalten erfolgt;

E. je 1 Begleiter der unter A, B a und b, C und D aufgeführten Personen, bei Geisteskranken auch mehrere Begleiter, sofern ihre Zuziehung notwendig ist, und zwar sowohl bei Unterbringung der Schützlinge in die Anstalt usw., wie bei ihrer Wiederabholung, sowie bei Urlaubsreisen mittelloser Zöglinge und Pfleglinge zum Besuch ihrer Angehörigen.

2. Zwei Kinder vom vollendeten vierten bis zum vollendeten zehnten Lebensjahre werden für 1 Person gerechnet; für 1 einzelnes Kind innerhalb der bezeichneten Altersgrenze ist ohne weitere Ermäßigung 1 halbe Fahrkarte zu lösen.

3. Die Fahrkarten zum halben Preise werden von den Fahrkartenausgabestellen auf Grund der nach den vorgeschriebenen Mustern ausgestellten Ausweise verabfolgt. In dringenden Fällen werden Ausweise anderer Art zugelassen.

4. Von den unter 1 A aufgeführten Personen werden als Ausweise verlangt:

a) Für die Hinreise und Rückreise: eine Bescheinigung der Ortsbehörde über die Mittellosigkeit. In dieser Bescheinigung ist zu bestätigen, daß die Fürsorge anderer Verpflichteter, insbesondere nach Maßgabe der Reichsgesetze über die Kranken-, Invaliden- und Unfallversicherung, nicht eintritt. Die Bescheinigung kann für Pfleglinge der öffentlichen Anstalten für Geisteskranke auch von der Anstaltsleitung, für kranke Kinder auch von dem Vorstande des Vereins, der sie entsendet, ausgestellt werden.

Daneben

b) für die Hinreise:

bei Aufnahme in öffentliche Krankenhäuser, öffentliche Kliniken, öffentliche Anstalten für Geisteskranke oder in Kinderheilstätten

eine Aufnahmebescheinigung der Anstalt oder, in dringenden Fällen, eine Bescheinigung des behandelnden Arztes;

bei Besuchsbehandlung in öffentlichen Krankenhäusern oder öffentlichen Kliniken

ein ärztliches Zeugnis;

bei Besuch eines Kurorts

eine Aufnahmebescheinigung der Kuranstalt; in dieser Bescheinigung ist zu bestätigen, daß der Gebrauch der Bäder oder der sonstigen Kureinrichtungen unentgeltlich oder zu ermäßigtem Preise bewilligt worden ist und an mittellose Personen allgemein gewährt wird.

c) Für die Rückreise:

eine Bescheinigung der Anstalt über die Entlassung des Kranken oder über sein Erscheinen zur Besuchsbehandlung.

5. Von den unter 1 B und C aufgeführten Personen wird als Ausweis für die Hin- und Rückreise eine Empfehlung des Vorstandes der Anstalt oder (bei Reisen zum Taubstummengottesdienst) eine Empfehlung des den Gottesdienst leitenden Geistlichen oder Taubstummenlehrers verlangt.
6. Von den unter 1 D aufgeführten Personen werden als Ausweise verlangt:

a) für die Hin- und Rückreise:

eine Bescheinigung des Vorstandes der Kasse oder der Versicherungsanstalt über die Zugehörigkeit zur Kasse oder Anstalt und über die Entsendung in eine Heilanstalt, nach einem Erholungsort oder zur Besuchsbehandlung in einem öffentlichen Krankenhause oder einer öffentlichen Klinik. Aus den Bescheinigungen der eingeschriebenen Hilfskassen muß hervorgehen, daß das Kassenmitglied zur Versicherung gegen Krankheit verpflichtet ist.

b) daneben für die Rückreise:

eine Bescheinigung der Anstalt über die Entlassung des Kranken oder über sein Erscheinen zur Besuchsbehandlung. Bei der Rückkehr von einem Erholungsorte kann an deren Stelle eine Bescheinigung der Ortsbehörde über die Beendigung des Aufenthalts treten.

7. Die gleichen Ausweise (Ziffer 4—6) dienen für die zugelassenen Begleiter; in den Fällen 1 A — soweit es sich um Erwachsene handelt — und 1 D ist auch die Notwendigkeit der Begleitung durch ein ärztliches Zeugnis nachzuweisen.

8. Die Ausweise werden von den Fahrkartenausgabestellen bei jeder Lösung einer Fahrkarte abgestempelt und den Inhabern zurückgegeben, die sie dem Fahrpersonal auf Verlangen vorzu-

zeigen haben. Die Ausweise sind mit den Fahrkarten bei Beendigung der Fahrt, und wenn sie zugleich für die Rückreise ausgestellt waren, bei Beendigung der Rückfahrt abzugeben.

VII. Zum Zwecke der Arbeitsvermittelung.

1. In der IV. Klasse und auf Bahnstrecken, wo keine IV. Klasse geführt wird, in der III. Klasse der Personenzüge werden zum halben Fahrpreise III. Klasse befördert:

   Arbeiter, denen durch eine dem Verbande deutscher Arbeitsnachweise angehörende, von den Eisenbahnen anerkannte öffentliche oder gemeinnützige Arbeitsnachweisanstalt eine auswärtige Arbeitsstelle vermittelt worden ist.

2. Die Fahrkarten zum halben Preise werden von den Fahrkartenausgabestellen gegen Vorlage eines von der Arbeitsnachweisanstalt nach dem vorgeschriebenen Muster ausgefertigten Ausweises verabfolgt, in dem die Person des Arbeitsuchenden, die zu befahrende Strecke und der Reisetag angegeben und bescheinigt sein muß, daß dem Inhaber eine Arbeitsstelle vermittelt worden ist.
3. Der Ausweis wird von der Fahrkartenausgabestelle bei der Verabfolgung der Fahrkarte abgestempelt. Er ist bei der Fahrkartenprüfung vorzuzeigen und bei der Beendigung der Fahrt mit der Fahrkarte abzugeben.
4. Für Reisen von weniger als 25 Tarifkilometer wird die Ermäßigung nicht bewilligt.

5. Die Eisenbahn kann die Gewährung der Fahrpreisermäßigung für bestimmte Zeiten und Stationen oder für bestimmte Züge ausschließen.

VIII. Für deutsche Kriegsteilnehmer.

1. In der II. und III. Klasse werden auf der Hinreise und auf der Rückreise zum halben Preis, in Schnellzügen außerdem gegen tarifmäßigen Zuschlag, befördert:

   Die vom Zentralkomitee der deutschen Vereine vom Roten Kreuz, von dem bayerischen Landeshilfsverein vom Roten Kreuz oder von dem bayerischen Frauenverein unterstützten Mitkämpfer der Feldzüge von 1864, 1866 und 1870/71, die von der Viktoria-National-Invalidenstiftung in Berlin unterstützten Kriegsteilnehmer von 1866 und die von der Kaiser Wilhelm-Stiftung für deutsche Invaliden unterstützten Kriegsteilnehmer von 1870/71 bei Reisen zum Besuche von Kurorten.

2. Die Fahrkarten zum halben Preise werden von den Fahrkartenausgabestellen auf Grund der nach dem vorgeschriebenen Muster ausgestellten Ausweise verabfolgt. In dringenden Fällen werden Ausweise anderer Art zugelassen.

3. Als Ausweis wird verlangt:

   a) für die Hinreise und Rückreise:
   eine auf den Namen lautende Bescheinigung des Zentralkomitees der deutschen Vereine

vom Roten Kreuz, des bayerischen Landeskomitees für freiwillige Krankenpflege im Kriege, der Viktoria-National-Invalidenstiftung in Berlin oder der Kaiser Wilhelm-Stiftung für deutsche Invaliden darüber, daß dem Kriegsteilnehmer von dem Aussteller eine Unterstützung und von der Kuranstalt der Gebrauch der Bäder oder der sonstigen Kureinrichtungen unentgeltlich oder zu ermäßigtem Preise zugestanden ist.

b) daneben für die Rückreise:
eine Bescheinigung der Kuranstalt über die Entlassung des Kriegsteilnehmers.

4. Die Ausweise werden von den Fahrkartenausgabestellen bei jeder Lösung einer Fahrkarte abgestempelt und den Inhabern zurückgegeben, die sie dem Fahrpersonal auf Verlangen vorzuzeigen haben. Die Ausweise sind mit den Fahrkarten bei Beendigung der Fahrt, und wenn sie zugleich für die Rückreise ausgestellt waren, bei Beendigung der Rückfahrt abzugeben.

IX. Für wehrpflichtige Angehörige der Österreichisch-Ungarischen Monarchie.

1. In der III. Klasse, ausgenommen der Schnellzüge, werden zu Militärfahrpreisen (ohne Gewährung von Freigepäck) befördert:

Die zu militärischen Dienstleistungen einberufenen und in Deutschland lebenden österreichisch-ungarischen sowie bosnischen und herzegowinischen Wehrpflichtigen, mit Ausnahme derjenigen, die sich zur Musterung oder Aushebung gestellen müssen, bei Reisen nach dem heimatlichen Einberufungsorte.

2. Die Fahrkarten zu Militärfahrpreisen werden von den Fahrkartenausgabestellen auf Grund der Einberufungsschreiben verabfolgt.

3. Die Einberufungsschreiben werden von den Fahrkartenausgabestellen abgestempelt und den Inhabern zurückgegeben, die sie dem Fahrpersonal auf Verlangen vorzuzeigen haben.

1. Aus den zu den Personen- und Gepäcktarifen Teilen II gehörigen Preistafeln. — 2. Auch der handschriftlich ausgefertigten sog. Blankokarten (Begr.). — 3. s. C I. — 4. Im Einklang mit § 6 (4) wird gewährt: I. Freie Fahrt (vgl. § 26 der FreifO.). a) Den Mitgliedern des Reichstags (§ 1 Abs. 1a des RGes. vom 21. Mai 1906 und Bek. des Reichskanzlers vom 27. Juni 1906 — RGBl. S. 468 und 850) auf den deutschen Eisenbahnen für die Dauer der Sitzungsperiode und 8 Tage vor und nach deren Beginn bzw. Ende; Freikarten ausgestellt vom Staatssekretär des Reichsamts des Innern. — b) Den Mitgliedern des preußischen Herrenhauses (Allerh. Genehmigung — MinErlaß vom 30. Oktober 1882 —) für die Fahrt vom Wohnort nach Berlin sonst wie a; Freikarten ausgestellt vom Minister der öffentlichen Arbeiten. — c) Den Mitgliedern der Ersten Kammer der Stände des Großherzogtums Hessen (MinErlaß vom 4. August 1906); Freikarten ausgestellt vom Minister d. ö. A. — d) Den Mitgliedern des Landeseisenbahnrats und der Bezirkseisenbahnräte (§ 21 Abs. 2 des Ges. vom 1. Juni 1882 — GS. S. 318); Freischeine ausgestellt von dem Minister d. ö. A. bzw. den Königl. Eisenbahndirektionen. — e) Den Mitgliedern des Ausschusses der Verkehrsinteressenten der ständigen Tarifkommission (s. Einleitung S. 11); von der Eisenbahndirektion Berlin ausgestellte Fahrkarten. — f) Den Sachverständigen, die zu

den Beratungen der unter d und e genannten Körperschaften, sowie den Verkehrsinteressenten, die zu den Beratungen über die Abschätzung des voraussichtlichen Wagenbedarfs zugezogen werden; Fahrausweise wie d und e. — g) Den Kommissaren und anderen Angehörigen deutscher Bundesstaaten auf Grund von Staatsverträgen (Fahrausweise nach näherer Anordnung des Ministers d. ö. A.). — h) Den Zoll- und Steuerbeamten (§ 60 Abs. 4 und 5 des Vereinszollgesetzes vom 1. Juli 1869 — BGBl. S. 333); Fahrausweis ist Bescheinigung der Zollbehörde, gilt für II. Klasse. — i) Den Reichspostbeamten (Art. 2b des Eisenbahnpostgesetzes vom 20. Dezember 1875 RGBl. S. 318 nebst Vollzugsbestimmungen) gegen von den Vorstehern der Post- oder Bahnpostämter oder von den Kaiserlichen Oberpostdirektionen ausgestellte Legitimations- oder Erlaubnisscheine. — k) Den Zöglingen der Militärwaisenhäuser, Militär-Knaben- und Mädchenerziehungsanstalten und deren Zweiganstalten sowie den im Dienste der freiwilligen Krankenpflege stehenden und für deren Zwecke reisenden Personen. (Besondere Bestimmungen unter 4 und 16 zu I des Militärtarifs und § 32, 7 der Militär-Transportordnung, beide vom 18. Januar 1899 RGBl. S. 108). — l) Den Beamten, Arbeitern usf. der Staatseisenbahnverwaltung nach Maßgabe der Freifahrtordnung vom 15. Oktober 1907 (EVB. 373). II. Fahrpreisermäßigung den Mitgliedern der bewaffneten Macht auf Grund der Anlage C zum Friedensleistungsgesetz (Bek. des Reichskanzlers betr. den Militärtarif für Eisenbahnen vom 18. Januar 1899 RGBl. S. 108 und der dazugehörigen Dienstvorschriften), sowie für Gefangeneneinzel- und -sammeltransporte (EVB. S. 340 und ENB. S. 119). — 5. Siehe P. u. GT. Teil 1 S. 38ff.

§ 13. Fahrkarten.

12 (1) Der Reisende muß vor Antritt der Fahrt eine Fahrkarte[1, 2] erwerben; der Tarif kann Ausnahmen zulassen.

(2) Die Fahrkarte muß Strecke, Zuggattung, Wagenklasse und Fahrpreis angeben.[3]

(3) Die Geltungsdauer muß im Tarife festgesetzt werden.

1. Eine auf den Namen einer bestimmten Person lautende Fahrkarte darf nur von dieser Person benutzt werden. Eine Fahrkarte, womit eine Fahrpreisermäßigung oder sonstige Vergünstigung verbunden ist, ist nur für die Person gültig, die damit die Reise begonnen hat. 12 Zus. 1—10

2. Fahrkarten, die als zur Rückfahrt gültig gekennzeichnet sind, berechtigen nur zur Fahrt in der Rich ung von der darin verzeichneten Bestimmung station nach der Ausgabestation.

3. Im Stadt-, Vorort-, Markt- und Ausflugverkehre, sowie im Verkehre mit Ostsee- und Nordseebädern, soweit Schiffs- oder Fuhrwerksstrecken in die Fihrkarten einbezogen sind, können besondere, zur Hin- und Rückfahrt gültige Fahrkarten na:h den Bestimmungen der Teile II ausgegeben werden.

4. Die Fahrka ten, auch die als zur Rückfahrt gültig gekennzeichneten, werden bei der Ausgabe mit dem Datım des ersten Geltungstages versehen. Die Farkarten zu einem fahrplanmäßig 12 Uhr nachts abgehenden Zug erhalten das Datum des anbrechenden Tages. Bei Fahrkarten, die vom Zugführ r ausgegeben werden, kann die Abstempelung untrbleiben. Weitere Ausnahmen können in den Telen II festgesetzt werden.

5. (1) Die Geltungsdauer der Fahrkarten, auch der als zur Rückfahrt gültig gekennzeichneten, beträgt 4 Tage. Dies gilt auch, sofern in den Teilen II nichts anderes bestimmt ist, für die zur Hin- und Rückfahrt gültigen Fahrkarten.

(2) Als erster Tag der Geltungsdauer wird der Tag gezählt, mit dessen Datum die Fahrkarte abgestempelt worden ist.

Unterbleibt die Abstempelung gemäß Ausf.-Best. 4, so wird der Anfang der Geltungsdauer in den Teilen II festgesetzt. Die Reise kann an einem beliebigen Tag innerhalb der Geltungsdauer angetreten werden und muß spätestens um Mitternacht des letzten Geltungstages beendet sein.

(3) Die Bestimmung des Abs. (2) gilt auch für Fahrscheinhefte des Vereinsreiseverkehrs und der Reiseunternehmer, für die eine andere Geltungsdauer festgesetzt ist.

6. (1) Soweit die Fahrkarten nicht für alle Züge gelten, sind bei Benutzung von Schnellzügen Zuschlagkarten zu lösen.

(2) Der Zuschlag beträgt:

Für Tarifentfernungen

von	1— 75 km	0,50 Mark in I./II. Kl.,	0,25 Mark in III. Kl.
,,	76—150 ,,	1,00 ,, ,, I./II. ,,	0,50 ,, ,, III. ,,
über	150 ,,	2,00 ,, ,, I./II. ,,	1,00 ,, ,, III. ,,

Abweichungen sind zulässig und werden in den Teilen II veröffentlicht.

(3) Geht ein Reisender mit einer nicht für alle Züge gültigen Fahrkarte in eine niedrigere Klasse eines Schnellzuges über, so hat er die Schnellzugzuschlagkarte für die niedrigere Klasse zu lösen.

7. Schnellzugzuschlagkarten werden nur zugleich mit einer Fahrkarte oder gegen Vorlage einer solchen ausgegeben. Nach einer über die Bestimmungsstation der Fahrkarte hinaus gelegenen Station werden Zuschlagkarten nur verabfolgt, wenn der Reisende bis zu dieser Station eine Fahrkarte nicht erhalten kann und er eine Fahrkarte nach der zur Lösung neuer Fahrkarten geeigneten, weitestgelegenen Station löst. Die Zuschlagkarte wird in diesem Fall ausdrücklich bis zu der über die Bestimmungsstation hinaus gelegenen Station gültig geschrieben. Ihr Preis wird nach der Tarifentfernung zwischen der Ausgabe- und der Endstation berechnet. Die Zuschlagkarte ist nur für die Person gültig, die damit die Reise begonnen hat.

8. (1) Für die Benutzung der Fahrscheinhefte des Vereinsreiseverkehrs sind neben den Vorschriften dieses Tarifs die Bestimmungen des Vereins Deutscher Eisenbahnverwaltungen maßgebend.

(2) Mit besonders bekannt gegebenen Fahrscheinen des Vereinsreiseverkehrs werden auch Fahrscheinhefte für Reisen zusammengestellt, die nicht zum Ausgangsorte zurückführen. Für

diese Fahrscheinhefte gelten die gleichen Bestimmungen wie für Fahrscheinhefte des Vereinsreiseverkehrs mit der Maßgabe, daß ihre Geltungsdauer sich auf 45 Tage beschränkt.

9. (1) Scheine der Fahrscheinhefte des Vereinsreiseverkehrs können auf eine kürzere, dieselben Stationen verbindende Strecke umgeschrieben werden. Verschiedene Bahnhöfe desselben Orts gelten hierbei als eine Station. Auf Wunsch des Reisenden kann auch das Gepäck über den neuen Weg abgefertigt werden.

(2) Auf dem neuen Weg ist Fahrtunterbrechung nur einmal nach den Ausführungsbestimmungen zu § 25 gestattet.

(3) Die Umschreibung ist auf der Abzweigestation oder einer vorgelegenen Station zu beantragen. Sie kann abgelehnt werden, wenn der Beamte sie bei ordnungsmäßiger Erfüllung seiner sonstigen Dienstpflichten und ohne Überschreitung der fahrplanmäßigen Aufenthaltszeit der Züge nicht vornehmen kann.

10. Besondere Bestimmungen über die Gültigkeit der Fahrkarten sowie die Überführung von Personen an Orten mit getrennten Bahnhöfen oder zwischen benachbarten Orten enthält die Anlage II[4].

17 Zus. 1 11. Die in den Fahrplänen mit L bezeichneten (Luxus-) Züge können nur mit Fahrkarten, die zu Schnellzügen gelten, und gegen Entrichtung

der in den besonderen Tarifen festgesetzten Preiszuschläge benutzt werden.

1. Rechtliche Natur: a) Keine Quittung, sonst wäre Verlust gleichgültig, auch fehlt im Text Empfangsbescheinigung, endlich müßte dann schon vor Einhändigung der Karte der Beförderungsvertrag geschlossen sein, während er gerade durch diese geschlossen wird. b) Fahrkarte ist regelmäßig Inhaberpapier (RGJW. **05** 426 Nr. 14; Arch. **06** 657): Ehemann kann aus dem von ihm durch Lösung der Fahrkarte für seine Ehefrau geschlossenen Beförderungsvertrage nicht Schaden geltend machen, den er durch ihren bei der Beförderung durch Überfahren eingetretenen Tod erlitten habe; denn nur die Ehefrau hat der Eis. gegenüber in Vertragsverhältnis gestanden und könnte daher aus dessen Verletzung Schadensansprüche herleiten. c) Verlust der Karte bringt daher Untergang des Rechts auf Fahrt. Andrerseits: Freie Übertragbarkeit der Karte, auch während der angefangenen Fahrt, falls nicht damit eine Fahrpreisermäßigung oder sonstige Vergünstigung verbunden ist. Im letzteren Falle liegt kein reines Inhaberpapier vor, was aus der Karte selbst zu ersehen ist, sei es durch Ausstellung auf den Namen, sei es durch den Aufdruck: „Nicht übertragbar", der dann dem Tarif entspricht, wo die Übertragbarkeit ausgeschlossen ist (z. B. § 12 C III 4). Vgl. dazu Staub 472 Anm. 16 u. 17 (woselbst weitere Literatur). — 2. Bedeutung: F. ist die Grundlage des regelm. Personenbeförderungsvertrages, Beweisurkunde für den Vertragsabschluß. F. der Staatseisenbahnen ist öff. Urkunde: RGS. **8** 409 (Fälschung des Tagesstempels); aber vgl. **29** 118 (der Durchlochung); **28** 42 (Unterschrift einer Zeitkarte); RGJW. **05** 548 (Kilometerheft); RGS. **13** 212 (Bestellung falscher Fahrausweise beim Drucker strafl. vorber. Handlg.). Vgl. auch Gerhard Eger in EE. **25** 213; auch RGEE. **3** 394 (ungeschickte Fälschung des Stempels). — 3. Mit der Hingabe der Karte ist der Vertrag geschlossen nach Maßgabe des Tarifs, dessen für den Einzelfall notwendigste Bestimmungen der Inhalt der Karte ergibt, es kommt zu dem in Abs. 2 aufgezählten noch der Tagesstempel. — 4. Siehe P. u. GT. Teil I S. 55ff.

§ 14. Lösung der Fahrkarten.

13 (1) (1) Die Fahrkartenschalter sind auf Stationen mit geringerem Verkehre mindestens ½ Stunde, auf Stationen mit größerem Verkehre mindestens 1 Stunde vor der Abfahrzeit offen zu halten.

13 (1) (2) 5 Minuten vor der Abfahrzeit des Zuges erlischt der Anspruch auf Verabfolgung einer Fahrkarte.

13 (2) (3) Die Eisenbahn kann verlangen, daß das Fahrgeld abgezählt entrichtet wird.[1]

1. (1) Fahrkarten und Gepäckscheine können bei der Station, wo eine neue Abfertigung erfolgen soll, telegraphisch bestellt werden.

13 Zus. 1—3 (2) Die Gebühr beträgt, wenn die Fassung des Telegramms dem Stationsbeamten überlassen wird, 25 Pfennig. Wird eine neue Abfertigung mehrmals erforderlich, so können die Telegramme gegen Zahlung von je 25 Pfennig sämtlich schon am Abgangsort aufgegeben werden. Für die telegraphische Bestellung von Fahrscheinheften des Vereinsreiseverkehrs werden die Privattelegrammgebühren erhoben.

(3) Wird bei räumlich getrennten Bahnhöfen desselben Orts der vom Reisenden benutzte Zug nach dem Bahnhofe nicht überführt, wo die neue Abfertigung vorgenommen werden soll, so hat der Reisende für die Überführung seiner Person und seines Gepäcks von einem zum andern Bahnhofe selbst zu sorgen.

2. In gleicher Weise und gegen die gleiche Gebühr können auch Zusatzkarten zum Übergang in eine höhere Klasse und Schnellzugzuschlagkarten telegraphisch bestellt werden.
3. Wegen Bestellung von Bettkarten siehe Ausführungsbestimmungen 3 zu § 16.

1. Da Preis für die Fahrkarte und Gegenleistung feststehen, erfolgt Vorauszahlung. Zur Vermeidung von Aufenthalten beim Abfertigungsgeschäft, auch mit Rücksicht auf die anderen Reisenden, gibt man dem Reisenden keinen Rechtsanspruch auf Wechseln großen Geldes.

§ 15. Vorausbestellung von Abteilen oder einzelnen Plätzen.

(1) Ganze Abteile sind den Reisenden auf Verlangen für den tarifmäßigen Preis zur Verfügung zu stellen, wenn keine Rücksichten des Betriebs oder des Verkehrs entgegenstehen.[1] Die Bestellung muß mindestens 30 Minuten vor der Abfahrzeit erfolgen. 13 (3)

(2) Für ein Abteil sind höchstens so viele Fahrkarten zu bezahlen, wie es Plätze enthält. In das Abteil dürfen nicht mehr Personen aufgenommen werden, als Fahrkarten bezahlt sind.[2] 13 (3)

(3) Bestellte Abteile müssen durch eine Aufschrift[3] kenntlich gemacht werden.

(4) Ob für einzelne Züge bestimmte Plätze bestellt werden können, hat der Tarif zu bestimmen.[4] 17 (1)

1. (1) Geschlossene ganze Abteile können in der I. Klasse schon gegen Lösung von 4, in der II. Klasse von 6, in der III. Klasse von 8 Fahr- 17 Zus. 4

karten überlassen werden. 2 Fahrkarten zum halben Preise werden hierbei als 1 Fahrkarte gerechnet. Mindestens ist für jede Person 1 Fahrkarte zu lösen.

(2) Die Befugnis zur Überlassung steht der Station zu. Bestellte Abteile werden mit der Aufschrift „Bestellt“ versehen. Der Besteller erhält eine Bescheinigung.

(3) Ein Recht auf Freihaltung nicht bezahlter Plätze für die Dauer der ganzen Reise wird nicht eingeräumt, die nicht bezahlten Plätze dürfen im Bedarfsfalle zeitweise oder dauernd mit andern Reisenden besetzt werden. Die Entscheidung hierüber steht auf den Stationen dem Aufsichtsbeamten, während der Fahrt dem Zugführer zu.

(4) Die Abteile können telegraphisch bestellt werden. Die Gebühr beträgt, wenn die Fassung des Telegramms dem Stationsbeamten überlassen wird, 50 Pfennig.

17 Zus. 2 2. In den Zügen, die in den Fahrplänen mit D (Durchgang) bezeichnet sind, werden den Reisenden, die Fahrkarten für den betreffenden Zug besitzen, bestimmte Plätze in den Wagen zugewiesen. Auf den Abgangsstationen dieser Züge ist auch die Vorausbestellung bestimmter Plätze zulässig.

17 Zus. 3 3. (1) Die Benutzung der Schlafwagen ist, soweit Plätze vorhanden sind, den mit Fahrkarten I. und

II. Klasse der betreffenden Zuggattung versehenen Reisenden gegen Zulösung von Bettkarten gestattet.

Reisende mit Fahrkarten I. Klasse können Bettkarten I. oder II. Klasse, Reisende mit Fahrkarten II. Klasse nur Bettkarten II. Klasse lösen.

(2) Für Kinder unter 4 Jahren, für die ein besonderes Bett nicht beansprucht wird, brauchen Bettkarten nicht gelöst zu werden. Im übrigen sind für Kinder die gleichen Bettkarten wie für Erwachsene zu lösen. Für 2 Kinder im Alter bis zu 10 Jahren, die zusammen 1 Bett benutzen, ist eine Bettkarte zu lösen. Wird für 1 Kind unter 4 Jahren ein besonderes Bett beansprucht, so ist außer 1 Bettkarte zum vollen Preis auch 1 Fahrkarte zum halben Preise zu lösen.

(3) Die bestehenden Schlafwagenläufe und die Preise der Bettkarten sind bei den Stationen und Fahrkartenausgabestellen zu erfragen.

(4) Bettkarten können auf den Abgangsstationen der Schlafwagen bis 1 Stunde vor Abgang des Zuges bei den hierfür eingerichteten Ausgabestellen unter Entrichtung einer Vormerkungsgebühr, oder in der letzten Stunde vor Abgang des Zuges bei dem auf dem Bahnhof anwesenden Schlafwagenwärter gelöst werden.

(5) Bettkarten können auch schriftlich sowie für die von den Verwaltungen besonders be-

stimmten Schlafwagenkurse durch Vermittelung der Stationen der am Schlafwagenkurse beteiligten Verwaltungen telegraphisch bestellt werden.

(6) In der Bestellung ist anzugeben, ob Bettplätze I. oder II. Klasse gewünscht werden, in welcher Anzahl und ob sie für einen Herrn, eine Dame oder eine Familie bestimmt sind.

(7) Der Bettkartenpreis und die Vormerkungsgebühr sind bei der schriftlichen Bestellung portofrei einzusenden, bei telegraphischer Bestellung vor Aufgabe des Bestelltelegramms zu bezahlen.

(8) Für die telegraphische Bestellung ist außerdem eine Gebühr zu entrichten, die, wenn die Fassung dem Stationsbeamten überlassen wird, für das Bestell- und Antworttelegramm zusammen ohne Rücksicht auf die Anzahl der bestellten Plätze 50 Pfennig beträgt. Diese Gebühr wird auch dann nicht erstattet, wenn kein Schlafwagenplatz freigehalten werden kann.

(9) Die zusagende Antwort auf die schriftliche oder telegraphische Bestellung dient dem Schlafwagenwärter gegenüber als Ausweis für den Anspruch auf die bestellten Plätze.

Wartet der Reisende den Eingang der Antwort nicht ab, so gilt dem Schlafwagenwärter gegenüber, wenn die Plätze freigehalten werden konnten, die Quittung über die entrichteten Gebühren als Ausweis.

Das Antworttelegramm oder die Quittung ist bei Überweisung des bestellten Platzes dem Schlafwagenwärter auszuhändigen.

(10) Ein Anspruch auf Überweisung eines telegraphisch oder schriftlich bestellten Platzes wird nach Zahlung der tarifmäßigen Gebühren erst durch die zusagende Antwort erworben.

(11) Haben bestellte Bettplätze nicht bereitgehalten werden können, so werden dem Besteller die eingezahlten Beträge abzüglich der Telegrammgebühr gegen Empfangsbescheinigung zurückgezahlt.

(12) Auf Unterwegsstationen, wo Bettkarten nicht aufliegen, können sie nur bei dem Schlafwagenwärter gelöst werden. Einzelne besonders bekannt gegebene Stationen nehmen Anmeldungen auf Bettplätze entgegen und erteilen hierüber unentgeltlich Anmeldescheine. Der Schlafwagenwärter gibt für die noch unbesetzten Plätze die Bettkarten nach der Nummerfolge dieser Scheine aus.

1. Es besteht deshalb allgemein keine absolute Gewähr auf Freihaltung bestellter Abteile, selbst wenn die Bestellung nicht auf einer Zwischenstation, sondern bereits auf der Abgangsstation erfolgt. Siehe auch a 1 hinsichtlich der nicht bezahlten Plätze. Ist dem Reisenden aber ein Abteil zur Verfügung gestellt, so hat er ein Recht auf alleinige Benutzung [bis zur Zahl der bezahlten Plätze. a 1 (3)]. — **2.** a 1 (1). — **3.** a 1 (2). — **4.** a 2 und 3.

§ 16. Prüfung der Fahrkarten. Fahrpreiszuschläge. Bahnsteigkarten.

21 (1) (1) Die Fahrkarte[1] ist auf Verlangen[2] beim Eintritte in den Warteraum, beim Betreten und beim Verlassen des Bahnsteigs, beim Einsteigen in den Wagen sowie jederzeit[3] während der Fahrt vorzuzeigen und je nach den für die letzte Fahrstrecke bestehenden Einrichtungen kurz vor oder nach Beendigung der Fahrt abzugeben.

(2) (2) Ein Reisender, der keine gültige[4] Fahrkarte vorweisen kann, hat für die von ihm zurückgelegte Strecke, wenn aber die Zugangsstation nicht sofort unzweifelhaft nachgewiesen wird, für die ganze vom Zuge zurückgelegte Strecke das Doppelte des Fahrpreises, mindestens jedoch 6 Mark zu entrichten. Dieser Betrag ist auch zu zahlen, wenn sich der Zug noch nicht in Bewegung gesetzt hat. Wer unaufgefordert dem Schaffner oder Zugführer meldet, daß er keine Fahrkarte habe lösen können, hat einen Zuschlag von 1 Mark zu dem tarifmäßigen Preise, jedoch nicht mehr als das Doppelte dieses Preises zuzahlen.[5, 6]

(3) (3) Der Reisende, der die sofortige Zahlung verweigert, kann ausgesetzt werden.[7] Der Ausgesetzte hat keinen Anspruch darauf, daß ihm sein Reisegepäck auf einer anderen als der Bestimmungsstation zur Verfügung gestellt wird.

(7) (4) Auf Stationen mit Bahnsteigsperre haben Personen, die nicht im Besitz einer gültigen Fahr-

karte sind, vor Betreten der abgesperrten Teile der Station eine Bahnsteigkarte[8] zu lösen. Die Karte ist beim Eintritte vorzuzeigen und beim Verlassen der abgesperrten Teile abzugeben. Wer ohne gültigen Ausweis die abgesperrten Teile einer Station betritt, hat 1 Mark zu zahlen.

(5) Wer ohne die Absicht mitzureisen in einem zur Abfahrt bereitstehenden Zuge Platz nimmt, hat 6 Mark zu entrichten.[9] (4)

(6) Den Eisenbahnen bleibt überlassen, mit Genehmigung der Landesaufsichtsbehörden nach Zustimmung des Reichs-Eisenbahnamts die Fälle durch den Tarif einheitlich zu regeln, wo aus Billigkeit[10] von der Erhebung der in den Abs. (2), (4) und (5) bezeichneten Beträge ganz oder teilweise abgesehen wird. (6)

(7) In allen Fällen, wo eine Nachzahlung geleistet wird, ist eine Bescheinigung zu verabfolgen. (5)

1. Ob eine beschädigte Fahrkarte noch als gültig anzusehen ist, entscheidet auf der Station der Aufsichtsbeamte, während der Fahrt der Zugführer. Fahrkarten, deren Inhalt unbefugt geändert worden ist, werden als ungültig eingezogen. 21 Zus. 1—5

2. Scheine von Fahrscheinheften aller Art und von Fahrkarten in Buchform, deren Umschlag nicht vorgezeigt werden kann, sowie außer der Reihe befindliche Scheine sind ungültig und werden dem Reisenden abgenommen.

3. Einen Zuschlag hat nicht zu zahlen:
   a) wer auf einer Anschlußstation wegen Verspätung des benutzten Zuges oder wegen kurzer Übergangszeit eine Fahrkarte zur Weiterfahrt nicht hat lösen können und dies dem Schaffner sofort unaufgefordert meldet,
   b) wer in demselben Zug über die Station, bis zu der seine Fahrkarte gilt, hinausfahren will, dort aber keine Zeit zur Lösung einer neuen Fahrkarte hat und die Absicht der Weiterfahrt spätestens auf der ursprünglichen Bestimmungsstation dem Schaffner meldet,
   c) wer in einem auf der Bestimmungsstation seiner Fahrkarte nicht haltenden Zug über diese hinausfahren will und dies dem Schaffner spätestens auf der letzten Haltestation vor der ursprünglichen Bestimmungsstation meldet.
4. Wenn ein Reisender gegen seinen Willen oder aus Unkenntnis eine Strecke mit einer für diese nicht gültigen Fahrkarte befahren oder einen seiner Fahrkarte nicht entsprechenden Zug mit höheren Fahrpreisen benutzt hat, so kann statt der in § 16 Abs. (2) bestimmten Beträge der einfache Fahrpreis oder der tarifmäßige Zuschlag für den Übergang erhoben werden, sofern der Reisende zur sofortigen Zahlung bereit ist.
5. Kinder bis zum vollendeten vierten Lebensjahre werden auf die Bahnsteige ohne Bahnsteigkarte zugelassen.

1. a 1 zu III auch Schnellzugzuschlagskarte, Bettkarte usf. — **2.** Zuwiderhandlungen BO. 77, 82. — **3.** Daher Aufbewahrungspflicht während der ganzen Fahrt. — **4.** Für den betreffenden Zug und die benutzte Klasse, ferner a 2. — **5.** Siehe a 3, 4. — **6.** Bewußt rechtswidrige Fahrgeldhinterziehung ist Betrug (RGS. **4** 295; **7** 124); falsche Angabe der Zugangsstation (**17** 217); Mitfahrt auf dem Trittbrett (**24** 218); Verhinderung der Entwertung, auch wenn im Einverständnis mit Zugpersonal (**25** 412; **7** 214; **17** 217); ferner § 13 Anm. 2. Beamtenbestechung RGS. **10** 325 und RGEE. **6** 69: (Nichtzulassung und Entfernung ohne gültige Karte Amtspflicht). Widerstand gegen Bahnsteigschaffner § 113 StGB. (RGEE. **21** 287). — **7.** Muß nachzahlen und kann aus §§ 77, 82 BO. bestraft werden; daher auch nach § 75 (4) BO. vorläufig festgenommen werden, wenn er fluchtverdächtig ist oder sich nicht auszuweisen vermag. — **8.** Haftung aus dieser: RGEE. **24** 382; Weber im Sonderheft zu EE. **25** 122; Brückner R. **05** 330. — **9.** H. Neumann, VerZtg. **03** 101. — Im allgemeinen wird sich, namentlich wenn Bahnsteigsperre besteht, diese Summe als Konventionalstrafe ansehen lassen. Platz nehmen, auch einsteigen, sich aufhalten: „es handelt sich um Personen, die Reisende oder Beamte über die Besetzung des Abteils täuschen wollen, um ihren Angehörigen eine bequeme Fahrt zu sichern" (Begr.). — **10.** Weil die Absicht der Fahrgeldhinterziehung fehlt.

§ 17. Warteräume.

(1) Die Warteräume sind mindestens 1 Stunde 15
vor Abfahrzeit des Zuges zu öffnen.[1]

(2) Auf Übergangsstationen ist es den angekommenen Reisenden gestattet, sich in dem Warteraume der Bahn, die sie zur Weiterreise benutzen wollen, bis zur Abfahrt ihres Zuges aufzuhalten. Sie können aber nicht beanspruchen, daß der Warteraum ihretwegen in der Zeit von 11 Uhr Abends bis 6 Uhr Morgens offen gehalten wird.[2] Nur wenn

die Zeit von der Ankunft des letzten bis zum Abgange des ersten Zuges weniger als 4 Stunden beträgt, müssen auf Übergangsstationen oder auf Stationen, wo Züge über Nacht stehen bleiben, die Warteräume für angekommene Reisende, die weiter fahren wollen, geöffnet sein.

20 (3) (3) Den im § 11 aufgeführten Personen kann untersagt werden, sich in den Warteräumen aufzuhalten.[3]

(4) Das Rauchen in den Warteräumen kann verboten werden.[4]

1. Eisenbahn haftet aus dem Personenbeförderungsvertrage für gefahrlosen Aufenthalt im Warteraume (RGZ. **4** 192); Haftung des Pächters der Bahnhofswirtschaft: (RGJW. **05** 48 und EE. **21** 386 Kelleröffnung). — **2.** Kein Anspruch auf Nachtquartier, ebensowenig auf Offenhalten der etwaigen Bahnhofswirtschaft, wie überhaupt auf Betrieb einer solchen auch bei Tage. — **3.** Hausrecht in den Warteräumen steht dem Stationsbeamten zu, dem Bahnhofswirte nur im Falle besonderen Auftrags (RGS. **36** 188; EE. **20** 151; JW. **03** 320). — **4.** Mit Rücksicht auf kleine Stationen (BD. 77, 82).

§ 18. Frauen- und Nichtraucherabteile.

17 (4) (1) Jeder Zug muß mindestens je ein Frauenabteil zweiter und dritter Klasse enthalten, wenn er drei oder mehr Abteile der betreffenden Klasse führt.

(2) In Frauenabteile dürfen[1] Männer nicht zugelassen werden, selbst wenn es die darin fahrenden Frauen zugeben. Die Mitnahme von Knaben bis zum vollendeten zehnten Lebensjahr ist gestattet.

(3) In der ersten Wagenklasse darf,[1] soweit nicht 18 (1)
besondere Abteile für Raucher und Nichtraucher eingerichtet sind, nur mit Zustimmung aller Reisenden
desselben Abteils geraucht werden. In Zügen, die 18 (2)
Abteile zweiter und dritter Klasse führen, müssen Abteile zweiter, und, soweit es die Beschaffenheit der Wagen gestattet, auch dritter Klasse für Nichtraucher vorhanden sein. In den übrigen Abteilen dieser Klassen und in der vierten Klasse ist das Rauchen gestattet, sofern nicht auch für die vierte Klasse Nichtraucherabteile eingerichtet sind.

(4) Nichtraucher- und Frauenabteile sind durch 18 (1)
eine Aufschrift kenntlich zu machen.

(5) In Nichtraucher- und Frauenabteilen darf[1] 18 (3)
selbst mit Zustimmung der Mitreisenden nicht geraucht, auch dürfen solche Abteile nicht mit brennenden Zigarren, Zigaretten oder Tabakspfeifen betreten werden.

(6) In Zügen, in denen sich keine Wagen mit 17 (4)
geschlossenen Abteilen befinden, ist für gesonderte Unterbringung von Nichtrauchern und von Frauen tunlichst Sorge zu tragen.

1. BO. 77, 82.

§ 19. Einsteigen und Anweisung der Plätze.

(1) Auf größeren Stationen ist in den Warte- 16 (1)
räumen zum Einsteigen abzurufen.[1]

(2) Die Bediensteten sind berechtigt und auf Ver- 17 (2)
langen verpflichtet, den Reisenden die Plätze anzuweisen.

17 (3) (3) Die mit durchgehenden Fahrkarten angekommenen Reisenden haben den Vorzug vor neu hinzutretenden.

17 (1) (4) Der Reisende darf beim Einsteigen für sich und für jede mit ihm reisende Person je einen Platz
24 (2) belegen.[2] Wer seinen Platz verläßt, ohne ihn zu belegen, verliert den Anspruch darauf (vergleiche jedoch § 15 Abs. (4)).

Auf Stationen, wo nicht abgerufen wird, wird dies durch Aushang in den Warteräumen bekannt gemacht.

1. Unterlassenes, ebenso falsches Abrufen begründet — sofern nicht § 22 (2) zutrifft — für den Reisenden Schadensersatzanspruch. Das Abläuten ist weggefallen. — **2.** Nicht in IV. Klasse bez. Sitzplätze. Erl. 18. Februar 99 (ENB. 93).

§ 20. Rücknahme und Umtausch von Fahrkarten.

14 (1) Der Reisende hat nur dann Anspruch auf Beförderung in der[1] Wagenklasse, für die seine Fahrkarte gilt, wenn ihm dort ein Platz angewiesen werden kann. Erhält er weder hier, noch — wenigstens zeitweilig — in einer höheren Klasse einen Platz, so kann er Beförderung in einer niedrigeren Klasse, in der noch Plätze frei sind, und Erstattung des Preisunterschieds verlangen oder die Fahrt unterlassen und das Fahrgeld sowie die Gepäckfracht zurückfordern.[2] Eine Entschädigung steht ihm nicht zu.

(2) Auf der Zugangsstation darf der Reisende bis 5 Minuten vor der Abfahrzeit des Zuges seine

Fahrkarte, wenn sie noch nicht durchlocht oder nachweislich nur zum Betreten des Bahnsteigs benutzt ist, unter Ausgleich des Preisunterschieds gegen eine andere umtauschen.[3]

(3) Für Teilstrecken kann, soweit der Tarif nichts anderes bestimmt, gegen Zahlung des tarifmäßigen Zuschlags eine höhere Klasse oder ein Zug mit höheren Fahrpreisen benutzt werden.

1. Fahrkarten, die noch nicht durchlocht sind 14 Zus. 1—4
oder nachweislich nur zum Betreten des Bahnsteigs benutzt wurden, werden auch in Fällen eines Irrtums oder einer Erkrankung oder aus sonstigen Billigkeitsgründen vor oder unmittelbar nach Abgang des betreffenden Zuges an der Fahrkarten-Ausgabestelle zurückgenommen. Auf Stationen, deren Bahnsteige abgesperrt sind, wird jedoch, wenn nicht einer der in § 20 Abs. (1) und in § 26 Abs. (2) bezeichneten Fälle vorliegt oder die Reise wegen erheblich verspäteter Abfahrt des Zuges aufgegeben wird, der Preis einer zum Betreten des Bahnsteigs benutzten Fahrkarte nur mit Abzug des Preises einer Bahnsteigkarte zurückgezahlt.

2. Beim Übergang in die nächsthöhere Klasse haben als Zusatzkarten zu lösen:

Reisende mit ganzen Fahrkarten eine halbe Fahrkarte der Klasse, in die sie übergehen,

Reisende mit halben Fahrkarten eine halbe Fahrkarte der Klasse, aus der sie übergehen.

3. Beim Übergang in eine noch höhere Klasse sind diese Zusatzkarten von Klasse zu Klasse zu lösen.

4. Bei Benutzung von Schnellzügen ist außerdem der Schnellzugzuschlag für die höhere Klasse zu entrichten, wobei die bereits gezahlten Zuschläge angerechnet werden.

1. Nicht ohne weiteres in einer niedrigeren, nicht auf Raucher-, Nichtraucher-, Frauenabteil oder Kurswagen. Ist dem Reisenden ein entsprechender Platz angewiesen oder hat er ihn belegt [§ 19 (4)], so hat er darauf Anspruch nach Werkvertragsrecht (BGB. 631 ff.). — **2.** Siehe §§ 12 (2), **21** (2), 26 (2) (3). — **3.** Nicht gegen Erstattung des Fahrgeldes zurückgeben. Also nicht ohne weiteres Kündigung des Vertrages, wie das auch § 649 BGB. entspricht. Doch gewährt die Eisenbahn aus Billigkeitsgründen, über deren Vorliegen ihr die Entscheidung zuzugestehen ist, u. U. den Betrag zurück: a 1, fordert jedoch stets strikten Nachweis der Nichtbenutzung wegen § 6 (3); s. auch §§ 60 (2) und a I; 16 (6), 27 (5). Fall der Überfüllung eines Abteils Anspruch auf Rückzahlung? Nein: LG. Berlin VerZtg. **02** 2; Eger DJZ. **02** 23; Holzbecher VerZtg. **02** 791. Ja: Gorden EE. **18** 290; z. T. auch Hertzer DJZ. **02** 218; Kommentar S. 25; VerZtg. **09** 111.

§ 21. Abfahrt. Versäumnis der Abfahrt durch den Reisenden.

19 (1) (1) Nach dem Abfahrzeichen[1] darf niemand mehr zur Mitfahrt zugelassen werden.

(2) (2) Wer die Abfahrt versäumt, hat keinen Anspruch auf Erstattung des Fahrgeldes oder auf eine Entschädigung.[2]

(3) Zus. 2 (3) Will er einen späteren Zug benutzen, für den seine Fahrkarte nicht ohne weiteres gilt, so hat er

sie ohne Verzug dem Aufsichtsbeamten vorzulegen, der sie für den gewählten Zug gültig schreibt. Die Geltungsdauer der Fahrkarten wird hierdurch nicht verlängert. Bei Benutzung eines Zuges mit höheren oder niedrigeren Fahrpreisen ist der Unterschied auszugleichen.

(4) Wegen Rückgabe des Gepäcks (Abs. (2)) gelten sinngemäß die Vorschriften im § 34 Abs. (4) und (5).

Werden Fahrkarten, die durchlocht, aber zur Fahrt nicht benutzt sind, wieder gültig geschrieben, so wird die Bahnsteiggebühr nicht erhoben, selbst wenn die Fahrkarte gegen eine Fahrkarte für einen Zug mit höheren oder niedrigeren Fahrpreisen umgetauscht wird.

1. BO. 65 (6). [FahrdVorschr. § 24 (2) (9); 50 (1) (6). Signalordnung Signal 29]. Abfahrzeit: Stationsuhr BO. 26 (2); 49 (3); 65 (1). Mitteleurop. Zeit RGes. 12. 3. 1893/31. 7. 1895 (RGB. 93/426). — 2. Ohne Rücksicht auf sein Verschulden, aber § 26 (2) (3) (Fahrgelderstattung) und § 19 (1) (außerdem ev. auch Schadensersatz).

§ 22. Öffnen der Fenster.

Nur mit Zustimmung aller in demselben Abteile reisenden Personen dürfen die Fenster auf beiden Seiten des Wagens gleichzeitig geöffnet sein. Im übrigen entscheidet, wenn sich die Reisenden über das Öffnen und Schließen der Fenster nicht verständigen, der Schaffner.[1] 22 (2)

1. § 8; weitere Vorschriften über Verhalten während der Fahrt BO. 80, 81, 82.

§ 23. Beschädigung von Fahrzeugen und Ausrüstungsstücken.

23 Die durch Beschädigung oder Verunreinigung der Fahrzeuge oder Ausrüstungsstücke entstandenen Kosten sind zu erstatten. Die Eisenbahn kann sofortige Zahlung oder Sicherheitsleistung verlangen. Die Entschädigung ist, wenn die Eisenbahn dafür feste Sätze bestimmt hat, nach diesen zu bemessen.

Zus. 1—4 1. Für das Zertrümmern von Fensterscheiben werden, soweit nicht für Wagen besonderer Bauart höhere Sätze festgesetzt sind, für I. und II. Klasse 3 Mark, für III. und IV. Klasse 2 Mark für jedes Fenster erhoben.

2. Für die Verunreinigung eines Wagens wird 1 Mark erhoben.

3. Für Beschädigungen oder Verunreinigungen anderer Art sind die Ersatzkosten auf Grund vorgenommener Abschätzung oder nach den von jeder Verwaltung bestimmten festen Sätzen zu leisten.

4. Bei vorsätzlicher Beschädigung oder Verunreinigung tritt außerdem gerichtliche Verfolgung ein.[1]

1. Und zwar auch § 304 StGB., nicht § 303 (Gegenstände, die dem öffentlichen Nutzen dienen).

§ 24. Verfahren auf Zwischenstationen. Anhalten auf freier Bahn.

24 (1) (1) Bei Ankunft auf einer Station sind ihr Name und der etwa stattfindende Wagenwechsel auszurufen, außerdem die Dauer des Aufenthalts, wenn dieser

mehr als 4 Minuten beträgt. Sobald der Zug stillsteht, haben die Bediensteten die Türen der Wagen zu öffnen, aus denen Reisende auszusteigen verlangen.

(2) Wird ausnahmsweise außerhalb einer Station längere Zeit angehalten, so dürfen die Reisenden nur mit ausdrücklicher Bewilligung des Zugführers aussteigen. Sie müssen sich sofort von dem Bahngleis entfernen und auf das erste Zeichen des Zugführers ihre Plätze wieder einnehmen. 24 (3)

Jeder Reisende hat selbst dafür zu sorgen, daß er auf den Übergangsstationen in den richtigen[1] Zug gelangt, sowie daß er am Ziele seiner Reise den Wagen verläßt. 24 Zus.

1. Siehe § 5.

§ 25. Unterbrechung der Fahrt auf Zwischenstationen.

Der Tarif muß bestimmen, wie oft, wie lange und unter welchen Bedingungen der Reisende die Fahrt auf Zwischenstationen unterbrechen darf.[1] 25

1. Auf Fahrkarten für eine einfache Fahrt darf die Fahrt nur einmal, auf Fahrkarten für Hin- und Rückfahrt je einmal auf der Hinfahrt und der Rückfahrt unterbrochen werden, soweit im Tarife nichts anderes bestimmt ist. Zus. 1—4

Die Geltungsdauer der Fahrkarten wird durch eine Fahrtunterbrechung nicht verlängert. Im übrigen unterliegt die Fahrtunterbrechung einer zeitlichen Beschränkung nicht.

Auf Fahrscheinhefte des Vereinsreiseverkehrs

oder der Reiseunternehmer darf, abgesehen von dem in der Ausführungsbestimmung 9 (2) zu § 13 geregelten Falle, die Reise innerhalb der Geltungsdauer des Heftes beliebig oft und beliebig lange unterbrochen werden.

2. Die unterbrochene Reise kann auch von einer anderen, der Bestimmungsstation näher gelegenen Station desselben Bahnwegs fortgesetzt werden.
3. Wird auf Fahrkarten, die wahlweise für mehrere Wege gelten, die Fahrt auf einem dieser Wege unterbrochen, so darf sie nur auf demselben Wege fortgesetzt werden.
4. Als Fahrtunterbrechung wird nicht angesehen das lediglich durch den Fahrplan bedingte Erwarten des nächsten Anschlußzuges, selbst im Falle der Übernachtung. Hierzu gehört auch der Übergang aus einem Zuge, der in der Bestimmungs- oder Unterbrechungsstation nicht hält, in den nächsten dort anhaltenden Anschlußzug sowie der Übergang in einen Zug, mit dem das Reiseziel früher oder billiger erreicht werden kann, als mit dem vorher benutzten Zuge.

1. Fahrtunterbrechung kann auch in besonderen Fällen durch den Tarif ausgeschlossen werden § 2 Abs. (2), z. B. Arbeiterkarten.

§ 26. Verspätung oder Ausfall von Zügen. Betriebsstörungen.

26 (1) (1) Die verspätete Abfahrt oder Ankunft oder das Ausfallen eines Zuges begründen keinen Anspruch auf Entschädigung.[1]

(2) Wird infolge einer Zugverspätung der Anschluß an einen anderen Zug versäumt oder fällt ein Zug ganz oder teilweise aus, so kann der Reisende das Fahrgeld und die Gepäckfracht für die nicht durchfahrene Strecke zurückfordern.[2] (2)

(3) Gibt der Reisende in einem solchen Falle die Weiterfahrt auf und kehrt mit dem nächsten, günstigsten Zuge ohne Fahrtunterbrechung zur Abgangsstation zurück, so ist ihm Fahrgeld und Gepäckfracht zu erstatten, auch freie Rückbeförderung in der für die Hinreise bezahlten Wagenklasse zu gewähren; führt der Zug diese nicht, in der nächsthöheren Klasse. Seine Ansprüche[3] hat der Reisende bei Vermeidung des Verlustes unter Vorlegung der Fahrkarte sogleich nach Ankunft auf der Station, wo er die Reise aufgibt, und bei Rückkehr auf der Abgangsstation dem Aufsichtsbeamten zu melden. Auf beiden Stationen ist die Meldung dem Reisenden zu bescheinigen. (3)

(4) Die Eisenbahn hat den Reisenden, der auf Ersatz des Fahrgeldes und auf freie Rückbeförderung verzichtet, nebst seinem Gepäck ohne Preiszuschlag mit dem nächsten, günstigsten, auf der gleichen oder auf einer anderen Strecke nach derselben Bestimmungsstation fahrenden, dem Personenverkehre dienenden Zuge zu befördern, wenn hierdurch die Ankunft auf der Bestimmungsstation beschleunigt wird. Der Rückgriff der Bahnen untereinander wird dadurch nicht berührt. (4)

(5) Die Eisenbahn ist berechtigt, durch den Tarif einzelne Züge oder Zuggattungen von der hilfsweisen Benutzung auszuschließen.

(5) (6) Wenn Naturereignisse oder andere zwingende Umstände die Fahrt auf einer Strecke verhindern, so hat die Eisenbahn für die Weiterbeförderung bis zur fahrbaren Strecke tunlichst auf andere Weise zu sorgen.[4]

(6) (7) Den Eisenbahnen bleibt überlassen, weitere Erleichterungen mit Genehmigung der Landesaufsichtsbehörden nach Zustimmung des Reichs-Eisenbahnamts durch den Tarif einheitlich festzusetzen.

(7) (8) Zugverspätungen, die mehr als 15 Minuten betragen, und Betriebsstörungen sind durch Anschlag bekannt zu machen.

26 Zus. 2 1. (1) In den Fällen des § 26 Abs. (4) hat die Station, von der die Weiterreise nach der Bestimmungsstation erfolgt, wenn erforderlich, die Anschlußversäumnis oder den Zugausfall auf der Fahrkarte zu bescheinigen und sie für eine andere Strecke, für einen Zug mit höheren Fahrpreisen oder für eine höhere Klasse gültig zu schreiben.

26 Zus. 2 (2) Nach Überholung des Zuges, an den der Anschluß versäumt war, haben die Reisenden auf diesen Zug überzugehen.

26 Zus. 3 2. Ist der Betrieb auf einzelnen Strecken vorübergehend unterbrochen, so kann die Benutzung

einer Hilfsstrecke nach § 26 Abs. (4) auch solchen Reisenden gestattet werden, die die Fahrt nach einer auf dem geraden Wege nicht erreichbaren Station erst antreten wollen.

3. Die Benutzung der in den Fahrplänen mit L bezeichneten (Luxus-) Züge ist in den Fällen des § 26 Abs. (3) und (4) ausgeschlossen. 26 Zus. 4

4. Wenn infolge von Anschlußversäumnis usw. die Fahrt über eine Hilfslinie ausgeführt werden soll, wird das Gepäck der Reisenden auf Wunsch über diese oder über den ursprünglichen Bahnweg weiterbefördert. Bei räumlich getrennten Bahnhöfen hat der Reisende für Überführung seines Gepäcks nach dem Anschlußbahnhofe selbst zu sorgen. 26 Zus. 5

1. Weil die Eis. nicht die Gewähr der Pünktlichkeit übernehmen kann. Haftung für Vorsatz ist damit jedoch nicht ausgeschlossen BGB. 276 Abs. 2. — **2.** Zugverspätung und Ausfall eines Z. sind damit jetzt gleichgestellt. — **3.** Keine Entschädigungsansprüche [Abs. (1)]! — **4.** ohne, wie bisher, die Kosten — abzüglich des Fahrgelds für die nicht befahrene Strecke — einziehen zu dürfen. Über die rechtliche Natur dieser Verpflichtung Weber VerZtg. **02** 147.

§ 27. Mitnahme von Tieren[1] in die Personenzüge.

(1) Tiere dürfen in die Personenwagen nicht mitgenommen werden. 27 (1)

(2) Ausgenommen sind kleine Hunde und andere kleine Tiere, die auf dem Schoße getragen werden, wenn ihrer Mitnahme in das Abteil von den Mitreisenden nicht widersprochen wird. Hunde jeder

Größe dürfen mitgeführt werden, wenn ihren Besitzern ein besonderes Abteil zur Verfügung gestellt werden kann.

(3) Im übrigen gelten für Hunde, die von Reisenden mitgeführt werden, folgende Vorschriften:

27 Zus. 2 1. Hunde in genügend sicheren Behältern kann die Eisenbahn zur Beförderung in den Gepäck- oder Güterwagen zulassen.

2. Nicht in Behältern verwahrte Hunde sind in besonderen Wagenräumen zu befördern. Sind solche nicht vorhanden oder schon besetzt, so kann die Beförderung nicht verlangt werden.

27 Zus. 4 3. Für das Ein- und Ausladen sowie für das Umladen der Hunde auf Übergangsstationen hat der Reisende zu sorgen.

4. Die Eisenbahn ist nicht verpflichtet, Hunde, die nicht sofort nach Ankunft auf der Bestimmungsstation abgeholt werden, zu verwahren.[2]

27 Zus. 6 5. Eine Angabe des Interesses an der Lieferung ist nicht gestattet.

(4) Im Tarif ist zu bestimmen, ob und für welche Tiere der Reisende eine Beförderungsgebühr zu bezahlen hat. Über die Zahlung ist ihm ein Ausweis zu erteilen.

(5) Für jedes gebührenpflichtige Tier, das ohne solchen Ausweis mitgeführt wird, ist zu entrichten: bei rechtzeitiger Meldung (§ 16 Abs. (2)) ein Zuschlag von 1 Mark zu dem tarifmäßigen Preise,

jedoch nicht mehr als das Doppelte dieses Preises; ohne solche Meldung das Doppelte des Preises, jedoch mindestens 6 Mark.

In anderen als den im Abs. (2) erwähnten Fällen ist das Tier aus dem Personenwagen zu entfernen. Die Vorschrift im § 16 Abs. (6) gilt sinngemäß.

(6) Wegen sonstiger Beförderung von Tieren siehe §§ 30 Abs. (3), 40 ff. und 48 ff. 27 (3) u. Zus. 5

1. (1) Für Hunde, die von den Reisenden mitgeführt werden, sind Hundekarten gegen die tarifmäßige Gebühr zu lösen. Das Mindestfahrgeld für einen Hund beträgt 10 Pfennig.

(2) Für kleine Vögel in Käfigen, die von den Reisenden mitgeführt werden, ist eine Beförderungsgebühr nicht zu bezahlen.

(3) Ob und für welche andere Tiere eine Beförderungsgebühr zu bezahlen ist, bestimmen die Teile II.

2. Ausnahmsweise kann Jägern gestattet werden, mit ihren Hunden in Gepäck- oder Güterwagen Platz zu nehmen, wenn kein Bedenken wegen der darin verladenen Gepäckstücke und Güter oder wegen der persönlichen Sicherheit der Reisenden besteht. (Siehe § 57 der Eisenbahn-Bau- und Betriebs-Ordnung.) 27 Zus. 8

1. Haftung der Eis. RGEE. **24** 400 (nach BGB. 276, 278), wenn nicht aufgegeben nach HGB. 465 Abs. 3. — **2.** Gilt auch für in Behältern verwahrte Hunde auf Hundekarte.

§ 28. Mitnahme von Handgepäck in die Personenwagen.

28 (1) (1) Leicht tragbare Gegenstände (Handgepäck)[1] dürfen in die Personenwagen mitgenommen werden, wenn die Mitreisenden dadurch nicht belästigt[2] werden, und keine Zoll-, Steuer- oder Polizeivorschriften entgegenstehen.[3]

28 (3) (2) In der ersten, zweiten und dritten Wagenklasse steht dem Reisenden nur der Raum über und unter seinem Sitzplatze für Handgepäck zur Verfügung. Auf den Sitzplätzen darf Handgepäck nicht untergebracht werden.

28 (2) (3) In die vierte Klasse dürfen auch Handwerkzeug, Tornister, Traglasten in Körben, Säcken oder Kiepen und ähnliche Gegenstände mitgenommen werden, wie sie ein[4] Fußgänger tragen kann.

28 (1) (4) Der Reisende hat die von ihm mitgeführten Sachen selbst zu beaufsichtigen. Die Eisenbahn haftet dafür[5] nur, wenn sie ein Verschulden trifft.

28 Zus. 1 1. In der IV. Klasse darf jeder Reisende nur eine Traglast mit sich führen. Sie kann auch aus mehreren Stücken bestehen. Gegenstände, die infolge ihres Umfangs, ihres Gewichts oder ihrer Anzahl ein einzelner Fußgänger nicht zu tragen vermag, werden auch dann nicht als Traglasten zugelassen, wenn mehrere Fahrkarten vorgezeigt werden.

2. Als Traglasten dürfen auch kleinere Tiere mitgenommen werden; Hunde s. jedoch Ausf.-Best. 1 zu § 27.

3. Ob und unter welchen Bedingungen auf Strecken ohne IV. Klasse die Mitführung von Traglasten den Reisenden in der III. Klasse gestattet ist, ergeben die besonderen Bestimmungen der Teile II. 28 Zus. 2

4. Fahrräder — gleichviel ob zerlegt oder unzerlegt — dürfen in die Personenwagen nicht mitgenommen werden. 28 Zus. 3

§ 38 (1). HGB. 465 Abs. 3.

1. Fällt unter den Begriff des nicht aufgegebenen Reisegepäcks des HGB. 465 Abs. 3. Erweiterter Personentransportvertrag: RGZ. 19 140. — 2. Durch Größe, Geruch auch § 29 (1). — 3. Postzwangpflichtige Zeitungen als H. erlaubt: RGArch. 02 1135; EVB. 02 349; EE. 22 260; JW. 05 763. Nicht jedoch durch expressen Boten RGArch. 07 552; 04 1221; RGS. 37 98; EVB. 04 201. Siehe § 30 Anm. 2. — 4. Auf „ein" ist Gewicht zu legen, sonst als aufgegebenes Reisegepäck zu behandeln a 1. — 5. D. h. gemäß HGB. 465 Abs. 3 für Verlust und Beschädigung entgegen § 25 EisG. Verlust: RGJW. 06 607. (Ort der Zurücklassung unbekannt, Wiedererlangung abgeschnitten, es sei denn Zufall.) Nicht Haftung für dem schlafenden Reisenden gestohlenes H. Haftung der Schlafwagengesellschaft f. H. s. Staub § 472 Anm. 10.

§ 29. Von der Mitnahme ausgeschlossene Gegenstände.

(1) Gefährliche Gegenstände, insbesondere geladene Schußwaffen, ferner explosionsgefährliche, leicht entzündliche, ätzende, übelriechende Stoffe und dergleichen, sind von der Mitnahme ausgeschlossen. 29 (1)

29 (3) (2) Der Zuwiderhandelnde haftet für jeden hieraus entstandenen Schaden und verwirkt außerdem die bahnpolizeilich festgesetzte Strafe.[1]

29 (2) (3) Die Bediensteten sind berechtigt, sich von der Beschaffenheit der mitgenommenen Gegenstände zu überzeugen.

29 (4) (4) Personen, die in Ausübung des öffentlichen Dienstes eine Schußwaffe führen, sowie Jäger und Schützen dürfen Handmunition mitnehmen. Den Begleitern von Gefangenen, die mit diesen in besonderen Wagen oder Wagenabteilen fahren, ist gestattet, geladene Schußwaffen mitzuführen.

1. BO. 82 Abs. (2), sofern nicht StGB. eingreift. 304 (Sachbeschädigung); 309 (fahrlässige Brandstiftung); 315, 316 (Transportgefährdung); 367 Ziff. 5, 6, 11.

IV. Beförderung von Reisegepäck.

Die nachstehend für „Fahrzeuge" getroffenen Bestimmungen gelten, soweit sie von denen für Reisegepäck abweichen, nur für solche Fahrzeuge, die nicht im Packwagen untergebracht werden können, sowie für Motorfahrräder. Für einsitzige Motorzweiräder, deren Brennstoffbehälter mit Ablaßhähnen versehen und entleert sind, gelten jedoch die Bestimmungen für Reisegepäck.[1]

1. Wie HGB. 465 unterscheidet EVO. Reisegepäck von sonstigen „Gütern". HGB. und EVO. unterscheiden zwischen zur Beförderung aufgegebenem und nicht aufgegebenem R., was von Bedeutung für die Haftung der Eis. ist. Während aber früher das unter Vorbehalt späterer Abfertigung angenommene R. in dieser Beziehung als

nicht aufgegeben galt, bestimmt jetzt § 32 (6) zugunsten des Reisenden anders. Als nicht aufgegebenes R. sind daher — außer dem Handgepäck des § 28 — nur die in beförderten Fahrzeugen belassenen Gegenstände [§ 35 (3)] einer weniger strengen Haftung der Eis. ausgesetzt (HGB. 465 Abs. 3).

§ 30. Begriff.

(1) Der Reisende[1] kann Gegenstände, deren er zur Reise bedarf, zur Beförderung als Reisegepäck aufgeben. 30 (1)–(5)

(2) Das Reisegepäck muß durch seine Verpackung — in Koffer, Reisekörbe, Reisetaschen, Hutschachteln, handliche Kisten oder dergleichen — als solches kenntlich sein.

(3) Ob und unter welchen Bedingungen Gegenstände, die nicht zum Reisebedarfe zu rechnen sind, sowie Tiere in genügend sicheren Behältern und Fahrzeuge als Reisegepäck angenommen werden, muß der Tarif einheitlich bestimmen.

(4) Die von der Beförderung als Frachtgut ausgeschlossenen[2] und die im § 29 aufgeführten Gegenstände dürfen bei Vermeidung der im § 60[3] festgesetzten Folgen nicht als Reisegepäck aufgegeben werden. 30 Zus. 4

(5) Ob und unter welchen Bedingungen die im § 54 Abs. (2) B Ziffer 1[4] genannten Gegenstände als Reisegepäck angenommen werden, muß der Tarif bestimmen.

1. Als Reisegepäck gemäß Abs. (3) werden angenommen: 30 Zus. 1

a) Fahr- und Rollstühle, die Kranke oder Gelähmte mit sich führen,

b) Kinderwagen für den Gebrauch mitreisender Kinder,

c) Musikinstrumente in Kasten, Futteralen oder anderen Umschließungen, sofern sie unzweifelhaft zum persönlichen Gebrauche des Aufgebers dienen, sowie Geräte von Artisten und Schaustellern, soweit sie sich nach Gewicht und Größe zur Beförderung in Packwagen eignen,

d) Meßinstrumente bis zu 5 Meter Länge und Handwerkszeug,

e) Fahrräder, auch einsitzige Motorzweiräder, deren Brennstoffbehälter mit Ablaßhähnen versehen und entleert sind (wegen der übrigen Motorfahrräder vgl. Ausf.-Best. 11 zu § 32), ferner Handschlitten bis zu 4 m Länge und 40 kg Einzelgewicht, Schneeschuhe und Schlittschuhsegel, sofern diese Gegenstände unzweifelhaft zum persönlichen Gebrauche des Aufgebers dienen und nicht Gegenstände des kaufmännischen Verkehrs bilden,

f) Warenproben (Muster), die Geschäftsreisende für Geschäftszwecke mit sich führen, und die nach der Verpackungsart als Proben erkennbar sind,

g) **Marktwaren und Hausiererwaren** nur in Personenzügen, sofern sie Gewicht und Größe einer Traglast nicht überschreiten (vgl. Ausf.-Best. 1 zu § 28),

h) **kleine Tiere**, sowie Jagdhunde in Käfigen, Kisten, Körben, Säcken u. dgl. (vgl. Anlage B § 3 EVO.).

2. Wegen der Annahme und Beförderung von Land-(Straßen-)Fahrzeugen und Wasserfahrzeugen als Reisegepäck vgl. Ausf.-Best. 11 zu § 32. 30 Zus. 2

3. Die im § 54 Abs. (2) B Ziffer 1 bezeichneten Gegenstände werden zur Gepäckbeförderung unter folgenden Bedingungen zugelassen:

a) die Gepäckstücke müssen fest verschlossen sein; 30 Zus. 4

b) der Inhalt der Gepäckstücke und der Wert, welcher den Höchstbetrag der Entschädigung bilden soll, sind anzugeben und im Gepäckschein zu vermerken.

Wird der Wert oder das Interesse an der Lieferung mit mehr als 500 Mark angegeben, so werden die Gegenstände zur Gepäckbeförderung nicht angenommen.

1. Diese Eigenschaft ist grundsätzliche Voraussetzung des Rechts auf Abfertigung von R., s. aber § 32 (1) Satz 2 und a 5 dazu. Das gilt namentlich auch für Inhaber von Fahrausweisen, mit denen das Recht auf Freigepäck verbunden ist, so daß es unzweifelhaft unstatthaft ist, eine Sendung als Freigepäck aufzugeben, obwohl die Reiseabsicht gar nicht vorliegt, und den Gepäckschein mit der Post an den Bestimmungsort einem Dritten zu senden, damit er

das Stück hole (Betrug). Dagegen kann nicht gefordert werden, daß der Reisende denselben Zug benutzt, mit dem das R. befördert wird, z. B. darf die Aufgabe früher erfolgen, ehe die Reise angetreten wird. — **2.** § **54** (1). Z. B. Postzwangpflichtige Zeitungen vgl. RGS. **35** 220; RGEE. **19** 138; VerZtg. **02** 890; RGEE. **22** 260; JW. **05** 763; aber § 28 Anm. 3. — **3.** Frachtzuschlag. — **4.** Wertgegenstände: a 3.

§ 31. Verpackung. Entfernung älterer Beförderungszeichen.

31 (1) Das Reisegepäck muß sicher und dauerhaft verpackt sein. Unverpacktes oder mangelhaft verpacktes Gepäck kann zurückgewiesen werden. Wird es gleichwohl zur Beförderung angenommen, so ist die Eisenbahn berechtigt, auf den Gepäckschein (§ 32) einen entsprechenden Vermerk zu setzen.[1] Die Annahme des Gepäckscheins mit dem Vermerke gilt als Anerkenntnis dieses Zustandes.[2]

(2) Ältere Bezeichnungen (Eisenbahnbeförderungszeichen, Postbeförderungszeichen oder andere Zeichen, die mit Eisenbahnbeförderungszeichen verwechselt werden könnten) müssen von den Gepäckstücken entfernt sein.[3]

1. Unverpackte oder ungenügend verpackte Gepäckstücke werden von den Gepäckabfertigungsstellen angenommen, wenn sie sich nach dem Ermessen des abfertigenden Beamten zur Beförderung eignen.
2. Wegen der Annahme unverpackter Fahrräder vgl. Ausf.-Best. 7 zu § 32.

HGB. 459 Abs. 1 Ziff. 2.

1. Haftung § 35 (1); 62 (3) (wenn die äußerlich erkennbaren Mängel der B. nicht im Gepäckschein vermerkt, nur bei Arglist des Reisenden befreit); 86 (2) (wenn Mangel vermerkt); 84 (wenn äußerlich nicht erkennbar). — 2. § 62 (2). — 3. Weggelassen als HGB. 466 Abs. 1 gegenüber rechtsungültig der frühere Schlußsatz, der die Haftung für die Verschleppung infolge älterer Bezeichnungen von der Eis. abwälzen sollte.

§ 32. Auflieferung. Gepäckschein.

(1) Das Reisegepäck ist innerhalb der für die 32 (1)
Lösung der Fahrkarten festgesetzten Zeit bei der Abfertigungsstelle aufzuliefern; indes kann die Annahme von Gepäck abgelehnt werden, das nicht spätestens 15 Minuten vor Abgang des Zuges aufgeliefert wird.[1] Der Tarif muß einheitlich bestimmen, ob 32 (2)
bei der Auflieferung des Gepäcks die Fahrkarte vorzuzeigen ist.[2]

(2) Will der Reisende das Interesse an der 34 (2)
Lieferung angeben,[3] so muß dies unter Zahlung der tarifmäßigen Gebühr spätestens ½ Stunde vor Abgang des Zuges erfolgen. Ist die Ersatzpflicht nach § 35 Abs. (2) auf einen Höchstbetrag beschränkt, so ist eine Angabe des Interesses an der Lieferung über diesen Betrag hinaus unzulässig.

(3) Als Reisegepäck zugelassene Fahrzeuge, die 32 (2)
nicht im Packwagen untergebracht werden können, sind auf der Anfangsstation des Zuges mindestens 2 Stunden, auf anderen Stationen mindestens 24 Stunden vor der Abfahrzeit anzumelden und spätestens 1 Stunde vorher aufzuliefern.

32 (4) (4) Die Gepäckfracht ist bei der Aufgabe zu entrichten.

32 (3) (5) Bei der Annahme ist dem Reisenden ein Gepäckschein[4] auszuhändigen und im Falle der Angabe des Interesses an der Lieferung darin auch die angegebene Summe zu vermerken, anderenfalls hat die Angabe keine rechtliche Wirkung.

32 (5) (6) (6) Wird in dringenden Fällen Gepäck ausnahmsweise unter Vorbehalt späterer Abfertigung befördert oder wird Gepäck auf Stationen ohne Gepäckabfertigung angenommen, so gilt es gleichwohl mit dem Zeitpunkte der Annahme als zur Beförderung übernommen.

32 (7) (7) Für die Beförderung von Fahrrädern[5] können durch den Tarif besondere Vorschriften getroffen werden.

Zus. 1—11 1. (1) Reisegepäck wird zu den Sätzen des Gepäcktarifs nur gegen Vorlage von Fahrkarten angenommen, die für die Strecke, für die die Gepäckabfertigung verlangt wird, gültig sind.

(2) Reisegepäck wird auch nach einer über die Bestimmungsstation der vorgelegten Fahrkarten hinaus gelegenen Station angenommen, wenn der Reisende mangels durchgehender Fahrkarten bis zu dieser Station Fahrkarten nach der zur Lösung neuer Fahrkarten geeigneten weitestgelegenen Station gelöst hat. In diesem Falle wird die Fracht nach der Tarifentfernung zwischen der Aufgabe- und der Endstation berechnet.

2. Die Gepäckfrachtsätze ergeben sich aus der nachfolgenden Tabelle.*) Abweichungen sind zulässig und werden in den Teilen II veröffentlicht.

Bei höherem Gewicht als 200 kg werden die Frachtsätze durch Zusammenstoß der Sätze der vorstehenden Tabelle für je 200 kg und für das überschießende Gewicht ermittelt.

3. (1) Wird das Reisegepäck mehrerer zusammengehörender und nach einer Bestimmungsstation reisender Personen auf einen Gepäckschein aufgegeben, so wird, falls das Gesamtgewicht 200 kg nicht übersteigt, die Gepäckfracht in der Weise berechnet, daß auf die um eins verminderte Anzahl der vorgewiesenen Fahrkarten je 25 kg des vorhandenen Gepäckgewichts nach den Sätzen der Gewichtsstufe für 1—25 kg (Vorstufe) gerechnet, für etwaiges Restgewicht aber die Sätze der zutreffenden Gewichtsstufe angewendet werden. Beträgt dieses Restgewicht 26—35 kg, so ist dafür der Satz der Gewichtsstufe 36—50 kg (Stufe 2) anzuwenden.

Abweichend hiervon wird bei Reisegepäck im Gewichte von 26—35 kg die Gepäckfracht ohne Rücksicht auf die Anzahl der Fahrkarten nach dem Gesamtgewichte berechnet, wenn diese Berechnungsweise sich billiger stellt.

---

*) Siehe S. 94 u. 95.

Gepäck-

Auf Tarifentfernungen von (Zonen)	Gewichts-		
	Vorstufe	1	2
	Gepäckfracht		
	1 bis 25 kg	26 bis 35 kg	36 bis 50 kg
	Mark		
Nahzone 1 bis 25 km	0,20	0,20	0,40
Zone I 26 „ 50 „	0,20	0,25	0,50
„ II 51 „ 100 „	0,50	0,50	1,00
„ III 101 „ 150 „	0,50	0,75	1,50
„ IV 151 „ 200 „	0,50	1,00	2,00
„ V 201 „ 250 „	0,50	1,25	2,50
„ VI 251 „ 300 „	0,50	1,50	3,00
„ VII 301 „ 350 „	1,00	1,75	3,50
„ VIII 351 „ 400 „	1,00	2,00	4,00
„ IX 401 „ 450 „	1,00	2,25	4,50
„ X 451 „ 500 „	1,00	2,50	5,00
„ XI 501 „ 600 „	1,00	3,00	6,00
„ XII 601 „ 700 „	1,00	3,50	7,00
„ XIII 701 „ 800 „	1,00	4,00	8,00
„ XIV über 800 „	1,00	5,00	10,00

Tarif.

stufen:					
3	4	5	6	7	8
für Sendungen im Gewichte von					
51 bis 75 kg	76 bis 100 kg	101 bis 125 kg	126 bis 150 kg	151 bis 175 kg	176 bis 200 kg
Mark					
0,60	0,80	1,00	1,20	1,40	1,60
0,75	1,00	1,25	1,50	1,75	2,00
1,50	2,00	2,50	3,00	3,50	4,00
2,25	3,00	3,75	4,50	5,25	6,00
3,00	4,00	5,00	6,00	7,00	8,00
3,75	5,00	6,25	7,50	8,75	10,00
4,50	6,00	7,50	9,00	10,50	12,00
5,25	7,00	8,75	10,50	12,25	14,00
6,00	8,00	10,00	12,00	14,00	16,00
6,75	9,00	11,25	13,50	15,75	18,00
7,50	10,00	12,50	15,00	17,50	20,00
9,00	12,00	15,00	18,00	21,00	24,00
10,50	14,00	17,50	21,00	24,50	28,00
12,00	16,00	20,00	24,00	28,00	32,00
15,00	20,00	25,00	30,00	35,00	40,00

Zwei halbe Fahrkarten gelten als eine Fahrkarte, eine einzelne halbe Fahrkarte wird als volle Fahrkarte angesehen.

(2) Bei Reisegepäck von zusammen mehr als 200 kg findet die Berechnung nach Abs. (1) nicht statt.

(3) Wird Reisegepäck unabgefertigt mitgenommen, so tritt bei der nachträglichen Abfertigung, selbst wenn mehrere Fahrkarten vorgezeigt werden, die Berechnungsweise des Abs. (1) nur ein, wenn bei der Übernahme des Gepäcks die Anzahl der Fahrkarten festgestellt worden ist.

4. Gilt die Fahrkarte wahlweise nach verschiedenen Stationen oder über verschiedene Wege, so hat der Reisende bei der Aufgabe des Gepäcks anzugeben, nach welcher Station und über welchen Weg es befördert werden soll.

5. Zu den Sätzen des Expreßguttarifs wird Reisegepäck auch ohne Vorlage von Fahrkarten auf Entfernungen von mehr als 25 Tarifkilometer nach Stationen angenommen, für die in den Teilen II Frachtsätze für Expreßgut bestehen.

6. Als Gebühr für Angabe des Interesses an der Lieferung werden für unteilbare Einheiten von je 10 Mark und 10 Tarifkilometern 0,2 Pfennig berechnet. Die geringste zur Erhebung kommende Gebühr beträgt für die Beförderungsstrecke von der Versand- bis zur Bestimmungsstation 40 Pfennig.

Überschießende Beträge werden auf 10 Pfennig abgerundet.

7. (1) Für unverpackte Fahrräder, die als Reisegepäck aufgegeben werden, werden zum Zwecke der Frachtberechnung als Normalgewichte angenommen:

1. für einsitzige Motorzweiräder 70 kg,
2. für sonstige Fahrräder
   a) für Zweiräder, und zwar einsitzige 20 kg, zweisitzige 30 kg.
   b) für Dreiräder, und zwar einsitzige 40 kg, zweisitzige 50 kg.

Wird indessen Verwägung ausdrücklich verlangt und kann sie mittels der Stationswage erfolgen, so wird das hierbei ermittelte Gewicht der Frachtberechnung zugrundegelegt.

Werden ein oder mehrere unverpackte einsitzige Zweiräder für sich allein oder zusammen mit anderem Gepäck auf Gepäckschein abgefertigt, so werden als Mindestfracht der ganzen Sendung 30 Pfennig für jedes Rad erhoben.

(2) Werden Fahrräder unverpackt aufgegeben, so ist die Laterne und das am Rade befestigte Gepäck mit Ausnahme der Satteltasche und der innerhalb des Rahmens befestigten Gepäcktasche abzunehmen.

8. Auf Entfernungen bis zu 100 Tarifkilometer werden unverpackte einsitzige Zweiräder — ausschließlich Motorfahrräder — nach Wahl des

Reisenden auch gegen Lösung von Fahrradkarten zum Einheitssatz von 20 Pfennig für jedes Rad als Gepäck abgefertigt.

Für die Abfertigung auf Fahrradkarte gelten folgende besondere Beförderungsbedingungen:

a) Der Reisende ist verpflichtet, das Rad auf der Abgangsstation nach dem Packwagen zu bringen, es beim Zugwechsel auf Unterwegsstationen von Packwagen zu Packwagen zu überführen und auf der Bestimmungsstation am Packwagen in Empfang zu nehmen.

b) Vor der Aufgabe des Rades hat der Reisende die Fahrradkarte nach Abtrennung des Abschnitts fest an der Lenkstange anzubinden. Den Abschnitt der Karte hat er bei Übergabe des Rades am Packwagen zur Quittungsleistung vorzuzeigen und dann an sich zu nehmen. Die Annahme des Abschnitts ersetzt das Anerkenntnis des Reisenden über das Fehlen der Verpackung.

c) Auf eine Fahrkarte darf nicht mehr als ein Rad aufgegeben werden, doch ist die gleichzeitige Aufgabe anderen Reisegepäcks zulässig.

d) Das Rad wird gegen Rückgabe des Abschnitts ausgehändigt. Im Falle der Überführung auf einen anderen Zug wird dem Reisenden der Abschnitt bei der Aushändigung des Rades abgenommen und bei der Aufgabe am Packwagen des anschließenden Zuges zurückgegeben.

e) Wird das Rad auf der Bestimmungsstation oder Zugwechselstation am Packwagen nicht abgeholt, so ist eine besondere Ausladegebühr von 20 Pfennig zu entrichten.

f) Die Abfertigung von Fahrrädern auf Fahrradkarte über Orte mit mehreren Bahnhöfen hinaus kann in den Teilen II ausgeschlossen oder besonders geregelt werden.

g) Die nachträgliche Abfertigung unabgefertigt mitgenommener Fahrräder auf Fahrradkarten ist ausgeschlossen.

Im übrigen gelten auch für die auf Fahrradkarte abgefertigten Zweiräder die allgemeinen Bestimmungen.

9. Wegen telegraphischer Vorausbestellung von Gepäckscheinen vgl. Ausf.-Best. 1 zu § 14.

10. Besondere Bestimmungen über die Abfertigung des Gepäcks nach gewissen Stationen und über die Überführung an Orten mit getrennten Bahnhöfen oder zwischen benachbarten Orten enthält die Anlage II.[6]

11. Land-(Straßen-)Fahrzeuge und Wasserfahrzeuge, die im Packwagen untergebracht werden können, werden auf Gepäckschein zur Gepäckfracht abgefertigt, sofern sie sich zur Beförderung mit Zügen für den Personenverkehr eignen. Motorfahrräder, mit Ausnahme der einsitzigen Motorzweiräder, deren Brennstoffbehälter mit Ablaßhähnen versehen und entleert sind, sind

jedoch von der Beförderung auf Gepäckschein zur Gepäckfracht ausgeschlossen und werden nur nach der Ausf.-Best. 12 (1) zu § 32 abgefertigt. Der Aufgeber eines zur Gepäckbeförderung zugelassenen Motorzweirades ist auf Verlangen verpflichtet, beim Ein-, Um- und Ausladen zu helfen.

12. (1) Auf Beförderungsschein werden in Personen-, Eil- und Schnellzügen befördert

1. Equipagen (Kutschwagen), zur Beförderung von Personen dienende Motorwagen und Schlitten, Krankenwagen, Rennboote und Feuerspritzen, auf Rädern laufende, sämtlich unbeladen, wenn sie im Packwagen nicht untergebracht werden können;
2. Motorfahrräder, mit Ausnahme der einsitzigen Motorzweiräder, deren Brennstoffbehälter mit Ablaßhähnen versehen und entleert sind (vgl. Ausf.-Best. 11 zu § 32).

Die Beförderung findet in solchen Zügen nur statt, wenn sie nach den zur Wahrung der Sicherheit und ordnungsmäßigen Führung des Betriebs getroffenen Bestimmungen und mit Rücksicht auf die Belastung der Züge zulässig erscheint. Die Beförderungsgebühr beträgt für das Tarifkilometer und den verwendeten Eisenbahnwagen 0,40 Mark in Personenzügen und 0,60 Mark in Eil- und Schnellzügen, in beiden Fällen mit Zuschlag einer Abfertigungsgebühr von 6 Mark für den verwendeten Eisenbahnwagen.

(2) Sofern den Fahrzeugen Begleiter beigegeben werden, dürfen sie während der Fahrt nicht in ihren Fahrzeugen bleiben, dagegen ist es ihnen gestattet, Reisegepäck darin zu belassen, sofern nicht Zoll- oder Steuervorschriften entgegenstehen. Gegenstände, die von der Beförderung ausgeschlossen oder nur bedingungsweise zugelassen sind, dürfen bei Vermeidung der im § 60 Abs. (1) und im § 96 festgesetzten Folgen in den Fahrzeugen nicht untergebracht werden. Die Begleiter haben eine Fahrkarte für die zu benutzende Wagenklasse zu lösen.

(3) Die Beförderungspreise für die in Abs. (1) bezeichneten Fahrzeuge werden nach den in den Teilen II enthaltenen Entfernungen berechnet. Die bei der Beförderung über Verbindungsbahnen zu erhebenden Gebühren enthält die Anlage I.[7]

(4) Wird die durchgehende Abfertigung in Stationsverbindungen verlangt, für die Entfernungen in den Teilen II nicht enthalten sind, oder wünscht der Absender einen abweichenden Bahnweg, so wird die Gesamtstreckenlänge durch Zusammenrechnung von Teilentfernungen ermittelt. Die Abfertigungsgebühr wird auch in diesem Falle nur einmal erhoben.

(5) Bei der Auflieferung nach Orten mit mehreren Bahnhöfen ist der Bahnhof zu bezeichnen, nach dem die Sendung befördert werden soll; ebenso der Bahnweg, wenn in einer Stationsverbindung verschiedene Wege zur Wahl gestellt sind.

(6) Inwieweit die Abfertigung solcher Fahrzeuge nach und von einzelnen Stationen ausgeschlossen oder beschränkt ist, ist bei den Abfertigungsstellen zu erfahren.

(7) a) Die Anmeldung der Fahrzeuge ist in der Regel schriftlich bei derjenigen Station, auf welcher verladen werden soll, anzubringen. Sie hat die Anzahl und Gattung der erforderlichen Wagen, die Bezeichnung der zu verladenden Gegenstände, die Bestimmungsstation, den Tag des Gebrauchs, den Personenzug, welcher benutzt werden soll, und die Unterschrift des Bestellers zu enthalten.

b) Falls der Besteller nicht in der durch Anschlag an den Abfertigungsstellen für den Güterverkehr vorgeschriebenen Frist die Beladung ordnungsmäßig bewirkt und die zu verladenden Fahrzeuge zur Abfertigung bringt, wird von ihm Wagenstandgeld erhoben, welches für je angefangene 24 Stunden und für jeden verwendeten Eisenbahnwagen beträgt:

für die ersten 24 Stunden . . 2 Mark,
für die zweiten 24 Stunden . . 3 „ ,
für jede weiteren 24 Stunden . 4 „ .

(8) Zum Auf- und Abladen der Fahrzeuge ist die Eisenbahn nicht verpflichtet. Erfolgt die Aufladung durch den Absender, so hat er auch die ordnungsmäßige Befestigung der Fahrzeuge auf den Eisenbahnwagen auf eigene Kosten zu bewirken. Für die Verladung von Fahrzeugen sind die Vorschriften in der Anlage III[8] maßgebend. Übernimmt die Eisenbahn das Auf- und Abladen, so werden erhoben:

a) an Ladegebühren für jedes Fahrzeug . . . . 1,00 Mark,
b) bei Benutzung eines Krans neben der Gebühr zu a) an Krangeld 0,75 „ .

Wird dem Absender bzw. dem Empfänger, um das Auf- oder Abladen selbst auszuführen, die Benutzung eines Krans gestattet, so wird nur das zu b) festgesetzte Krangeld erhoben.

(9) Soweit es die Sicherheit des Eisenbahnbetriebs nach dem Ermessen der Versandstation gestattet, können 2 oder mehrere Fahrzeuge auf einem Eisenbahnwagen verladen werden.

(10) Übernimmt die Eisenbahn auf Antrag der Absender die Bedeckung der Fahrzeuge mittels Decken der Eisenbahn, so werden an Deckenmiete für je angefangene 100 Tarif-

kilometer der ganzen Beförderungsstrecke und für jeden Wagen erhoben:

a) bei Verwendung von höchstens 2 Decken . . . . 1,50 Mark,
b) für jede weitere Decke . . . 0,50 „ ,

mit einem Mindestsatze von 2 Mark.

(11) Wenn die Rückgabe der Decken durch den Empfänger nicht spätestens bei Ablauf der Entladefrist erfolgt, ferner wenn der Absender die bestellten Decken unbenutzt zurückliefert oder die Sendung, zu der sie verwendet werden, erst nach Ablauf der Beladefrist zur Beförderung aufgibt, so wird für jede Decke und für jeden angefangenen Tag der Verspätung eine Verzögerungsgebühr von 0,50 Mark erhoben. Die Verzögerungsgebühr bleibt für diejenigen Tage außer Berechnung, für die Standgeld von den betreffenden Wagen erhoben wird.

1. Erfolgt Annahme später, so haftet Eis. trotzdem für Innehaltung der Zeit aus § 34 (2). — **2.** § 30 (1); a5. — **3.** § 35, 37, 92, 93. — **4.** s. § 34 (1). — **5.** a7 (Gepäckschein), a8 (Fahrradkarte), Motorräder stets auf Gepäckschein (a7, a8) oder (a12, 2) auf Beförderungsschein; sonstige Fahrzeuge (a11 und a12), auf Gepäckschein, wenn im Packwagen beförderbar, sonst auf Beförderungsschein. — **6.** P. u. GT. Teil I S. 55. — **7.** ebda. S. 38. — **8.** ebda. S. 62.

§ 33. Zoll- oder steueramtliche, polizeiliche Abfertigung.

36 Zus. Die Reisenden sind verpflichtet, der Zoll- oder steueramtlichen und der polizeilichen Abfertigung

ihres Gepäcks beizuwohnen. Für eine durch Nichtbeachtung dieser Vorschrift verursachte Überschreitung der Lieferfrist (§ 37) wird kein Schadensersatz gewährt.

Vereinszollgesetz vom 1. Juli 1869 § 92 (BGBl. S. 34) und Bestimmungen des Bundesrats über die zollamtliche Abfertigung der zur unmittelbaren Durchfuhr durch das deutsche Zollgebiet mit der Eisenbahn bestimmten Passagiereffekten vom 30. Juni 1892 (ZentrBl. S. 472). Vgl. § 65.

§ 34. Auslieferung.

(1) Das Gepäck wird gegen Rückgabe des Gepäck- 33 (1)
scheins[1] ausgeliefert. Die Eisenbahn ist nicht verpflichtet, die Berechtigung des Inhabers zu prüfen.[2]

(2) Der Inhaber ist berechtigt, auf der Bestim- (2)
mungsstation die Auslieferung des Gepäcks an der Ausgabestelle zu verlangen, sobald nach Ankunft des Zuges, zu dem es aufgegeben war, die zur Bereitstellung und etwa zur zoll- oder steueramtlichen oder polizeilichen Abfertigung erforderliche Zeit abgelaufen ist. Müssen Fahrzeuge, die nicht im Packwagen verladen werden können, unterwegs auf einen anderen Zug übergehen, so kann ihre Weiterbeförderung erst mit dem nächsten Personenzuge verlangt werden.[3]

(3) Werden Gepäckstücke nicht innerhalb 24 Stunden, (3)
Fahrzeuge nicht innerhalb 2 Stunden nach Ankunft des Zuges abgeholt, so ist das tarifmäßige Lagergeld oder Standgeld zu entrichten.[4] Kommt das Fahrzeug nach 6 Uhr Abends an, so wird die Abholungsfrist vom nächsten Morgen 8 Uhr ab gerechnet.[5]

(5) (4) In der Regel ist das Gepäck nur auf der Station auszuliefern, wohin es abgefertigt war. Auf Verlangen des Reisenden kann es jedoch, wenn Zeit und Umstände dies gestatten und keine Zoll-, Steuer- oder Polizeivorschriften entgegenstehen, gegen Rückgabe des Gepäckscheins und Vorzeigung der Fahrkarte auf der Aufgabestation zurückgegeben oder auf einer Zwischenstation ausgeliefert werden.

(4) (5) Wird der Gepäckschein nicht beigebracht, so ist die Eisenbahn zur Auslieferung des Gepäcks nur verpflichtet, wenn die Empfangsberechtigung glaubhaft gemacht wird; auch kann Sicherheitsleistung verlangt werden.

34 (2) (6) Der Reisende, dem das Gepäck nicht rechtzeitig ausgeliefert wird, kann verlangen, daß ihm auf dem Gepäckscheine Tag und Stunde der Abforderung bescheinigt werden.[6]

33 Zus. 1 1. Gepäck, das nach Stationen abgefertigt ist, auf denen keine Gepäckabfertigungsstelle besteht, hat der Reisende unmittelbar nach Ankunft an dem Bestimmungsort am Zug abzunehmen. Erfolgt die Abnahme nicht, so wird es bis zur nächsten Station, auf der sich eine Gepäckabfertigungsstelle befindet, weiterbefördert und dort zur Abnahme bereit gehalten. Für die Strecke, auf der das Gepäck unabgefertigt mitgenommen worden ist, wird die Gepäckfracht besonders berechnet.

2. Das Lagergeld für Reisegepäck, welches länger 2
als 24 Stunden nach der Ankunft lagert, beträgt für je auch nur angefangene 24 Stunden nach Ablauf der Abholungsfrist und jedes Stück 20 Pfennig.

3. Verlangt ein Reisender bei Auslieferung des 3
Gepäcks dessen Verwägung, so ist dem Antrage zu entsprechen. Ergibt die Nachwägung kein von der Eisenbahnverwaltung zu vertretendes Fehlgewicht, so wird eine Wägegebühr von 5 Pfennig für je, wenn auch nur angefangene 100 kg erhoben.

4. (1) Wird der Antritt oder die Fortsetzung der 5
Eisenbahnbeförderung ohne Verschulden des Absenders zeitweilig verhindert, so kann der Inhaber des Beförderungsscheins die Auslieferung der Fahrzeuge verlangen, muß aber die Eisenbahn, sofern derselben kein Verschulden zur Last fällt, für die Kosten der Vorbereitung der Beförderung und die Ansprüche in Beziehung auf den etwa bereits zurückgelegten Beförderungsweg entschädigen.

(2) Außer der Fracht für die etwa zurückgelegte Strecke wird solchenfalls eine Gebühr von 1 Mark für jede Achse der zur Verladung benutzten Eisenbahnwagen erhoben.

(3) Wenn die Fortsetzung der Beförderung auf einem anderen Wege stattfinden kann, so ist, unbeschadet der aus Rücksichten des allge-

meinen Verkehrs ergehenden Anordnungen der Aufsichtsbehörde, der Eisenbahn die Entscheidung überlassen, ob es dem Interesse des Absenders entspricht, das Gut auf einem anderen Wege dem Bestimmungsorte zuzuführen oder es anzuhalten und den Absender um anderweitige Anweisung anzugehen.

(4) Die Auslieferung der Fahrzeuge erfolgt gegen Rückgabe des bei der Aufgabe ausgefertigten Beförderungsscheins an dessen Inhaber.

(5) Wird die Zurückgabe der Fahrzeuge nach der Auflieferung, aber vor Erreichung der Bestimmungsstation beansprucht, ohne daß die in der Ausf.-Best. 4 (1) bezeichnete Veranlassung vorliegt, so sind neben der Fracht für die von der Sendung etwa zurückgelegte Strecke an Kosten zu entrichten:

a) im Falle der Ausf.-Best. 11 zu § 32 für 100 kg . . . . 0,20 Mark,

b) im Falle der Ausf.-Best. 12 zu § 32 für den Eisenbahnwagen . 3,00 Mark.

Diese Kosten werden nicht berechnet, wenn das Gut von der Unterwegsstation unter Frachtberechnung nach der Versandstation zurück- oder nach einer anderen Station befördert wird.

(6) Werden die Fahrzeuge von der Bestimmungsstation oder von einer Unterwegsstation nach der Versandstation zurück- oder nach einer anderen Station befördert, so wird außer der

Fracht für die Beförderung bis zur ursprünglichen Bestimmungsstation oder bis zu der Unterwegsstation, auf welcher die Fahrzeuge angehalten werden, im ersten Falle die Rückfracht bis zur Versandstation, im zweiten Falle die Fracht von der ursprünglichen Bestimmungsstation oder von der Unterwegsstation bis zur neuen Bestimmungsstation, für jede Abfertigungsstrecke mit voller Abfertigungsgebühr, erhoben.

5. (1) Nach Ablauf der vorgeschriebenen Abholezeit wird an Standgeld für Land-(Straßen-) Fahrzeuge sowie Wasserfahrzeuge erhoben: 6

für jedes Fahrzeug und jede angefangene Stunde 0,50 Mark.

(2) Die Gebühr wird erhoben, gleichviel ob die Fahrzeuge sich noch auf den zur Beförderung benutzten Eisenbahnwagen befinden oder abgeladen sind. Ein besonderes Wagenstandgeld für die längere Benutzung der zur Beförderung verwendeten Eisenbahnwagen wird nicht erhoben.

1. Öffentliche Urkunde (RGS. **37** 318. JW. **05** 244. EE. **21** 385). — **2.** Also Legitimationspapier; denn Eis. ist nicht verpflichtet, wohl aber befugt, die Berechtigung des Inhabers zu prüfen. Sie ist verpflichtet, wenn ihr rechtzeitig mitgeteilt ist, daß der G. dem Eigentümer gestohlen oder sonst abhanden gekommen, andernfalls ist Verschulden gegeben. Lit.: Gumprecht, rechtliche Natur des G. (EE. **23** 309, 413). — **3.** Wegen der Verschiebearbeit. Lieferfrist § 37. — **4.** Dem Anspruch auf Auslieferung [Abs. (2)] entspricht Verpflichtung zur Abholung. a 1, 2, 5. — **5.** Wie § 46 (4). — **6.** Zum ev. Nachweis der in § 36 (1) vorgeschriebenen Frist.

§ 35. Haftung der Eisenbahn für Verlust, Minderung oder Beschädigung.

34 (1) (1) Für Reisegepäck haftet die Eisenbahn, soweit nicht in diesem Abschnitt Abweichungen vorgesehen sind, nach den Vorschriften über die Haftung für Güter (Abschnitt VIII).[1]

34 (4) (2) Bei besonderen Betriebsverhältnissen kann die Eisenbahn mit Genehmigung der Landesaufsichtsbehörde nach Zustimmung des Reichs-Eisenbahnamts die bei Verlust, Minderung oder Beschädigung von Reisegepäck zu leistende Entschädigung im Tarif auf einen Höchstbetrag beschränken. Wegen Beschränkung der Höhe des Schadensersatzes bei Gegenständen des § 54 Abs. (2) B Ziffer 1 gilt § 89 Abs. (2). Wenn Vorsatz oder grobe Fahrlässigkeit vorliegt, kann die Beschränkung auf den Höchstbetrag nicht geltend gemacht werden.

34 (6) (3) Für Verlust, Minderung oder Beschädigung von Gegenständen, die in beförderten Fahrzeugen (§ 30 Abs. (3)) belassen sind, haftet die Eisenbahn nur, wenn ihr ein Verschulden zur Last fällt.[1]

HGB. 456, 465, 467, 471. ZPO. 485 ff.

1. §§ 84—95. Eis. haftet für Zufall, im Falle des § 35 (3) wie der gewöhnliche Frachtführer, d. h. für Verschulden. Abweichungen: § 36.

§ 36. Verlust von Reisegepäck.

34 (3) (1) Für den Verlust[1] von Reisegepäck haftet die Eisenbahn nur, wenn das Gepäck binnen 14 Tagen[2]

nach der Ankunft des Zuges, zu dem es aufgegeben
war, auf der Bestimmungsstation abgefordert wird.

(2) Ein fehlendes Gepäckstück gilt nach Ablauf 35 (1)
von 3 Tagen[3] nach Ankunft des Zuges, zu dem es
aufgegeben war, als verloren.

(3) Wird das Gepäck später wiedergefunden, so
ist der Reisende, wenn sich sein Aufenthalt ermitteln
läßt, hiervon zu benachrichtigen. Er kann innerhalb 35 (2)
30 Tagen nach Empfang der Nachricht verlangen,
daß ihm das Gepäck gegen Rückzahlung des Ersatz-
betrags nach Abzug des gemäß § 37 für Überschreitung
der Lieferfrist zu gewährenden Schadensersatzes auf
einer inländischen Station[4] kostenfrei ausgehändigt
werde. Bei der Rückgabe auf der Abgangsstation
ist dem Reisenden die Fracht zu erstatten.[5]

1. Nicht Beschädigung. — **2.** Bisher und HGB. 465 8 Tage. Bei Gütern ein Jahr § 98, s. auch § **34** (6). — **3.** § 90 30 Tage. — **4.** Früher nur Aufgabeort oder Bestimmungsstation. — **5.** § 91 (2) keine Rückzahlung der Fracht.

§ 37. Haftung der Eisenbahn für Überschreitung der Lieferfrist.

(1) Bei Überschreitung der Lieferfrist hat die 36 (2)
Eisenbahn den nachgewiesenen Schaden zu ersetzen,
und zwar:

a) wenn das Interesse an der Lieferung nicht an-
gegeben ist, für je angefangene 24 Stunden der
Fristüberschreitung — höchstens aber für 3[1] Tage —
bis zum Betrage von 20 Pfennig für jedes Kilo-

gramm des ausgebliebenen Gepäcks, bei Fahrzeugen bis zum Betrage von 30 Mark für jedes ausgebliebene Fahrzeug;

b) wenn das Interesse an der Lieferung angegeben ist, bis zum angegebenen Betrage. Ist dieser niedriger als die unter a bestimmte Entschädigung, so kann letztere beansprucht werden.

(2) Ist ein Schaden nicht entstanden[2] oder nicht nachgewiesen, so hat die Eisenbahn zu zahlen:

a) wenn das Interesse an der Lieferung nicht angegeben ist, für je angefangene 24 Stunden der Fristüberschreitung — höchstens aber für 3[1] Tage — 10 Pfennig für jedes Kilogramm des ausgebliebenen Gepäcks, bei Fahrzeugen 15 Mark für jedes ausgebliebene Fahrzeug;

b) wenn das Interesse an der Lieferung angegeben ist, für je angefangene 24 Stunden der Fristüberschreitung — höchstens aber für 3[1] Tage — 20 Pfennig für jedes Kilogramm des ausgebliebenen Gepäcks, bei Fahrzeugen 30 Mark für jedes ausgebliebene Fahrzeug, jedoch nicht mehr als den angegebenen Betrag. Ist dieser niedriger als die unter a bestimmte Entschädigung, so kann letztere beansprucht werden.

36 (1) (3) Die Haftung der Eisenbahn ist ausgeschlossen, wenn die Fristüberschreitung von einem Ereignisse herrührt, das die Eisenbahn weder herbeigeführt hat, noch abzuwenden vermochte.

(4) Wegen der Fälle, in denen voller Ersatz zu 36 (3)
leisten ist, vergleiche § 95.[3]

§§ 32 (2) u. (5), 94. HGB. 429, 463, 466, 471.

1. Weil gemäß § 35 (2) nach 3 Tagen das Gut als verloren anzusehen, der Reisende also Rücknahme verweigern und Ersatz fordern kann. — 2. Wesentlicher Vorteil für den Reisenden gegenüber früher und dem HGB. — 3. Voller Ersatz bei Vorsatz oder grober Fahrlässigkeit.

§ 38. Gepäckträger.

(1) Auf Stationen, wo das Bedürfnis besteht, 37
sind Gepäckträger zu bestellen, die das Reise- und Handgepäck innerhalb des Bahnhofsbereichs nach den von den Reisenden bezeichneten Stellen zu bringen haben.

(2) Die Gepäckträger müssen durch Dienstabzeichen erkennbar sein und eine gedruckte Dienstanweisung nebst Gebührentarif bei sich tragen. Sie haben auf Verlangen den Tarif vorzuzeigen, auch eine mit ihrer Nummer versehene Marke zu verabfolgen.

(3) Der Tarif muß an den Gepäckannahme- und -ausgabestellen und in den zur Gepäckaufbewahrung dienenden Räumen aushängen.

(4) Für das den Gepäckträgern nach Abs. (1) übergebene Gepäck haftet[1] die Eisenbahn wie für das ihr zur Beförderung übergebene Reisegepäck.

1. Aus Abs. (4) ergibt sich, daß die Gepäckträger als Leute der Eis. nach § 5 anzusehen sind, sofern es sich um Aufträge an sie aus Abs. (1) handelt, d. h. um Beförderung von Gepäck innerhalb des Bahnhofsbereichs. Nicht darunter fallen etwaige Beförderungsleistungen außerhalb dieses Bereichs (BGB. 631 ff.) und Aufbewahrung von Gepäck (OLG. (Kiel) 7 154; EE. 20 164; Arch. 04 211).

§ 39. Aufbewahrung des Gepäcks.

38 Auf den Stationen, wo Reisegepäck abgefertigt wird,[1] sind tunlichst Vorkehrungen zu treffen, die es dem Reisenden ermöglichen, sein Gepäck[2] gegen eine durch Aushang bekannt zu machende Gebühr zu vorübergehender Aufbewahrung niederzulegen. Die Eisenbahn haftet in diesem Falle als Verwahrer.[3]

38 Zus. 1–2 1. (1) Auf Stationen, wo Gepäckstücke zur vorübergehenden Aufbewahrung unter Haftung der Eisenbahn angenommen werden, wird dies durch Aushang bekannt gemacht.

(2) Die Aufbewahrung erfolgt gegen Aushändigung eines Hinterlegungsscheins auf die Dauer von 8 Tagen, darüber hinaus nur auf ausdrücklichen Antrag des Aufgebers.

(3) Gelder, Wertpapiere und Kostbarkeiten sowie leicht verderbliche, feuergefährliche und übelriechende Gegenstände dürfen nicht zur Aufbewahrung übergeben werden.

(4) Gepäck, das nicht oder nur mangelhaft verpackt ist, kann zurückgewiesen werden. Wird es angenommen, so wird auf dem Hinterlegungsschein ein entsprechender Vermerk gemacht. Die Annahme des Scheins mit dem Vermerke gilt als Anerkenntnis der fehlenden oder mangelhaften Verpackung.

Für die in unverschlossenen Gegenständen, namentlich in Röcken, Mänteln, Reisedecken und dergl. enthaltenen Sachen wird nicht gehaftet.

(5) Der Inhaber des Hinterlegungsscheins kann die hinterlegten Gegenstände jederzeit innerhalb der für die Annahme und Auslieferung von Gepäck bestimmten Zeiten zurückfordern. Die Auslieferung erfolgt nur gegen Rückgabe des Hinterlegungsscheins und Entrichtung der Aufbewahrungsgebühren. Wird der Hinterlegungsschein nicht beigebracht, so ist die Eisenbahn zur Auslieferung nur nach vollständigem Nachweise der Empfangsberechtigung gegen Ausstellung eines Reverses und unter Umständen gegen Sicherheit verpflichtet.

(6) Nach Ablauf der Aufbewahrungsfrist werden die aufbewahrten Gegenstände als Fundsachen nach den für diese geltenden Bestimmungen behandelt.

(7) Für Verlust, Minderung, Beschädigung oder verspätete Auslieferung der aufbewahrten Gegenstände wird der nachgewiesene Schaden, jedoch nur bis zum Höchstbetrage von 100 Mark für das Stück ersetzt.

2. Soweit auf Stationen, wo besondere Aufbewahrungsstellen nicht eingerichtet sind, die vorübergehende Aufbewahrung von Gepäckstücken laut Bekanntmachung durch hiermit beauftragte andere Personen stattfindet, geschieht dies unter deren eigener Verantwortlichkeit, aber

im übrigen unter entsprechender Anwendung der vorstehenden Bestimmungen.

BGB. 688—700, 978 ff.

1. Früher nur auf größeren Stationen. — 2. Auch Handgepäck und noch nicht abgefertigtes oder abgefordertes Reisegepäck. — 3. Geht über HGB. hinaus; denn da haftet Eis. nur während der Beförderung. Keine Haftung für Zufall. Lit.: Reindl VerZtg. **01** 533, 932; Hertzer ebenda **01** 729, 1117 und Kommentar S. 56, 57; Rundnagel EE. **18** 275. — Dagegen bildet die Verwahrungspflicht der Eis. für von dem Reisenden zurückgelassene Gegenstände einen Teil des Beförderungsvertrages, d. h. Haftung für Schaffner aus § 278, nicht § 831 BGB. (EE. **22** 11; VerZtg. **05** 1273 und Nehse ebenda 1057, 1514.)

V. Beförderung von Expreßgut.

Expreßgut wird wie „eine Art Gepäck" behandelt (41, 43 a 1), es ist ein Zwischending zwischen Gepäck und Stückgut (43). Beförderung erfolgt auf Eisenbahn-Paketadresse (40 a 2). Frankaturzwang (40 a 6), Nachnahme unzulässig (40 a 8).

§ 40. Annahme.

39 (1) Gegenstände, die sich zur Beförderung im Packwagen eignen, sind nach näherer Bestimmung des Tarifs als Expreßgut anzunehmen.

(2) Jedes Frachtstück muß die genaue und dauerhaft befestigte Adresse des Empfängers tragen. Soll die Sendung dem Empfänger nicht zugeführt werden, so muß der Adresse jedes Frachtstücks noch der Vermerk „Zur Selbstabholung" oder „Bahnlagernd" beigefügt sein.

(3) Expreßgut ist bei den von der Eisenbahn bestimmten Abfertigungsstellen während der durch

Aushang bekannt zu machenden Dienststunden aufzuliefern.

(4) Die Eisenbahn ist verpflichtet, bei Annahme der Sendung das Gewicht gebührenfrei festzustellen. Dem Absender oder dessen Beauftragten steht frei, der Feststellung beizuwohnen.

(5) Auf Verlangen des Absenders ist die Annahme des Gutes in einer von der Versandbahn zu bestimmenden Form zu bescheinigen.

1. Gegenstände, die sich zur Beförderung im Packwagen eignen, werden mit den nachstehenden Ausnahmen zur Beförderung als Expreßgut von und nach solchen Stationen angenommen, die für den Gepäckverkehr eingerichtet sind und zwischen denen in den Teilen II direkte Sätze bestehen. 39 Ziff. 1—4

2. Das Expreßgut wird auf Eisenbahn-Paketadresse[1] abgefertigt. Ihre Ausfüllung liegt dem Absender ob.

   Die in § 40 Abs. (2) erwähnten Angaben auf den Adressen der Frachtstücke müssen auch auf der Eisenbahn-Paketadresse vermerkt sein. Auf eine Eisenbahn-Paketadresse können bis zu 5 Stücke aufgeliefert werden.

3. Die Annahme ist ausgeschlossen:
   a) hinsichtlich der im § 54 Abs. (1) und (2) A und B 2 und 3 verzeichneten Gegenstände;
   b) nach Stationen jenseits einer Grenzzollabfertigungsstelle;

c) wenn an dem Beförderungsweg Orte mit getrennten Bahnhöfen gelegen sind, zwischen denen von der Eisenbahn Gepäck nicht überführt wird.

4. Die im § 54 Abs. (2) B 1 verzeichneten Gegenstände werden unter folgenden Bedingungen zur Expreßgutbeförderung zugelassen:

a) die Stücke müssen fest verschlossen sein;

b) der Inhalt der Stücke und der Wert, der den Höchstbetrag für die zu zahlende Entschädigung bilden soll, sind auf der Eisenbahn-Paketadresse anzugeben.

Wird der Wert oder das Interesse an der Lieferung auf mehr als 500 Mark angegeben, so werden die Gegenstände zur Expreßgutbeförderung nicht angenommen.

40 Zus. 2 (1) 5. Gegenstände, die ihrer Natur nach zum Schutze gegen Verlust oder Beschädigung bei der Beförderung einer Verpackung bedürfen, aber unverpackt oder mangelhaft verpackt sind, können zurückgewiesen werden. Sie werden angenommen, wenn sie sich nach dem Ermessen des abfertigenden Beamten zur Beförderung eignen. In diesem Falle hat der Absender die fehlende oder mangelhafte Verpackung schriftlich anzuerkennen.

Zus. 3 6. Expreßgut wird nur frankiert zur Beförderung angenommen.

7. Die für die Überführung von Gepäck an Orten mit getrennten Bahnhöfen festgesetzten Überfuhrgebühren (s. Anlage II)[2] werden auch bei der Annahme von Expreßgut erhoben. Zus. 4
8. Nachnahmen auf Expreßgut werden nicht zugelassen. Zus. 5
9. Die Aufgabe von Expreßgut erfolgt bei den Gepäckabfertigungsstellen zu den für die Annahme von Gepäck bestimmten Zeiten. Zus. 1 (1)

1. Mitteilungen an den Empfänger als dem Postgesetz widersprechend unzulässig (Fritsch 554 Anm. 79). — 2. D. E. P. u. GT. Teil I S. 55.

§ 41. Beförderung.

(1) Expreßgut wird wie Gepäck befördert. Wird für einzelne Züge die Beförderung beschränkt oder ausgeschlossen, so sind diese bekannt zu machen. 40

(2) Wird der Zug, mit dem das Gut befördert werden soll, nicht bei der Aufgabe vom Absender bezeichnet, so ist es mit dem nächsten geeigneten Zuge zu befördern.

Die Beförderung von Expreßgut mit einem bestimmten Zuge kann nur dann beansprucht werden, wenn es spätestens $^1/_4$ Stunde vor dessen Abgang aufgeliefert wird. (Vgl. auch Ausf.-Best. 5 zu § 43.) Zus. 1 (2)

§ 42. Auslieferung.

(1) Der Empfänger ist berechtigt, auf der Bestimmungsstation die Auslieferung des Expreßguts bei der Abfertigungsstelle zu verlangen, sobald nach 40 Zus. 6

Ankunft des Zuges, womit es zu befördern war, die die zur ordnungsmäßigen Bereitstellung erforderliche Zeit verstrichen ist.

Zus. 7 (2) Holt der Empfänger das Gut nach Ankunft des Zuges nicht ab und ist das Gut nicht bahnlagernd gestellt, so wird es nach dem Tarife der Empfangsbahn dem Empfänger angemeldet oder zugeführt. Zur Selbstabholung bestimmtes Gut ist dem Empfänger stets anzumelden. Die Anmeldung
Zus. 8 oder Zuführung muß innerhalb der Fristen erfolgen, die in den §§ 78 und 79 für Eilgut vorgesehen sind.

1. Der Nachweis der Berechtigung zur Empfang-
Zus. 6 nahme des Gutes kann verlangt werden. Ob bei der Auslieferung eine Empfangsbescheinigung zu erteilen ist, richtet sich nach den Bestimmungen der Empfangsbahn.

Zus. 10 2. Wird eine Sendung nicht innerhalb 24 Stunden nach der Anmeldung oder, wenn das Gut „bahnlagernd" gestellt ist, nicht innerhalb 24 Stunden nach Ankunft des Zuges, in den für den Gepäckdienst bestimmten Abfertigungsstunden in Empfang genommen, so ist für je auch nur angefangene 24 Stunden nach Ablauf der Abholungsfrist und jedes Stück 20 Pfennig Lagergeld zu entrichten. Für die Art der Benachrichtigung über die Ankunft des Gutes und für den Zeitpunkt, in dem die Benachrichtigung als bewirkt anzusehen ist, gilt § 79 Abs. (1), (3) und (4) nebst Ausführungsbestimmungen.

§ 43. Weitere Vorschriften.

Der Tarif muß einheitlich bestimmen, ob und inwieweit für das Expreßgut neben den hierfür zu treffenden besonderen Vorschriften die Bestimmungen für Reisegepäck (Abschnitt IV) oder für Güter (Abschnitt VIII) gelten. 41

1. Soweit nicht im Abschnitt V besondere Bestimmungen getroffen sind, gelten für die Beförderung von Expreßgut die Bestimmungen über die Beförderung von Reisegepäck (Abschnitt IV)[1]. Zus. 5—6

2. Die Lieferfrist läuft ab:

a) bei Sendungen, die „bahnlagernd“ gestellt sind, oder deren Empfänger sich alsbald nach Ankunft des Zuges zur Empfangnahme meldet, nach Ankunft des Zuges, mit welchem die Beförderung zu geschehen hat, und nach Ablauf der Zeit, welche erforderlich ist, um das Gut ordnungsgemäß auszuladen und zur Abholung bereit zu stellen; 41 Zus. 1

b) bei Sendungen, die dem Empfänger anzumelden oder zuzuführen sind, nach Ankunft des Zuges, mit welchem die Beförderung zu geschehen hat, und nach Ablauf der in § 42 Abs. (2) für die Anmeldung oder Zuführung festgesetzten Fristen;

c) bei einer Sendung, die von einem Zug auf einen anderen überzugehen hat, den Übergang durch Zugverspätung aber nicht erreicht, mit der Ankunft des Zuges, womit die Sendung unter Berücksichtigung dieser Verspätung befördert werden konnte. Motorfahrräder, die unterwegs in einen anderen Zug übergehen müssen, brauchen nicht mit dem anschließenden Zuge, sondern erst mit dem nächstfolgenden Personenzug am Bestimmungsort einzutreffen.

Zus. 2 3. Wird die Annahme von Expreßgut am Bestimmungsorte verweigert, erfolgt die Abnahme der dem Empfänger angemeldeten oder der „bahnlagernd" gestellten Sendungen nicht binnen 3 Tagen, oder ist bei den Gütern, die dem Empfänger anzumelden oder zuzuführen sind, die Anmeldung oder Zuführung nicht möglich, so hat die Bestimmungsstation dem Absender durch Vermittelung der Versandstation die Ursache des Hindernisses ohne Verzug mitzuteilen und seine Anweisung einzuholen. In keinem Falle darf das Gut ohne ausdrückliches Einverständnis des Absenders zurückgesandt werden. Die erwähnte Frist von 3 Tagen beginnt dann, wenn das Gut „bahnlagernd" gestellt ist, mit der Ankunft des Zuges, womit die Beförderung erfolgt ist, bei der Anmeldung mit dieser. Die Kosten der Benachrichtigung hat der Absender zu ersetzen. Im übrigen ist bei Ablieferungshindernissen nach Maßgabe des § 81 Abs. (2) bis (5) zu verfahren.

4. Die Eisenbahn ist von jeder Haftung für den 41 Zus.
Verlust von Expreßgut frei, wenn es nicht binnen 3 (2)
8 Tagen nach der Ankunft des Zuges, womit die Beförderung erfolgt ist, auf der Bestimmungsstation abgefordert wird.

5. Der Absender kann auf der Eisenbahn-Paket- Zus. 4
adresse das Interesse an der Lieferung angeben. Die Angabe muß spätestens ½ Stunde vor Abgang des Zuges, womit die Beförderung geschehen soll, bei der Gepäckabfertigungsstelle gegen Zahlung der für Reisegepäck festgesetzten Gebühr (Ausf.-Best. 6 zu § 32) erfolgen.

6. (1) Expreßgut kann von dem Absender vor Zus. 7
der Auslieferung zurückgenommen oder einem anderen Empfänger am Bestimmungsort überwiesen oder nach einem anderen Orte weitergesandt werden.

(2) Die Rückbeförderung oder Weitersendung kann aber nur verlangt werden, wenn zwischen der Station, von der die Rückbeförderung oder Weiterbeförderung stattfinden soll, und der neuen Bestimmungsstation Expreßgutverkehr nach den Ausführungsbestimmungen 1, 3b und 3c zu § 40 zulässig ist.

(3) Jede derartige Verfügung muß sich auf die sämtlichen, auf eine Eisenbahn-Paketadresse aufgelieferten Stücke erstrecken und daher für alle Stücke die gleiche sein.

(4) Die Verfügungen können durch Vermittelung der Versandstation oder unmittelbar bei der Bestimmungsstation erfolgen. Die Kosten trägt der Absender.

(5) Die Rückbeförderung oder Weitersendung erfolgt unter Frachtberechnung. Die Rückerstattung eines Teils der bereits im voraus bezahlten Fracht findet auch dann nicht statt, wenn das Expreßgut auf einer vor dem Bestimmungsorte liegenden Zwischenstation zur Rückbeförderung oder Weitersendung gekommen ist. Dagegen wird, wenn die Sendung auf der Versandstation noch nicht abgegangen war, bei der Zurückziehung die Fracht von der Annahmestelle gegen Quittung erstattet.

1. Lieferfristüberschreitung § 37. Verlust a 4.

VI. Beförderung von Leichen.

Es ist zu unterscheiden zwischen Beförderung von Leichen zum Zwecke der Beisetzung: Abfertigung erfolgt auf Beförderungsschein von den Gepäckabfertigungsstellen, und von Leichen an öffentliche höhere Lehranstalten zu wissenschaftlichen Zwecken oder von solchen zurück, Abfertigung auf Frachtbrief von den Güterabfertigungsstellen. JÜ. 3 AusfB. § 1 (2) 3.

§ 44. Auflieferung.

42 (3) (1) Leichen sind zur Beförderung mit den dem Personenverkehre[1] dienenden Zügen anzunehmen; die Benutzung von Schnellzügen kann versagt werden.

42 (1) (2) Leichensendungen müssen auf der Anfangsstation des Zuges mindestens 6 Stunden, auf an=

deren Stationen mindestens 12 Stunden vor der
Abfahrzeit angemeldet werden.

(3) Jede Leiche muß in einem widerstandsfähigen 42 (2)
Metallbehälter luftdicht verschlossen und dieser in
einen hölzernen Behälter so fest eingesetzt sein, daß
er sich darin nicht verschieben kann.[1]

(4) Bei der Aufgabe ist der Eisenbahn ein Leichen- 42 (4)
paß[2] nach dem Muster der Anlage A[3] zu übergeben,
der bei Auslieferung der Leiche dem Empfänger aus-
gefolgt wird. Bei Leichensendungen aus ausländischen
Staaten, mit denen eine Vereinbarung wegen gegen-
seitiger Anerkennung der Leichenpässe abgeschlossen
ist, genügt ein Leichenpaß der zuständigen aus-
ländischen Behörde. Die zur Ausstellung von Leichen-
pässen befugten in- und ausländischen Behörden
werden besonders bekannt gemacht.[4] Der Leichenpaß
gilt für den ganzen Beförderungsweg.

(5) Leichen sind auf einen Beförderungsschein ab- 43 (1)
zufertigen, der von der Eisenbahn auszustellen und
dem Absender auszuhändigen ist.[5]

(6) Das Verladen hat der Absender zu besorgen. 43 (1)

(7) Die Fracht ist bei der Aufgabe zu entrichten. 42 (4)
Wer Leichen unter unrichtiger Bezeichnung aufliefert,
hat den Frachtunterschied von der Aufgabe- bis zur 42 (7)
Bestimmungsstation nachzuzahlen und das Vierfache
der Gesamtfracht als Frachtzuschlag zu entrichten.

1. Über die Behörden, die zur Ausstellung von 42
Leichenpässen befugt sind, erteilen die Versand- Zus. 1
stationen auf Verlangen Auskunft.

2. Die Abfertigung von Leichen auf Beförderungsschein erfolgt bei den Gepäckabfertigungsstellen.

43 Zus. 2 3. Die Beförderungsscheine unbegleiteter Leichen (vgl. § 46 Abs. (1)) sind mit der vollen Adresse des Empfängers zu versehen, damit dieser von dem Eintreffen der Sendung ohne Verzug benachrichtigt werden kann.

42 Zus. 5 4. Bei der Auflieferung von Leichen nach Orten mit mehreren Bahnhöfen ist der Bahnhof zu bezeichnen, nach dem die Sendung befördert werden soll, ebenso der Bahnweg, wenn in einer Stationsverbindung verschiedene Wege zur Wahl gestellt sind.

42 Zus. 5 5. Inwieweit die Abfertigung von Leichen nach und von einzelnen Stationen ausgeschlossen oder beschränkt ist, ist bei den Gepäckabfertigungsstellen zu erfahren.

42 Zus. 3 6. Für eine oder mehrere auf einen Beförderungsschein aufgegebene und in einem Wagen verladene Leichen wird an Fracht für das Tarifkilometer erhoben:

bei Beförderung mit Personenzügen 0,40 Mark,
bei Beförderung mit Eil- und Schnellzügen . . . . 0,60 Mark,

in beiden Fällen unter Zuschlag einer Abfertigungsgebühr von 6 Mark für den Wagen. Wenn eine Leiche teils mit Personenzügen, teils mit Eil- und Schnellzügen befördert werden soll, so werden der für die Gesamtentfernung zum

Personenzugsatze berechneten Fracht 0,20 Mark für jedes Tarifkilometer der Eil- und Schnellzugstrecke zugerechnet.

7. (1) Die Fracht für Leichen wird nach den in den Teilen II enthaltenen Entfernungen berechnet. Bei der Beförderung über Verbindungsbahnen zu erhebende Gebühren enthält die Anlage I.[6] 42 Zus. 5

(2) Wird die durchgehende Abfertigung in Stationsverbindungen verlangt, für die Entfernungen in den Teilen II nicht vorgesehen sind, oder wünscht der Absender einen abweichenden Bahnweg, so wird die Gesamtstreckenlänge durch Zusammenrechnung von Teilentfernungen ermittelt. Die Abfertigungsgebühr wird auch in diesem Falle nur einmal erhoben.

8. Wenn die Leichen vor dem Abgange des Zuges vom Absender zurückgenommen werden, oder wenn die Beladung der bereitgestellten Wagen nicht innerhalb der für den Güterverkehr festgesetzten Frist bewirkt wird, so werden 2 Mark für jeden Wagen und angefangenen Tag der Fristversäumung erhoben. 43 Zus. 8

1. § 47 (2) Satz 2. — 2. Ebda. Satz 5. — 3. Leichenpaß lautet: Die nach Vorschrift eingesargte Leiche de.... am ......ten .... 19....... zu .... an .... verstorbenen ....jährigen .... soll mittels Eisenbahn von .... über .... nach .... zur Bestattung gebracht werden. Nachdem zu dieser Überführung dem Begleiter .... die Genehmigung erteilt worden ist, werden sämtliche Behörden, deren Bezirke durch diesen Leichentransport

berührt werden, ersucht, denselben ungehindert und ohne Aufenthalt weitergehen zu lassen. Ort. Datum. Siegel. Unterschrift. — **4.** Im Zentralblatt für das Deutsche Reich. — **5.** Satz. 6. — **6.** D. E. P. u. GT. Teil I S. 38.

§ 45. Beförderung.

42 (5) (1) Leichen sind in bedeckten Wagen zu befördern.[1] Die Beiladung von Gütern, die nicht zur Leiche gehören, ist verboten.[2] Mehrere Leichen, die gleichzeitig von derselben Versandstation nach derselben Bestimmungsstation aufgegeben werden, können zusammen in einen Wagen verladen werden. Leichen, die in rings umschlossenen Leichenfuhrwerken aufgeliefert werden, dürfen in offenen Wagen befördert werden.

42 (3) (2) Jeder Sendung ist ein Begleiter beizugeben, der eine Fahrkarte zu lösen und denselben Zug zu benutzen hat.[3] Begleitung ist nicht erforderlich, wenn der Bestimmungsort eine Eisenbahnstation ist und der Absender bei der Aufgabestation die schriftliche oder telegraphische Erklärung des Empfängers hinterlegt, daß er die Sendung sofort nach Empfang der Nachricht von ihrem Eintreffen abholen lassen werde. Bei Sendungen an Beerdigungs- und an Leichenverbrennungsanstalten ist diese Erklärung nicht erforderlich.[4]

42 (6) (3) Leichen dürfen unterwegs nicht ohne Not umgeladen werden. Sie sind möglichst schnell und ohne Unterbrechung zu befördern. Läßt sich auf einer Station ein längerer Aufenthalt nicht ver-

meiden, so ist der Wagen mit der Leiche tunlichst auf ein abseits liegendes Gleis zu stellen. Wird die Beförderung einer unbegleiteten Leiche mit den in Aussicht genommenen Zügen unmöglich, so hat die Station, wo das Hindernis eintritt, dem Empfänger kostenfrei telegraphisch mitzuteilen, mit welchem Zuge die Beförderung erfolgt.

1. Zur Leiche gehörige Gegenstände werden bis zu einem Höchstgewichte von 500 kg in dem Wagen, in welchem die Leiche verladen ist, unentgeltlich mitbefördert. Eine Haftpflicht für diese Gegenstände übernimmt die Eisenbahnverwaltung nicht. 42 Zus. 4

2. Begleiter von Leichen haben, wenn sie in den Wagen Platz nehmen, in welchen die Leichen verladen sind, Fahrkarten der im Zuge befindlichen niedrigsten Wagenklasse, sonst Fahrkarten der zu benutzenden Wagenklasse zu lösen. 42 Zus. 1

1. § 47 (2) Satz 2. — **2.** Satz 3, 4. — **3.** Satz 1. — **4.** RGBl. **02** 236.

§ 46. Auslieferung.

(1) Die Ankunft einer unbegleiteten Leiche am Bestimmungsort ist dem Empfänger auf seine Kosten ohne Verzug durch Telegramm, Fernsprecher oder besonderen Boten mitzuteilen. 43 (2)

(2) Die Auslieferung von Leichen kann zu dem im § 34 Abs. (2) bestimmten Zeitpunkte verlangt werden.

(3) Über die Empfangnahme der Leiche hat der Empfänger eine Bescheinigung auszustellen.

(4) Der Empfänger hat innerhalb 6 Stunden nach Ankunft des Zuges auf der Bestimmungsstation die Sendung auszuladen und abzuholen. Geschieht dies nicht, so kann die Leiche der Ortspolizeibehörde
43 (3) überwiesen werden. Kommt die Leiche nach 6 Uhr Abends an, so wird die Frist vom nächsten Morgen 8 Uhr ab gerechnet. Bei Überschreitung der Abholungsfrist ist die Eisenbahn berechtigt, das tarifmäßige Wagenstandgeld zu erheben.

43 Zus. 3 Bei nicht rechtzeitiger Abholung oder Entladung von Leichen werden 2 Mark für jeden Wagen und angefangenen Tag der Fristversäumung erhoben.

§ 47. Ausnahmebestimmungen.

42 (9) (1) Für die Beförderung von Leichen nach dem Bestattungsplatze des Aufgabeorts kann die Eisenbahn mit Genehmigung der Landesaufsichtsbehörde abweichende Bestimmungen erlassen.[1]

42 (8) (2) Bei Leichen, die von Polizeibehörden, Strafanstalten, Krankenhäusern oder dergleichen an öffentliche höhere Lehranstalten gesandt oder von diesen weiterversandt werden, ist Begleitung nicht erforderlich. Sie dürfen in dicht verschlossenen Kisten aufgeliefert und in offenen Wagen mit Güterzügen befördert werden. Güter von fester Beschaffenheit (Holz, Metall oder dergleichen) oder in fester Verpackung (Kisten, Fässern oder dergleichen) dürfen beigeladen werden, es ist aber Fürsorge zu treffen,

daß die Leichenkisten nicht beschädigt werden. Von der Beiladung sind ausgeschlossen: Nahrungs- und Genußmittel sowie deren Rohstoffe, ferner die in der Anlage C aufgeführten Gegenstände. Von der Beibringung eines Leichenpasses kann mit Genehmigung der Landesaufsichtsbehörde abgesehen werden. Solche Leichen sind auf Frachtbrief abzufertigen.

Die Abfertigung von Leichen auf Frachtbrief erfolgt bei den Güterabfertigungsstellen.

1. § 42 (9) der alten VO. schloß die Anwendung der Bestimmungen überhaupt aus.

VII. Beförderung von lebenden Tieren.[1]

1. Es ist zu unterscheiden die Beförderung von lebenden Tieren mit Begleitung: Großvieh in Wagenladungen, abgefertigt auf Beförderungsschein oder auf Eilfrachtbrief; ohne Begleitung: Kleinvieh in Wagenladungen, Groß- und Kleinvieh in einzelnen Stücken nur auf Eilfrachtbrief, soweit nicht Reisegepäck oder Expreßgut in Frage kommt (§ 27, 30 (3), 40). Beförderung von lebenden Tieren ist nicht reiner Güterfrachtvertrag (52).

§ 48. Auflieferung.

(1) Die Eisenbahn hat bekannt zu machen, mit welchen Zügen Tiere befördert werden.[1] Die Beförderung einzelner Stücke kann abgelehnt werden,[2] wenn im Zuge kein geeigneter Raum vorhanden ist, es sei denn, daß die Tiere mindestens 24 Stunden vorher angemeldet worden sind. 46 (1)

I. Über die Züge, womit je nach Art und Richtung der Sendungen von der Versandstation aus die Beförderung in der Regel 46 I stattfindet, geben die Dienststellen auf den Stationen Auskunft.

46 II II. 1. Bei Zügen, die für die Beförderung von Tieren überhaupt oder für die Beförderung der in Betracht kommenden Tierart nicht bestimmt sind, kann die Eisenbahn auf Antrag des Absenders — auf Unterwegsstationen auch des Begleiters — nach ihrem Ermessen die Beförderung von Tieren gegen Zahlung eines Zuschlags (vgl. Abschnitt B)[3] zulassen.

2. Der Antrag ist in den Eilfrachtbrief oder den Beförderungsschein aufzunehmen oder sonst schriftlich zu stellen. Wird er nicht auf einzelne, bestimmt bezeichnete Züge oder Strecken beschränkt, so hat er zu lauten: „Mit Beförderung in zuschlagpflichtigen Zügen einverstanden."

46 (2) u. Zus. III (2) An Sonn- und Festtagen werden Tiere nicht angenommen. Ausnahmen sind durch Aushang an den Abfertigungsstellen bekannt zu machen.

46 (2) (3) Die Beförderung kranker Tiere kann abgelehnt werden.[4]

46 (3) (4) Zur Beförderung wilder Tiere ist die Eisenbahn nur verpflichtet, wenn die von ihr im Interesse der Sicherheit vorzuschreibenden Bedingungen erfüllt sind.

46 I III. Die in den Tarifen nicht genannten Tiere, insbesondere wilde Tiere und ganze Menagerien, werden zur Beförderung angenommen,

wenn die Gefahr einer Beschädigung von Menschen, Tieren und Gütern durch die Art und Weise der Verpackung oder Verladung nach dem Ermessen der Versandstation ausgeschlossen ist. Bei Einzelsendungen von Raubtieren sind die zur Verpackung verwendeten Käfige oder Kisten außen mit der Bezeichnung „Raubtier“ in auffallender Schrift zu versehen. Wegen der Beförderungsgebühren für Menagerien in Sonderzügen vgl. Ausf.-Best. A 1—7 zu § 12.

(5) Die Tiere müssen rechtzeitig, einzelne Stücke 46 (3)
mindestens 1 Stunde vor Abgang des Zuges, auf die Station gebracht werden.

IV. 1. Die Bestellung von Wagen zur Verladung 46 IV
von lebenden Tieren ist — in der Regel schriftlich — an die Versandstation zu richten. In der mit Datum und Unterschrift zu versehenden Bestellung sind die Anzahl und Gattung der Wagen — bedeckte oder offene, Stallungs-, Vieh- oder mehrbödige Wagen — die Bestimmungsstation, der Tag sowie tunlichst sowohl die Stunde der Verladung wie die Zahl und Gattung der zu verladenden Tiere und die Größe der Wagen anzugeben.

2. Verlangt der Absender die ausschließliche Benutzung eines Wagens für die Beförderung einzelner Stücke, so ist dies schrift-

lich — tunlichst schon bei der Bestellung — zu erklären.

44 (5) (6) Der Absender muß das Einladen der Tiere und ihre sichere Unterbringung[5] im Wagen besorgen, auch die erforderlichen Befestigungsmittel beschaffen.

V. Für alle außergewöhnlichen, d. h. nicht als natürliche Abnutzung anzusehenden Beschädigungen, die durch Tiere an den Eisenbahnfahrzeugen oder Bahnanlagen bei der Ein-, Um- oder Ausladung oder während der Beförderung angerichtet werden, haftet der Absender, sofern nicht ein Verschulden der Eisenbahn vorliegt. Durch den Eintritt in den Frachtvertrag geht die Haftung auf den Empfänger über.

44 IV VI. Das während der Beförderung zur Fütterung der Tiere erforderliche Futter und die zu der Wartung notwendigen Geräte, sowie das vor der Verladung der Tiere benutzte Geschirr, auch wenn es ihnen während der Bahnfahrt abgenommen ist, und das Handgepäck der Viehbegleiter werden unentgeltlich im Viehwagen mitbefördert (vgl. § 28). Diese Sachen sind von den Viehbegleitern selbst zu beaufsichtigen. Sonstiges Gepäck oder Güterstücke dürfen von dem Absender in den mit Vieh beladenen Wagen nicht untergebracht werden, sind vielmehr behufs regelrechter Abfertigung der Versandstation

zu übergeben. Bei der Aufgabe als Eilgut sind derartige Güter auf Antrag tunlichst mit den zur Beförderung des Viehes benutzten Zügen zu befördern. Wenn unzulässigerweise Gepäck oder Güterstücke mitgeführt werden, so ist hierfür das Doppelte der Eilgutfracht für die ganze Beförderungsstrecke, und wenn die Einladestation nicht nachgewiesen werden kann, das Doppelte der Eilgutfracht für die ganze von der Viehsendung zurückgelegte Strecke als Frachtzuschlag zu entrichten.

(7) Die Eisenbahn ist berechtigt, Begleitung der Tiersendungen zu fordern.[7] Bei kleinen Tieren, die in tragbaren, gut verschlossenen Behältern aufgegeben werden, kann Begleitung nicht verlangt werden. 44 (4)

VII. 1. Großvieh in Wagenladungen wird nur mit Begleitung angenommen; für je 3 zu einer Sendung gehörige Wagen muß mindestens 1 Begleiter gestellt werden. Bei Aufgabe von Kleinvieh (Schweinen, Kälbern, Schafen, Ziegen, Gänsen usw.) in Wagenladungen sowie von einzelnen Stücken Groß- und Kleinvieh kann von der Beigabe eines Begleiters nach dem Ermessen der Versandstation abgesehen werden. 44 II

Wenn mehrere Wagen von verschiedenen Sendungen eines Absenders nach derselben Bestimmungsstation unterwegs in einem Zuge vereinigt werden, so kann die Zurückziehung so vieler Begleiter zugelassen werden, daß auf jeden verbleibenden Begleiter nicht mehr wie 3 Wagen entfallen. Der Fahrgeldunterschied wird nachträglich auf Antrag erstattet.

2. Die Haftpflicht der Eisenbahn für Verlust oder Beschädigung wird nicht geändert, falls von der Beigabe eines Begleiters abgesehen wird. Die Eisenbahn haftet insbesondere nicht für den Schaden, für den sie bei Begleitung nicht aufzukommen gehabt hätte.

44 (4) (8) Die Begleiter haben die Tiere während der Beförderung zu warten. Der Aufsichtsbeamte hat den Begleitern auf Verlangen einen Platz im Packwagen oder in einem Personenwagen anzuweisen.[8] Ist zur Abwendung von Betriebsgefahren ihre Gegenwart im Viehwagen notwendig, so müssen sie sich auf Verlangen des Aufsichtsbeamten oder des Zugführers darin aufhalten.

44 III VIII. 1. Zu jeder Sendung und, wenn die Sendung aus mehr als einer Wagenladung besteht, zu jedem Wagen wird 1 Begleiter zugelassen. Diese Begleiter haben ein Fahrgeld von 2 Pfennig für das Tarifkilometer zu zahlen, wenn sie im Viehwagen, im Packwagen oder in der niedrigsten Klasse des Zuges fahren, sonst das Fahrgeld der benutzten Klasse.

2. Über diese Zahl hinaus werden Begleiter zur Fahrt in den Güter-, Eilgüter- und Viehzügen zugelassen, soweit Platz vorhanden ist. Diese Begleiter haben, wenn sie im Viehwagen oder im Packwagen fahren, ein Fahrgeld von 2 Pfennig für das Tarifkilometer, wenn Personenwagen gestellt werden, das Fahrgeld der benutzten Klasse zu zahlen.

IX. Wenn sich Stroh, Heu oder andere leicht entzündliche Stoffe in den Viehwagen befinden, so ist das Rauchen darin verboten und dürfen brennende Zigarren, Zigaretten oder Tabakspfeifen beim Einsteigen nicht mitgenommen werden.[9]

(9) Tiersendungen sind je nach Vorschrift des Tarifs auf Beförderungsschein, den die Eisenbahn ausstellt, oder auf Eilfrachtbrief abzufertigen. 45

X. Die Dienststelle, wo die Auflieferung zu erfolgen hat, wird von der Versandbahn bestimmt. 45 I

XI. 1. Tiere ohne Begleitung werden nur auf Grund von Eilfrachtbriefen befördert, sofern nicht Aufgabe als Gepäck erfolgt. II

2. Im Beförderungsschein oder Eilfrachtbrief ist die Stückzahl der aufgegebenen Tiere anzugeben.

3. Als Fahrausweis der Begleiter dienen nach näherer Bestimmung der Eisenbahnver-

waltungen entweder die Beförderungsscheine oder besondere Fahrscheine oder Fahrkarten.

III XII. Der Preis der Vordrucke, die bei Aufgabe von Zuchttieren zu verwenden sind (siehe die Anlage),[10] sowie die Verkaufspreise von anderen Vordrucken und die Gebühren für deren Ausfüllung und Abstempelung sind im Nebengebührentarif (Abschnitt C)[11] festgesetzt.

XIII. Wegen

46 V a) der Gebühren für die Ausführung nachträglicher Verfügungen (§ 73);

b) der Gebühren für die Vorbereitung der Beförderung und das Wiederausladen bei Beförderungshindernissen (§ 74)

siehe den Nebengebührentarif (Abschnitt C).[11]

48 (2) (10) Die Angabe des Interesses an der Lieferung hat bei den auf Beförderungsschein abgefertigten Tieren nur dann rechtliche Wirkung, wenn sie von der Abfertigungsstelle der Abgangsstation im Beförderungsscheine vermerkt ist.[12]

XIV. Wegen der Gebühr für Angabe des Interesses an der Lieferung siehe den Nebengebührentarif (Abschnitt C).[12]

44 (6) (11) Vorausbezahlung der Fracht kann gefordert werden.

XV. Bei den auf Beförderungsschein abgefertigten Tiersendungen ist die Fracht vorauszube-

zahlen und Nachnahmebelastung ausgeschlossen. Bei Frachtbriefsendungen ist 44 VII
dem Ermessen der Eisenbahnverwaltungen überlassen, unfrankierte Aufgabe und Nachnahmebelastung zuzulassen.

Näheres ist bei den Abfertigungstellen zu erfahren.

1. Tierfahrpläne, Tierkursbuch. — **2.** § 3 (1) 3. — **3.** Tiertarif S. 9. — **4.** § 3 (1) 2. — **5.** EE. **22** 121 (Prüfung der Beschaffenheit des Wagens) § 86 (1) 3; HGB. 459 Abs. 1 3. — **6.** Neu aufgenommen u. a. wegen BGB. 833 II. — **7.** § 86 (1) 6; Viehseuchengesetz v. 23. 6. 80/1. 5. 94 §§ 9 Abs. 2; 63 (1) u. 65 und Pr. AG. dazu v. 12. 3. 81 § 27; HGB. 459 Abs. 1, 5 u. 6; Folgen der Nichtbegleitung a XI. — **8.** Neu. — **9.** StGB. 368 Z. 5 u. 6. — **10.** Tiertarif Teil I S. 20. — **11.** Ebenda S. 14. — **12.** § 92.

§ 49. Beförderung.

(1) Der Absender darf den Beförderungsweg vorschreiben.[1] Solche Vorschriften muß die Eisenbahn beachten, sie kann aber die Fracht für den vorgeschriebenen Weg verlangen.

I. Die Vorschrift ist in den Frachtbrief unter „Zulässige oder vorgeschriebene Erklärungen“ aufzunehmen. Sie wird auch in den Beförderungsschein eingetragen. Die Fracht wird für den vorgeschriebenen Weg erhoben.

(2) Die näheren Bestimmungen über die Beförde- 49 (2)
rung von lebenden Tieren sind in der Anlage B[2] enthalten.

II. Als leicht entzündliche Stoffe im Sinn des § 3 (6) der Anlage B sind anzusehen und

daher nicht zu verwenden: Stroh, Spreu und
grasartige Streu; dagegen darf mit Wasser
besprengtes Sägemehl, mit oder ohne Zusatz
44 VIII von Sand, sowie Torfstreu, wenn sie vorher
mit Wasser mäßig angefeuchtet ist, verwendet
werden. Zu den offenen Wagen im Sinne
dieser Bestimmung gehören auch solche Wagen,
die zwar eine feste Decke haben, deren Wände
aber aus Latten bestehen (Etagenwagen).

III. Auf Wunsch der Absender wird auf geeigneten
Stationen zum Tränken der Tiere in den Wagen
Wasser am Zuge bereitgehalten, wenn der
44 V Zugaufenthalt zum Tränken der Tiere genügend Zeit bietet. Für die Verabreichung des
Wassers werden die im Nebengebührentarif
(Abschnitt C)[3] ersichtlichen Gebühren erhoben.

Die zum Tränken der Tiere geeigneten Stationen sind bei den Abfertigungsstellen zu erfragen.

1. Neu. — 2. **Nähere Bestimmungen über die Beförderung von lebenden Tieren:**

I. Verladung.

§ 1. (1) Soweit die Stationen nach dem Tarif unbeschränkt oder beschränkt für den Viehverkehr bestimmt sind, müssen sie mit Vorrichtungen versehen sein, die, den Abfertigungsbefugnissen entsprechend, ein zweckmäßiges Ein- und Ausladen der Tiere gestatten.

(2) Auf der Oberfläche hölzerner Verladerampen müssen in angemessenen Zwischenräumen schmale Latten mit abgerundeten Kanten angebracht sein, damit die Tiere sicher fußen können.

(3) Die Oberfläche fester Rampen darf höchstens 1:8, die der beweglichen Vorrichtungen höchstens 1:3 geneigt sein.

(4) Die Ladebrücken müssen hinreichend breit und mit mindestens 20 cm hohen Schutzleisten an beiden Seiten sowie mit Trittlatten [Abs. (2)] versehen sein. Auch müssen Vorkehrungen zum Schutze gegen seitliches Abdrängen der Tiere getroffen sein.

(5) Auf Stationen mit regelmäßigem größeren Viehversand sowie auf den Tränkstationen (§ 6) oder in deren Nähe müssen zur vorübergehenden Unterbringung des Viehes eingefriedigte Räume (Buchten oder Bansen) vorhanden sein, von denen ein angemessener Teil überdeckt sein muß. Diese von der Eisenbahn zu schaffenden Räume müssen Brunnen oder Wasserleitung sowie Vorrichtungen zum Anbinden, Füttern und Tränken der Tiere enthalten. Sie müssen in kleinere Abteilungen geteilt sein, in denen die Tiere verschiedener Gattung und das Großvieh (Pferde einschließlich Ponys, auch Fohlen, ferner Rindvieh, Maultiere, Esel und dergleichen), vom Kleinvieh (Schweine, Kälber, Schafe, Ziegen, Hunde, Geflügel und dergleichen) getrennt unterzubringen sind; Muttertiere mit saugenden Jungen bleiben zusammen. Der Fußboden muß so beschaffen sein, daß eine ordnungsmäßige Reinigung möglich ist.

(6) Für die vorübergehende Unterbringung der Tiere in überdeckten Räumen kann eine im Tarif festzusetzende Gebühr erhoben werden. Sie dient zugleich als Vergütung für die Benutzung der Einrichtungen zum Füttern und Tränken.

§ 2. (1) Die Tiere sind in bedeckten oder in hochbordigen offenen Wagen zu befördern. In den Monaten Januar, Februar, März, November und Dezember dürfen offene Wagen nur auf Antrag des Absenders gestellt werden. Geflügel darf nur in bedeckten Wagen befördert werden.

(2) Mehrbödige Wagen dürfen nur verwendet werden, wenn sie an den Seiten Lattenwände haben; diese müssen soweit aus dichten Brettern bestehen oder mit dichten Klappen versehen sein, daß die Tiere gegen Zugluft von unten geschützt sind und das Herausfallen von Kot und Streu verhindert wird. Diese Bestimmung gilt nicht für die mehr als zweibödigen zur Geflügelbeförderung bestimmten Wagen. Doch müssen auch bei diesen Wagen die Seitenwände aus Latten bestehen und mit Schutzleisten versehen sein, die das Herausfallen von Kot und Streu verhindern.

(3) Die Unterkästen der Wagen dürfen nur zur Beförderung einzelner unterwegs erkrankter Tiere benutzt werden.

(4) Die lichte Breite der zur Beförderung von Großvieh dienenden Wagen muß mindestens 2,60 m betragen.

(5) Bei Verwendung bedeckter Wagen zur Viehbeförderung sind solche Wagen auszuwählen, die in der Nähe der Wagendecke an den Längs- oder Stirnseiten je zwei verschließbare Öffnungen von je mindestens 0,40 m Länge und 0,30 m Breite haben und außerdem an den Türen mit Vorrichtungen versehen sind, die ihr Offenhalten in einer Breite von 0,35 m bei Großvieh und von 0,15 m bei Kleinvieh ermöglichen. Bleiben die Türen während der Fahrt ganz geöffnet, so müssen die Türöffnungen durch einen 1,50 m hohen Bretterverschlag oder durch Lattengitter verstellt sein.

(6) Die offenen Wagen müssen bei Verwendung für Großvieh eine Bordhöhe von mindestens 1,50 m und bei Verwendung für Kleinvieh eine Bordhöhe von mindestens 0,75 m über dem Fußboden haben.

(7) Zum Festbinden der Tiere müssen Vorrichtungen, wie eiserne Ringe oder dergleichen, in den Wagen angebracht sein.

(8) Die Ladefläche der zur Beförderung von Tieren dienenden Wagen muß an der Außenseite angegeben sein, und zwar bei mehrbödigen und bei den in mehrere Abteile geteilten Wagen derart, daß die Größe eines jeden Raumes ersichtlich ist.

(9) Bezüglich der vorhandenen alten Wagen können Abweichungen von den Vorschriften in Abs. (4) und (5) von den Landes-Aufsichtsbehörden nach Zustimmung des Reichs-Eisenbahnamts zugelassen werden.

§ 3. (1) Die zur Beförderung von Tieren dienenden Käfige, Kisten, Körbe, Säcke oder anderen Behälter müssen geräumig und luftdicht sein. Die Tiere dürfen nicht geknebelt aufgegeben werden.

(2) Käfige oder ähnliche Behälter müssen einen dichten Boden und so weit hinauf dichte Wände haben, daß eine Verunreinigung des Wagens durch Kot und Streu möglichst ausgeschlossen ist. Diese Vorschrift gilt nicht für Geflügel in Wagenladungen. Der Boden der Behälter muß mit Heu, Stroh, Sand, Torfmull oder Sägespänen bedeckt sein. Bei der Verladung ist darauf zu achten,

daß zu den Tieren ausreichend frische Luft treten kann; insbesondere dürfen andere Güter nicht auf die Behälter, und diese nur dann übereinander verladen werden, wenn durch Leisten oder dergleichen dafür gesorgt ist, daß zwischen dem Boden des oberen und dem Deckel des unteren Behälters ein Luftraum von mindestens 3 cm Höhe freibleibt. Behälter, die ganz oder zum Teil aus Latten bestehen, müssen so beschaffen sein, daß die Tiere nicht einzelne Körperteile hindurchzwängen können, auch müssen sie so hoch sein, daß die Tiere zwanglos darin stehen können. Gebrauchte Käfige, Kisten, Körbe, Säcke oder dergleichen dürfen nur nach gründlicher Reinigung wieder benutzt werden. Ferner müssen Käfige oder ähnliche Behälter, wenn die Beförderung voraussichtlich mehr als 36 Stunden dauert, mit zweckmäßigen Vorrichtungen zum Tränken und bei Kleinvieh auch zum Füttern der Tiere versehen sein, sofern nicht der Absender für die Fütterung und Tränkung auf Unterwegsstationen in anderer Weise gesorgt hat.

(3) Bei Festsetzung der größten Zahl der in einem Wagen zu verladenden Tiere ist zu berücksichtigen, daß Großvieh nicht aneinander und gegen die Wandung des Wagens gepreßt stehen darf. Dieser Vorschrift ist genügt, wenn sich ein Mann zwischen den eingeladenen Tieren hindurch bewegen kann. Bei der Querverladung muß außerdem zwischen den Tieren und den Wagenwänden so viel Raum bleiben, daß eine Verletzung der Tiere durch Aufscheuern oder dergleichen am Kopfe oder am Hinterteile vermieden wird. Kleinvieh muß die Möglichkeit haben, sich zu legen. Die Entscheidung darüber, ob diesen Vorschriften entsprochen ist, steht dem Aufsichtsbeamten u.

(4) Großvieh und Kleinvieh sowie Tiere verschiedener Gattung dürfen in denselben Wagen nur dann verladen werden, wenn jede Gattung durch Schranken, Bretter- oder Lattenverschläge von der anderen getrennt wird. Auch in Käfigen oder ähnlichen Behältern müssen Tiere verschiedener Gattung durch Verschläge oder dergleichen voneinander getrennt werden. Bei der Beförderung von Muttertieren mit saugenden Jungen fallen diese Beschränkungen weg.

(5) Die mit unverpacktem Geflügel beladenen Wagen sind unter Bleiverschluß zu befördern.

(6) Die Fußböden der offenen Wagen und derjenigen bedeckten Wagen, die Lattenwände haben, dürfen nicht mit leicht entzündlichen Stoffen bestreut werden.

II. Beförderung.

§ 4. (1) Lebende Tiere werden in Viehzügen und Güterzügen, nach näherer Bestimmung der Eisenbahn auch in Personenzügen befördert.

(2) Viehzüge müssen auf Strecken mit regelmäßigem starken Viehverkehr an bestimmten, von der Eisenbahn bekannt zu machenden Tagen — regelmäßig oder nur nach Bedarf — nach den bei jedem Fahrplanwechsel festzusetzenden Fahrplänen verkehren; sie müssen derart gelegt sein, daß der Aufenthalt für das auf den Anschlußlinien zu- und abgehende Vieh auf das unbedingt nötige Maß beschränkt wird. Bei Aufstellung der Fahrpläne ist für die Tränkstationen (§ 6) ein ausreichender Aufenthalt vorzusehen.

(3) Steht so viel Vieh zur Beförderung, daß zu seiner Verladung mindestens 20 Achsen erforderlich sind, so ist in Ermangelung anderer Beförderungsgelegenheiten ein besonderer Viehzug abzulassen.

§ 5. (1) Die durchschnittliche Geschwindigkeit der Viehzüge [§ 4 Abs. (2)] darf — vorbehaltlich der Befugnis der Landesaufsichtsbehörde, bei besonderen Verhältnissen nach Genehmigung des Reichs-Eisenbahnamts Abweichungen zu gestatten — nicht weniger als 25 Kilometer in der Stunde betragen. Soweit Bestimmungen der Eisenbahn-Bau- und Betriebsordnung dieser Geschwindigkeit entgegenstehen, ist sie zu ermäßigen.

(2) Die für die Tränkstationen vorzusehenden Aufenthalte [§ 4 Abs. (2)] bleiben bei Berechnung der durchschnittlichen Geschwindigkeit außer Betracht.

(3) Für die Viehzüge der Militärverwaltung gilt die Vorschrift im Abs. (1) nicht.

§ 6. (1) Alle Tiere, deren Beförderung 24 Stunden oder länger in Anspruch nimmt, sollen vor der Verladung vom Absender gefüttert und getränkt werden. Dauert die Beförderung in Viehzügen mehr als 36 Stunden, so sind die Tiere spätestens nach je 36 Stunden zu füttern und zu tränken. Für die Beförderung von Militärpferden in Viehzügen gelten vorstehende Bestimmungen nicht.

(2) Für die unterwegs erforderliche Fütterung und Tränkung sind nach Bedarf besondere Stationen mit Einrichtungen zu versehen. Diese Stationen (sogenannte Tränkstationen) werden vom Reichs-Eisenbahnamte nach Anhörung der beteiligten Bundesregierungen bestimmt und sind in den Tarifen bekannt zu machen.

§ 7. (1) Das Verschieben der mit Tieren beladenen Wagen ist auf das dringendste Bedürfnis zu beschränken und stets mit besonderer Vorsicht vorzunehmen; heftiges Anstoßen ist unbedingt zu vermeiden.

(2) Die Behälter mit Tieren dürfen beim Ein- und Ausladen nicht gestoßen, geworfen oder gestürzt werden.

§ 8. Bei Beförderung zur Nachtzeit müssen die Begleiter von Viehsendungen gut brennende Laternen mit sich führen, wobei leicht entzündliche Brennstoffe, wie Petroleum oder dergleichen verboten sind.

3. Tiertarif Teil I S. 14.

§ 50. Auslieferung.

(1) Tiersendungen sind nach Ankunft auf der Bestimmungsstation mit tunlichster Beschleunigung zur Abnahme bereit zu stellen. Meldet sich nach Eintreffen unbegleiteter Tiersendungen auf der Bestimmungsstation kein zum Empfange Berechtigter, so ist der Empfänger unverzüglich, jedenfalls aber innerhalb der für Eilgut festgesetzten Frist (§ 79 (2)) zu benachrichtigen. Der Empfänger hat die Tiere spätestens 2 Stunden nach der Bereitstellung auszuladen und abzutreiben.[1] Diese Frist beginnt, wenn der Empfänger benachrichtigt werden muß, frühestens 2 Stunden nach der Benachrichtigung (§ 79 (3)). Nach Ablauf der Frist kann die Eisenbahn auf Gefahr und Kosten des Verfügungsberechtigten die Tiere in Verpflegung geben

46 (3) Satz 2 ff.

oder, wenn sie deren ferneren Aufenthalt im Wagen oder auf dem Bahnhofe gestattet, das tarifmäßige Standgeld erheben. Die Frist ruht während einer zoll- oder steueramtlichen oder polizeilichen Abfertigung, soweit diese nicht durch den Absender, Empfänger oder Begleiter verzögert wird.

46 (3) (2) Der Beförderungsschein ist bei Empfang der Sendung an die Eisenbahn zurückzugeben. War die Sendung auf Eilfrachtbrief abgefertigt, so ist dieser dem Empfänger gegen Bescheinigung über den Empfang der Sendung auszuhändigen.

45 I I. Die Dienststelle, wo die Ablieferung erfolgt, wird von der Empfangsbahn bestimmt.

44 VI II. Für die Desinfektion der Eisenbahnwagen, die zur Beförderung von Pferden, Maultieren, Eseln, Rindvieh, Schafen, Ziegen, Schweinen oder lebendem Geflügel verwendet sind, und der bei der Beförderung benutzten Gerätschaften werden die aus dem Nebengebührentarif (Abschnitt C)[2] ersichtlichen Gebühren erhoben.

46 VI III. Das Standgeld ist im Nebengebührentarif (Abschnitt C)[2] festgesetzt.

1. § 86 (1) 3. — 2. § 49 Anm. 3.

§ 51. Lieferfrist.

47 (1) (1) Die Lieferfristen dürfen nachstehende Höchstfristen nicht überschreiten:

bei einer Entfernung[1] bis zu 150 Tarifkilometer 1 Tag,

bei größeren Entfernungen für weitere angefangene je 300 Tarifkilometer 1 weiteren Tag.

(2) Die Lieferfrist beginnt für Sendungen, die mit einem Vormittags abgehenden Zuge befördert werden, um 12 Uhr Mittags, bei Sendungen, die mit einem Nachmittags abgehenden Zuge befördert werden, mit der auf die Annahme folgenden Mitternacht. Sie ist gewahrt, wenn vor ihrem Ablaufe die Tiere auf der Bestimmungsstation zur Abnahme bereit gestellt sind. 47 (2)

(3) Der Lauf der Lieferfrist ruht außer in den Fällen des § 75 Abs. (7) auch für die Dauer des Aufenthalts auf den Tränkstationen und für die Dauer der ärztlichen Viehbeschau. 47 (3)

(4) Die Auslieferung der mit Personenzügen beförderten Pferde und Hunde kann zu dem im § 34 Abs. (2) bestimmten Zeitpunkte verlangt werden. Müssen die Pferde jedoch unterwegs auf einen anderen Zug übergehen, so kann ihre Weiterbeförderung erst mit dem nächsten Personenzuge verlangt werden.[2] 47 (4)

Als Lieferfristen gelten, sofern nicht besondere kürzere Fristen veröffentlicht sind, die vorstehend festgesetzten Höchstfristen mit Zurechnung der von den einzelnen Eisenbahnen mit Genehmigung ihrer Aufsichtsbehörden veröffentlichten Zuschlagsfristen.

§ 94. HGB. 466, 471, 429, 463.

1. Abfertigungsfrist von 1 Tage ist weggefallen, dafür nur 150 Tarifkilometer am 1. Tage (statt 300). — 2. Wie § 34 (2).

§ 52. Weitere Vorschriften.

48 (1) Im übrigen gelten für die Beförderung von Tieren sinngemäß die Vorschriften im Abschnitt VIII.

48 I I. Wegen des Verfahrens bei Überlastung eines mit Tieren beladenen Wagens vgl. § 60 (1) d.

46 VI II. Erleiden Tiersendungen deshalb eine Verzögerung, weil die zur Erfüllung etwa bestehender Zoll-, Steuer- oder Polizeivorschriften erforderlichen Begleitpapiere ohne Verschulden der Eisenbahnverwaltung fehlen oder unzulänglich sind, so wird für den hierdurch entstehenden Mehraufenthalt das Standgeld oder Wagenstandgeld nach dem Nebengebührentarif (Abschnitt C)[1] erhoben.

46 VI III. Die Gebühren für die Mitwirkung der Eisenbahn bei der zollamtlichen Abfertigung und der Untersuchung durch den Grenztierarzt, die Ladegebühren und die Provision für bare Auslagen der Eisenbahn sind im Nebengebührentarif (Abschnitt C)[1] festgesetzt.

1. § 49 Anm. 3.

VIII. Beförderung von Gütern.

Vorbemerkung: Güter im Sinne der EVO. alles außer: Reisegepäck, Leichen, lebenden Tieren, anders im Sinne des HGB. 3. Buch 7. Abschnitt. Es ist zu unterscheiden: Stückgut und Wagenladung, Fracht- und Eilgut [beschleunigtes Eilgut, sog. Schnellzugsgut § 67 (1)]. — Expreßgut s. oben Abschnitt V gilt wie Reisegepäck. — Güterbeförderungsvertrag auf Eisenbahnen ist Frachtvertrag im Sinne des HGB., jedoch von besonderer Art. Es gilt für ihn

HGB. 453—472, EVO. Abschnitt I, II, VIII, HGB. 425 ff. vom Frachtvertrag und Bürgerliches Recht, vor allem BGB. 631—651 vom Werkvertrage. Erfüllungsort und damit für die Zuständigkeit des Gerichts bei Schadensprozessen wegen Nichterfüllung usf. maßgebend ist der Ablieferungsort (RGZ. **9** 52; RGEE. **21** 390; JW. **05** 147 Nr. 30; VerZtg. **06** 169). — Entgeltlichkeit nicht notwendige Voraussetzung. — Die Vorschriften der EVO. sind nicht durch Vertrag abänderbar, auch nicht zugunsten der Verfrachter HGB. 472 II.

Lit.: Bei Staub § 453.

§ 53. Durchgehende Beförderung.

Die Eisenbahn ist verpflichtet, Güter zur Beförderung von und nach allen für den Güterverkehr[1] eingerichteten Stationen und Güternebenstellen anzunehmen, ohne daß es für den Übergang von einer Bahn auf die andere einer Vermittelungsadresse bedarf. 49

§ 3; HGB. 453; JÜ. 5; Reichsverf. 44.

1. Beförderungspflicht (§ 3) für Güter nur nach für diesen Verkehr eingerichteten Stationen. Siehe auch § 3 (3). So können Wagenladungen nicht nach nur für Stückgut eingerichteten Stationen aufgegeben werden und umgekehrt. Fernere Einschränkung § 54 (2) B 2; auch § 63 (1) Satz 1.

§ 54. Von der Beförderung ausgeschlossene oder nur bedingungsweise zur Beförderung zugelassene Gegenstände.

(1) Von der Beförderung ausgeschlossen sind: 50 A 1

A. die dem Postzwang unterliegenden Gegenstände;

I. Die einschlagenden Bestimmungen des Gesetzes über das Postwesen des Deutschen Reiches lauten wie folgt:

§ 1 (Gesetz vom 28. Oktober 1871). RGBl. S. 347. Die Beförderung

1. aller versiegelten, zugenähten oder sonst verschlossenen Briefe;

2. aller Zeitungen politischen Inhalts, welche öfter als einmal wöchentlich erscheinen,

gegen Bezahlung von Orten mit einer Postanstalt nach anderen Orten mit einer Postanstalt des In- oder Auslandes auf andere Weise als durch die Post ist verboten. Hinsichtlich der politischen Zeitungen erstreckt dieses Verbot sich nicht auf den zweimeiligen Umkreis ihres Ursprungsorts.

Wenn Briefe und Zeitungen (No. 1 und 2) vom Auslande eingehen und nach inländischen Orten mit einer Postanstalt bestimmt sind oder durch das Gebiet des Deutschen Reiches transitieren sollen, so müssen sie bei der nächsten inländischen Postanstalt zur Weiterbeförderung eingeliefert werden.

Unverschlossene Briefe, welche in versiegelten, zugenähten oder sonst verschlossenen Paketen befördert werden, sind den verschlossenen Briefen gleich zu achten. Es ist jedoch gestattet, versiegelten, zugenähten oder sonst verschlossenen Paketen, welche auf andere Weise, als durch die Post befördert werden, solche unverschlossene Briefe, Fakturen, Preiskurante, Rechnungen und ähnliche Schriftstücke beizufügen, welche den Inhalt des Pakets betreffen.

§ 1a (Ges. v. 20. Dezember 1899). Die §§ 1 u. . . . dieses Gesetzes finden auch Anwendung auf verschlossene und solchen gleichzuachtende

Briefe, die innerhalb der Gemeindegrenzen ihres mit einer Postanstalt versehenen Ursprungsortes verbleiben.

B. soweit nicht im Abs. (2) A Ziffer 1 Ausnahmen zugelassen sind: 50 A 4

1. explosionsgefährliche Gegenstände*):
   a) Sprengstoffe**)
   b) Munition,
   c) Zündwaren und Feuerwerkskörper,
   d) verdichtete und verflüssigte Gase,
   e) Stoffe, die in Berührung mit Wasser entzündliche oder die Verbrennung unterstützende Gase entwickeln;
2. selbstentzündliche Stoffe.

(2) Bedingungsweise sind zur Beförderung zugelassen: 50 B 1

A. nach den in der Anlage C[1] enthaltenen Vorschriften:

1. die in der Anlage C unter I und II aufgeführten explosionsgefährlichen Gegenstände und selbstentzündlichen Stoffe (Abs. (1) B);
2. die in der Anlage C unter III bis VI aufgeführten brennbaren Flüssigkeiten, giftigen, ätzenden und fäulnisfähigen Stoffe.

---

*) Zu den explosionsgefährlichen Gegenständen im Sinne dieses Paragraphen gehören alle explosionsfähigen Substanzen, vgl. jedoch Anm.**) — **) Explosionsfähige Substanzen, die nicht Schieß- oder Sprengzwecken dienen, durch Flammenzündung nicht zur Explosion gebracht werden können und gegen Stoß und Schlag nicht empfindlicher sind als Dinitrobenzol, gehören nicht zu den Sprengstoffen im Sinne dieses Paragraphen.

Solche Gegenstände dürfen miteinander oder mit anderen Gegenständen nur dann zusammengepackt werden, wenn dies in der Anlage C zugelassen ist.

50 B 2 B. außerdem:

1.[2] Gold- und Silberbarren, Platina, Geld, Münzen und Papiere mit Geldwert, Dokumente, Edelsteine, echte Perlen, besonders wertvolle Spitzen und besonders wertvolle Stickereien sowie andere Kostbarkeiten,[3] ferner Kunstgegenstände, wie Gemälde, Bildwerke, Gegenstände aus Erzguß, Kunstaltertümer.

Die Beförderungsbedingungen für diese Gegenstände hat der Tarif zu bestimmen.

Als Papiere mit Geldwert sind nicht zu behandeln: Postfreimarken, Stempelbogen und Stempelmarken sowie ähnliche amtliche Wertzeichen.

50 II 1 II. (1) Gold- und Silberbarren, Platina, Geld und Münzen mit Geldwert aus edlen Metallen, Papiere mit Geldwert, Dokumente, Edelsteine und echte Perlen werden nur als Eilgut zur Beförderung angenommen und dürfen nicht bahnlagernd gestellt werden.

50 II 1 a (2) Sie müssen in fest verschlossenen Fässern
b oder Kisten, die einzeln nicht unter 25 kg wiegen
(1)—(3) dürfen, gut verpackt sein. Silberbarren werden jedoch auch angenommen, wenn sie bei Aufgabe in Wagenladungen unverpackt oder bei Aufgabe als Stückgut in Leinwand verpackt sind und der Absender das Fehlen oder die Mängel der Ver-

packung gemäß § 62 (2) anerkennt. Gemünztes Geld wird gegen dieses Anerkenntnis auch in feste Säcke verpackt zur Beförderung angenommen.

(3) Die Beförderung findet nur in besonderen c
Wagen, in die andere Güter nicht verladen werden dürfen, mit den von der Eisenbahn zu bestimmenden Zügen statt.

(4) Für jeden Wagen muß vom Absender ein d
Begleiter gestellt werden, der in dem Wagen unentgeltlich fahren und ihn unter Verschluß (1)—(2)
halten kann. Weitere Begleiter, die in dem Wagen Platz nehmen, haben Fahrkarten der niedrigsten im Zuge befindlichen Wagenklasse zu lösen. Wenn die Begleiter in einem Personenwagen Platz nehmen, haben sie das tarifmäßige Fahrgeld zu zahlen.

(5) Das Einladen liegt dem Absender, das Aus- e
laden dem Empfänger ob.

(6) Die Beförderung in Sonderzügen unterliegt f
besonderer Vereinbarung zwischen dem Absender und der Eisenbahn.

III. (1) Kostbarkeiten, namentlich Waren aus 50 II 2 a
Gold, Silber oder Platina, auch in Verbindung mit Edelsteinen oder echten Perlen, neu oder gebraucht, besonders wertvolle Spitzen und besonders wertvolle Stickereien, ferner Geld und Münzen mit Geldwert aus unedlen Metallen, sowie Kunstgegenstände wie Gemälde, Bildwerke, Gegenstände aus Erzguß und Kunstaltertümer

müssen als solche im Frachtbrief ausdrücklich bezeichnet werden und dürfen nicht bahnlagernd gestellt werden. Der Wert, der den Höchstbetrag einer Entschädigung bilden soll, muß in der Spalte „Inhalt" angegeben werden.

50 II 2 b (2) Wenn der Wert oder das Interesse an der Lieferung bei Kostbarkeiten oder bei Geld und Münzen mit Geldwert aus unedlen Metallen mit mehr als 500 Mk., bei Kunstgegenständen mit mehr als 5000 Mk. angegeben ist, so werden sie nur als Eilgut zur Beförderung angenommen und müssen in fest verschlossenen Fässern oder Kisten, die einzeln nicht unter 25 kg wiegen dürfen, gut verpackt sein, sofern nach der Art der Frachtstücke nicht von einer Verpackung abgesehen werden kann. Auch gelten für solche Sendungen die Bestimmungen unter II Abs. (3) bis (6).

50 B 3 2. Gegenstände, deren Verladung oder Beförderung nach der Anlage oder dem Betrieb einer beteiligten Bahn außergewöhnliche Schwierigkeit verursacht.

Ihre Beförderung kann die Eisenbahn von besonders zu vereinbarenden Bedingungen abhängig machen.

4 3. Eisenbahnfahrzeuge, die auf eigenen Rädern befördert werden sollen.

Sie müssen sich in lauffähigem Zustande befinden. Lokomotiven, Tender, Dampf- und Kraftwagen müssen von einem sachverständigen Beauftragten des Absenders begleitet sein.

IV. (1) Eisenbahnfahrzeuge, die auf eigenen 50 VI
Rädern befördert werden sollen, werden zur Beförderung nur angenommen, wenn ihre Lauffähigkeit von einer Eisenbahnverwaltung geprüft worden und durch einen Prüfungsvermerk an den Fahrzeugen oder in einer besonderen Bescheinigung bestätigt ist.

(2) Die Beladung der Eisenbahnfahrzeuge bedarf besonderer Genehmigung. Für die verladenen Gegenstände ist die tarifmäßige Fracht zu zahlen.

(3) Eisenbahnfahrzeuge, die auf eigenen Rädern befördert werden sollen, werden nicht als Eilgut angenommen.

(4) Das Schmieren der Lokomotiven, Tender, Dampf- und Kraftwagen liegt dem Begleiter ob.

(5) Anderen Eisenbahnfahrzeugen kann ein Begleiter beigegeben werden. Dieser hat das Schmieren zu besorgen. Ist kein Begleiter beigegeben, so übernimmt die Eisenbahn das Schmieren auf Kosten des Absenders.

(6) Die Begleiter von Eisenbahnfahrzeugen werden frei befördert und haben auf oder in den begleiteten Fahrzeugen Platz zu nehmen. Ausnahmsweise kann ihnen der zeitweilige Aufenthalt im Packwagen oder in einem Wagen III. Klasse vom Zugführer gestattet werden.

HGB. 453; IÜ. 2, 3 u. AusfBest. dazu § 1.

1. DEGT. Teil I A S. 37 ff. — **2.** HGB. 429 Abs. 2, 456 Abs. 2, 462. EVO. 89 (2). — **3.** Gegenstände, die im Verhältnis zu ihrem

Umfang und Gewicht einen im Vergleich mit anderen Waren das gewöhnliche Maß übersteigenden Wert haben, Bezeichnung „Ölgemälde" genügt nicht (RGZ. **13** 36), wohl aber „Bijouterie" (RGZ. **7** 126); „Denkmalgipsstudie" genügt nicht für „Kunstgegenstände" (OLG. München VerZtg. **01** 172). Folge unrichtiger Inhaltsangaben (HGB. 467; EVO. 60 (1) b, 96).

§ 55. Frachtbrief; seine Form.

51 (1) (1) Jede Sendung muß von einem Frachtbriefe begleitet sein, der für gewöhnliches Frachtgut dem Muster der Anlage D,[1] für Eilgut dem Muster der Anlage E[1] zu entsprechen hat.

52 (1) (2) Zu den Frachtbriefen ist weißes Schreibpapier in der vom Reichs-Eisenbahnamte festgesetzten Beschaffenheit zu verwenden.[2] Alle Güterabfertigungsstellen sind verpflichtet, Frachtbriefe zu den im Tarife festzusetzenden Preisen zu verkaufen.

52 (3) (3) Die Frachtbriefe müssen zum Nachweise, daß sie den Vorschriften entsprechen, den Prüfungsstempel einer inländischen Eisenbahn tragen. Die Stempelung der nicht für Rechnung der Eisenbahn gedruckten Frachtbriefe erfolgt gegen eine im Tarife festzusetzende Gebühr; sie kann abgelehnt werden, wenn nicht gleichzeitig mindestens 100 Frachtbriefe vorgelegt werden.

52 I II Die Preise der Frachtbriefe und die Gebühr für die Stempelung der nicht für Rechnung der Eisenbahn gedruckten Frachtbriefe sind in dem Nebengebührentarif (Teil I Abteilung B) festgesetzt.

52 (6) (4) Die stark umrahmten Teile des Musters sind für die Eintragungen der Eisenbahn, die übrigen

für die Eintragungen des Absenders bestimmt (vgl. jedoch § 56 Abs. (1) f)).

(5) Für regelmäßig wiederkehrende Sendungen[3] zwischen bestimmten Orten und für Sendungen, die zur Weiterbeförderung über See bestimmt sind, kann die Landesaufsichtsbehörde nach Zustimmung des Reichs-Eisenbahnamts Abweichungen von den vorstehenden Bestimmungen genehmigen. 52 (2)

JÜ. 6 und AusfBest. § 2.

1. Die Muster sind wegen ihrer allgemeinen Zugänglichkeit nicht beigefügt. — 2. Bekanntmachung des Reichseisenbahnamts vom 13. Oktober 1892 (ZBl. f. d. D. R. S. 632) und vom 25. Mai 1893 (ZBl. f. d. D. R. S. 154). Die alten Formulare dürfen noch bis 31. März 1910 aufgebraucht werden (Bek. d. REA. vom 15. Jan. 1909 ZBl. f. d. D. R. 1909 S. 11). — 3. z. B. Milchsendungen.

§ 56. Inhalt des Frachtbriefs.

(1) Der Absender[1] hat in den Frachtbrief einzutragen:[2]

a) den Namen und den Wohnort dessen, an den das Gut abgeliefert werden soll (des Empfängers); 51 (1) a

I. Der Frachtbrief darf nur an einen Empfänger gerichtet sein. 51 II

II. Frachtbriefe, die an die Güterabfertigungsstelle der Bestimmungsstation gerichtet sind, werden nur angenommen, wenn die Berechtigung zur Benutzung dieser Adresse nachgewiesen wird oder aus dem Tarif hervorgeht. Vgl. im besonderen die Bestimmungen über die Beförderung der Privatwagendecken und der nicht der Eisenbahn 51 III gehörenden Ladegeräte in Abschnitt IV der Allgemeinen Tarifvorschriften (Teil I Abteilung B).

51 (1) c b) die Eisenbahnstation oder Güternebenstelle, bis zu der das Gut befördert werden soll (Bestimmungsstation);[3]

51 IV III. Bei Wagenladungen kann der Absender ohne Verbindlichkeit für die Eisenbahn im Frachtbrief unter „zulässige oder vorgeschriebene Erklärungen" die gewünschte Entladestelle der Bestimmungsstation bezeichnen.

51 (1) c c) den Bestimmungsort, wenn dieser ein anderer ist als die Bestimmungsstation;

d d) die Bezeichnung der Sendung nach ihrem Inhalte, bei Stückgut auch Anzahl, Art der Verpackung und Adresse (oder statt dieser das Zeichen und die Nummer) der Frachtstücke. Die Eisenbahn kann auch bei Wagenladungen die Bezeichnung des Inhalts nach Anzahl und Verpackungsart verlangen, wenn die Beschaffenheit der Ladung es zuläßt. Die in der Anlage C aufgeführten Gegenstände sind mit der dort gebrauchten Bezeichnung zu benennen;

51 V IV. (1) Der Inhalt der Frachtstücke ist im Frachtbrief genau zu bezeichnen. Für die in den Allgemeinen Tarifvorschriften und in der Güterklassifikation (Teil I Abteilung B) aufgeführten Güter sind die dort gebrauchten, für alle übrigen die handelsgebräuchlichen Benennungen anzuwenden. Frachtbriefe mit allgemeinen Bezeich-

nungen, wie „ätherische Öle, Chemikalien, Effekten, Kalisalze, Kaufmannsgut, künstliche Düngemittel, Meßgut, Steuergut, Teerabfälle usw.", werden zurückgewiesen.

(2) Die Inhaltsangabe „Drogen" oder „chemische Präparate zum wissenschaftlichen Gebrauche" wird zugelassen, wenn der Absender im Frachtbriefe erklärt, daß die Frachtstücke keinen Gegenstand enthalten, der nach den Bestimmungen der Eisenbahn-Verkehrsordnung von der Beförderung ausgeschlossen oder nur bedingungsweise zur Beförderung zugelassen ist. Für regelmäßige Sendungen solcher Güter ist auch die Hinterlegung einer allgemeinen Erklärung nach Anlage I[4] bei der Versandstation statthaft. Auf diese Erklärung ist bei jeder einzelnen Sendung im Frachtbriefe Bezug zu nehmen.

e) das Gewicht der Sendung (vgl. jedoch § 58 Abs. (2) und (3)) oder statt dessen eine den Vorschriften der Versandbahn entsprechende Angabe; 51 (1) d

f) bei Gütern, die er selbst verladen hat, die Nummer und die Eigentumsmerkmale des Wagens; 52 (6)

g) im Falle der Vorausbezahlung der Fracht den Freivermerk; 51 (1) i

V. Vgl. § 69 nebst Ausführungsbestimmungen. 51 IX

h) den etwaigen Antrag auf Ausstellung eines Frachtbriefduplikats oder Aufnahmescheins; 51 (1) n

VI. Die Ausstellung eines Frachtbriefduplikats ist durch Eintragung des Wortes „ja" an der im 51 XIV

Frachtbrief hierfür vorgesehenen Stelle zu beantragen. Ob Aufnahmescheine ausgestellt werden und in welcher Form die Ausstellung eines Aufnahmescheines zu beantragen ist, ist in den Tarifteilen II bestimmt.

51 (1) f i) die etwaige Angabe des Interesses an der Lieferung und der auf dem Gute lastenden Nachnahme;

50 c k) das etwaige Verlangen, daß das Gut bahnlagernd zu stellen ist. Bei den in der Anlage C aufgeführten Gegenständen ist ein solches Verlangen unzulässig;

VII. Vgl. auch § 54 Ausf.-Best. II (1) u. III (1).

51 (1) h l) die genaue Bezeichnung der zur Erfüllung der Zoll-, Steuer- oder Polizeivorschriften beigegebenen Begleitpapiere (§ 65 Abs. (1));

l m) bei Sendungen, die einer zoll- oder steueramtlichen Abfertigung unterliegen, die zu berührende Abfertigungsstelle, wenn er eine solche zu bezeichnen wünscht (§ 67 Abs. (2));[5]

a n) den Ort und den Tag der Ausstellung;

m o) die Unterschrift mit Namen oder Firma unter Angabe der Wohnung. Die Beifügung der Telegrammadresse und Fernsprechnummer ist gestattet.

52 I VIII. Auf Antrag des Absenders übernehmen die Güterabfertigungsstellen die Ausfüllung der Frachtbriefe gegen die im Nebengebührentarife (Teil I Abteilung B) festgesetzte Gebühr, vgl. die Ausf.-Best. zu § 57.

(2) Die Eisenbahn kann verlangen, daß jeder Wagenladung ein besonderer Frachtbrief beigegeben wird. 52 (8)

IX. Jeder Wagenladung ist ein besonderer Frachtbrief beizugeben, soweit nicht in den Tarifteilen II Ausnahmen zugelassen sind. 52 IV

(3) Mehrere Gegenstände dürfen in denselben Frachtbrief aufgenommen werden, wenn sie nach ihrer Beschaffenheit ohne Nachteil zusammengeladen werden können und keine Zoll-, Steuer- oder Polizeivorschriften entgegenstehen. 52 (7) Satz 1

X. (1) Es wird empfohlen, für Begleitscheingüter besondere Frachtbriefe auszustellen, weil sonst die zollfreien Güter erst nach der oft zeitraubenden zollamtlichen Behandlung der Begleitscheingüter weiter gesendet werden können. III (1)

(2) Im Verkehr von Deutschland nach dem Zollauslande dürfen unter Zoll- oder Steuerkontrolle stehende Güter mit Gütern, die aus dem freien Verkehr stammen, nach dem Ermessen der Eisenbahn verladen und auf einen Frachtbrief aufgegeben werden. Den Frachtbriefen ist vom Absender ein Verzeichnis dieser Güter mit Angabe der Anzahl, der Verpackungsart, des Rohgewichts und des Inhalts beizufügen. (2)

(4) Den vom Absender aufzuladenden oder vom Empfänger abzuladenden Gütern sowie den nach § 54 Abs. (2) bedingungsweise zur Beförderung 52 (7) Schluß

zugelassenen Gütern sind besondere, andere Gegenstände nicht umfassende Frachtbriefe beizugeben. Eine Ausnahme hiervon ist nur statthaft, wenn die Gegenstände der Anlage C nach den dort getroffenen Vorschriften mit anderen Gütern zusammengepackt aufgegeben werden. In dem gemeinsamen Frachtbriefe müssen dann aber die nur bedingungsweise zugelassenen Güter besonders aufgeführt und durch Hinzufügung des Wortes „(bedingungsweise)“ gekennzeichnet sein.

52 (4) (5) Reicht der für die Beschreibung der Güter vorgesehene Raum auf der Vorderseite des Frachtbriefs nicht aus, so ist die Rückseite zu benutzen; nötigenfalls sind dem Frachtbriefe gleichgroße Blätter anzuheften und dann besonders zu unterzeichnen. Im Frachtbrief ist auf sie zu verweisen. Wird das Gesamtgewicht einer solchen Sendung angegeben, so ist es im Frachtbrief an der hierfür vorgesehenen Stelle einzutragen. Bei Gütern verschiedener Tarifklassen ist, wenn getrennte Frachtberechnung verlangt wird, das Gewicht für jede Tarifklasse besonders anzugeben.

(6) Der Absender darf im Frachtbriefe vorschreiben, daß die Güter auf der Bestimmungsstation nachgezählt und nachgewogen werden; hierfür ist die tarifmäßige Gebühr zu bezahlen.

51 (1) c (7) Bei Aufgabe von Gütern nach einem Bestimmungsorte, wo keine für den Güterverkehr eingerichtete Eisenbahnstation oder Güternebenstelle vorhanden ist, kann der Absender im Frachtbrief über

die Weiterbeförderung des Gutes von der Bestimmungsstation bis zum Bestimmungsorte Verfügung treffen (vgl. § 76 Abs. (9)).

(8) Auf die Rückseite des Frachtbriefs darf die 52 (5)
Firma des Ausstellers gedruckt werden. Auch können dort die Sendung betreffende Vermerke für den Empfänger nachrichtlich angebracht werden, z. B. „von Sendung des N. N.", „im Auftrage des N. N.", „zur Verfügung des N. N.", „zur Weiterbeförderung an N. N.", „für Dampfer N. N.", „versichert bei N. N.", „zur Ausfuhr nach N. N.". Für die Eisenbahn sind diese Vermerke unverbindlich.

(9) Die Aufnahme anderer Erklärungen in den 51 (2)
Frachtbrief und die Beifügung anderer Schriftstücke zum Frachtbriefe sind unzulässig, soweit es nicht durch diese Ordnung oder — mit Genehmigung der Landesaufsichtsbehörde nach Zustimmung des Reichs Eisenbahnamts — im Tarife vorgeschrieben oder für statthaft erklärt ist.[6] Die Erklärungen und Schriftstücke dürfen nur das Frachtgeschäft betreffen.

XI. Vorschriften in den Frachtbriefen über die 51 XV
Verladungs- oder Beförderungsweise, z. B. „Tonnen aufrecht zu stellen" oder „Gut vor Sonne zu schützen" sind für die Eisenbahn nicht verbindlich.

XII. Die Vorschrift, auf einer Station vor der XVI
im Frachtbriefe angegebenen Bestimmungsstation das Gut auszuladen oder den Wagen auszusetzen, ist unzulässig.

(10) Alle Eintragungen im Frachtbriefe müssen in deutscher Sprache geschehen; sie dürfen auch durch Druck oder Stempel bewirkt werden.

XVII (1) XIII. Alle Eintragungen im Frachtbriefe müssen mit deutscher oder lateinischer Schrift geschehen und deutlich sein. Die handschriftlichen Eintragungen müssen mit Tinte geschrieben sein.[7]

VI und XVIII XIV. Versiegelte, verschlossene oder überklebte Frachtbriefe werden nicht angenommen. Frachtbriefe mit geänderten Eintragungen werden nur dann angenommen, wenn der Änderung die Unterschrift des Absenders beigesetzt ist. Änderungen von Ziffern müssen in Buchstaben wiederholt werden.

HGB. 426, 455. JÜ. 6.

Lit.: Rosenthal S. 57; Gerstner JE. S. 110; Staub Lit. zu HGB. 425, 426 und 453.

1. § 55 (1). Frachtbrief ist zwingendes Erfordernis beim Eisenbahnfrachtvertrag — außer § 55 (5) — (HGB. 426 fakultativ). Ist seiner geschichtlichen Entwicklung nach eine der Sendung beigefügte Mitteilung des Absenders an den Empfänger, in der diesem das Gut beschrieben und die Bedingungen des Frachtvertrages bekannt gegeben werden, also ein das Gut begleitender offener Brief (Begleitpapier), der zum Beweispapier über den abgeschlossenen Frachtvertrag dadurch wird, daß Frachtführer ihn liest und annimmt, was bei Eis. durch den Stempel [§ 61 (1)] und weitere Eintragungen seitens des annehmenden Personals zur Beurkundung gelangt. Urkunde (§ 267 StGB.; RGS. **3** 169; RGEE. **23** 181); Beweisurkunde (OLG. **6** 96; RGEE. **7** 397; **18** 343); Gegenbeweis möglich, Beweisurkunde auch schon vor Annahme. — **2.** Weggelassen § 51 (1) b (Versandstation); c (Bestimmungsbahn); e (Ausnahmetarife); g (Eil- oder Frachtgut, ergibt sich aus dem verwendeten Formular);

l (Beförderungsweg s. § 67 (2) Eilgut!). Neu f [aus alt § 52 (6)] und k Gegenstände der Anlage C nicht bahnlagernd zu stellen. — **3.** Kleinbahnstation § 76 (3). Unrichtige Bezeichnung § 57 und EE. **19** 10. — **4.** DEGT. Teil I A S. 76. — **5.** Sonst Wegevorschrift gleichgültig [§ 67 (2)] aber § 49 (1) u. JÜ. 6 l. — **6.** §§ 56 (5) (8); 58 (2) (3); 62 (2); 64 (1) (2); 65 (1) (4) (6); 66 (1); 68; 73 (5); 86 (1) Ziff. 1, 3, 6. — **7.** Nicht Tintenstift.

§ 57. Haftung für die Angaben im Frachtbriefe.

Der Absender haftet der Eisenbahn für die 53 (1)
Richtigkeit und die Vollständigkeit der in den Frachtbrief aufgenommenen Angaben und Erklärungen und trägt alle Folgen, die aus unrichtigen, ungenauen oder ungenügenden Eintragungen entspringen.[1]

Die Haftung des Absenders ändert sich nicht, 53 I
wenn die Güterabfertigungsstelle auf seinen Antrag den Frachtbrief ausfüllt.[2]

HGB. 426 Abs. 3. JÜ. 7 und § 3 AusfBest.

1. Haftung des Absenders für Schaden, der auf schuldhafte Nichteinhaltung der Beförderungsbedingungen zurückzuführen (RGZ. **14** 345; **15** 152, 146; **20** 78; (Irrtum) **37** 11). — Falsche Inhaltsangabe zwecks Erschleichung der Beförderung, da nur Vermögensgefährdung vorliege, kein Betrug (RGS. **9** 168). — **2.** Aber nur für die Angaben im nicht stark umrahmten Teil des Frachtbriefs.

§ 58. Prüfung des Inhalts der Sendung. Feststellung von Anzahl und Gewicht.

(1) Die Eisenbahn ist berechtigt,[1] die Überein- 53 (2)
stimmung der Sendung mit dem Frachtbriefe nach Stückzahl, Gewicht und Inhalt jederzeit zu prüfen. Gebühren dürfen hierfür nicht erhoben werden. Zur Prüfung des Inhalts ist der Verfügungsberechtigte einzuladen, wenn sie nicht auf Grund polizeilicher

Maßregeln stattfindet, die der Staat im Interesse der Sicherheit oder der öffentlichen Ordnung zu ergreifen berechtigt ist. Erscheint der Berechtigte nicht, so sind zwei Zeugen zuzuziehen. Etwa entstehende Auslagen sind der Eisenbahn zu ersetzen, wenn die Frachtbriefangaben sich als unrichtig erweisen.

53 (3) (2) Bei Stückgütern, die von der Eisenbahn verladen werden (§ 59 Abs. (1)), ist diese verpflichtet, Anzahl und Gewicht bei der Annahme gebührenfrei festzustellen. Dem Absender oder dessen Beauftragten steht frei, der Feststellung beizuwohnen. Die Eisenbahn kann von der Verwägung absehen oder — bei gleichartigen Stücken — Probeverwägungen vornehmen, wenn der Absender das Gewicht in den Frachtbrief eingetragen und die Nachwägung im Frachtbriefe nicht verlangt hat.[2]

(3) (3) Bei allen anderen Sendungen[3] ist die Eisenbahn auf Antrag des Absenders im Frachtbriefe verpflichtet, das Gewicht und die Stückzahl festzustellen, es sei denn, daß die vorhandenen Wägevorrichtungen nicht ausreichen oder die Beschaffenheit des Gutes oder die Betriebsverhältnisse eine Feststellung der Stückzahl nicht gestatten. Das Gewicht hat die Eisenbahn auch ohne Antrag festzustellen, wenn es im Frachtbriefe nicht angegeben ist. Für diese Feststellungen ist die tarifmäßige Gebühr zu zahlen. Ist die Feststellung des Gewichts auf der Versandstation nicht angängig, so erfolgt sie auf einer anderen Station.

(4) Der Absender kann bei der Aufgabe verlangen, 53 (4)
daß ihm Gelegenheit geboten werde, der Feststellung der Stückzahl und des Gewichts beizuwohnen, wenn sie auf der Versandstation erfolgt. Stellt er ein solches Verlangen nicht oder versäumt er die ihm gebotene Gelegenheit, so hat er die tarifmäßige Gebühr nochmals zu zahlen, wenn die Feststellung auf seinen Antrag wiederholt wird.

(5) Die Eisenbahn kann die Verwägung der 53 II (1)
Wagenladungsgüter auf der Gleiswage vornehmen und der Gewichtsberechnung das an den Eisenbahnwagen angeschriebene Eigengewicht zugrunde legen. Jedoch ist einem Antrag des Verfügungsberechtigten II (3)
auf Verwägung des leeren Wagens zu entsprechen, Satz 1
wenn es die Betriebsverhältnisse gestatten. Ob und III
welche Gebühr zu erheben ist, hat der Tarif zu bestimmen.

I. Ergibt die bahnamtliche Nachwägung von II (2)
Wagenladungen auf der Gleiswage keine größere Abweichung von dem im Frachtbrief angegebenen Gewicht als 2%, so wird das im Frachtbrief angegebene Gewicht als richtig angenommen.

II. Ergibt die von dem Verfügungsberechtigten II (3)
beantragte Feststellung des Eigengewichts eines Satz 2
Wagens keine größere Abweichung von dem angeschriebenen Eigengewicht als 2%, so wird Wägegeld erhoben.

(6) Die Feststellung des Gewichts und der Stück- 53 (5)
zahl hat die Eisenbahn auf dem Frachtbriefe zu be-

scheinigen.[4] Erfolgt die Feststellung auf der Versandstation, so ist die Bescheinigung[5] auch auf das Frachtbriefduplikat oder auf den Aufnahmeschein zu setzen.

III. Die Feststellung des Gewichts oder der Stückzahl wird von der Eisenbahn handschriftlich oder durch Stempel bescheinigt. Wird das Gewicht durch Probeverwägung ermittelt, so ist dies in der Bescheinigung auszudrücken.

53 III IV. Das Wägegeld und die Zählgebühr sind im Nebengebührentarif (Teil I Abteilung B) festgesetzt.

1. Verpflichtet Abs. 2—4. — **2.** Zur Beschleunigung der Abfertigung. Die Haftung wird dadurch nicht geändert. (Begr.) — **3.** Die vom Absender verladen werden. — **4.** Fälschung (RGS. **3** 169) § 267 StGB. — **5.** Gegenbeweis auch bei plombierten Sendungen (EE. **21** 265).

§ 59. Beladung der Wagen. Ladegewicht. Tragfähigkeit.

56 (1) (1) Ob die Güter durch die Eisenbahn oder durch den Absender zu verladen sind,[1,2] hat der Tarif zu bestimmen, soweit nicht diese Ordnung Vorschriften darüber enthält, oder eine besondere Vereinbarung zwischen dem Absender und der Eisenbahn im Frachtbriefe getroffen ist.

I. Welche Güter durch die Eisenbahn und welche durch den Absender zu verladen sind, ist im Abschnitt II der Allgemeinen Tarifvorschriften (Teil I Abteilung B) bestimmt.

53 (6) (2) Für die Beladung der Wagen ist das daran vermerkte Ladegewicht[3] maßgebend. Eine Be-

lastung bis zu der an den Wagen angeschriebenen **Tragfähigkeit**[3] ist zulässig, wenn nach der natürlichen Beschaffenheit des Gutes nicht zu befürchten ist, daß die Belastung infolge von Witterungseinflüssen während der Beförderung die Tragfähigkeit überschreiten werde. Eine die Tragfähigkeit überschreitende Belastung — **Überlastung** — ist in keinem Falle gestattet. Bei außerdeutschen Wagen, die nur **eine**, die zulässige Belastung kennzeichnende, dem Ladegewichte der deutschen Wagen entsprechende Anschrift tragen, darf die angeschriebene Gewichtsgrenze bis zu 5 Prozent überschritten werden.

II. (1) Bei Überlastung eines Wagens wird das Übergewicht von der Eisenbahn abgeladen. Für das auf dem Wagen verbleibende Gewicht wird die Fracht von der Versand- bis zur Bestimmungsstation berechnet. Die Fracht für das abgeladene Gewicht wird für die durchlaufenen Strecken nach den Tarifsätzen der Hauptsendung berechnet. Der abgeladene Teil wird auf Lager genommen und dem Absender zur Verfügung gestellt. 53 V

Falls es von einer Unterwegsstation abgenommen ist und nach der Bestimmung des Absenders weiter gesandt werden soll, ist es als besondere Sendung zu behandeln und die tarifmäßige Fracht zu erheben. Verlangt der Absender dagegen die Rückbeförderung des Übergewichts nach der Versandstation, so wird die Fracht für die Beförderung von der Unterwegsstation nach der Versandstation nach der Tarifklasse der Hauptsendung berechnet.

(2) Dem Absender kann die Zuladung des abgenommenen Übergewichts zu einer anderen, von derselben Versandstation kommenden, die Unterwegsstation berührenden Ladung gestattet werden, wenn die Verwägung ausdrücklich oder durch Unterlassung der Gewichtsangabe im Frachtbriefe beantragt war, jedoch mangels einer geeigneten Wägevorrichtung nicht ausgeführt werden konnte. Der Absender muß dann den zweiten Wagen um dasjenige Gewicht, das er auf der Unterwegsstation zuladen will, weniger belasten und das Anhalten auf der Unterwegsstation im Frachtbriefe beantragen. Die Fracht wird in diesem Falle für die ganze Ladung, also einschließlich des unterwegs zuzuladenden Teils, von der Versand- bis zur Bestimmungsstation berechnet.

(3) Für das Ab- und Aufladen des Übergewichts werden die tarifmäßigen Gebühren berechnet. Erleidet der Wagen durch das Auf- und Abladen Aufenthalt, so wird das tarifmäßige Wagenstandgeld erhoben.

(4) Für die Einlagerung des abgeladenen Übergewichts wird erhoben:

a) Platzgeld für das auf einer Unterwegsstation abgenommene Übergewicht, wenn es im Freien lagert und die Verwägung der Sendung ausdrücklich oder durch Unterlassung der Gewichtsangabe im Frachtbriefe beantragt war, jedoch mangels einer geeigneten Wägevorrichtung auf der Versandstation nicht ausgeführt werden konnte;

b) Lagergeld in allen anderen Fällen.

III. (1) Muß eine Wagenladung ohne Ver- 50 IV
schulden des Absenders umgeladen oder anderweit verladen werden, so wird dies durch die Eisenbahn kostenlos bewirkt und ein etwa entladener Teil der Sendung ohne besondere Frachtberechnung weiterbefördert. Ist jedoch die Umladung oder anderweite Verladung vom Absender durch mangelhafte Verladung veranlaßt, so hat der Absender oder Empfänger die Kosten zu tragen. Ein etwa abgeladener Teil der Sendung ist nach der Ausführungsbestimmung II (1), (3) und (4b) zu behandeln.

(2) Enthält der umzuladende Wagen Güter, deren Umladung besondere Sorgfalt oder Sachkenntnis erfordert (z. B. lose verladenes Obst, unverpacktes Glas, Porzellan oder Steingut, Bier in Eispackung und dgl.), so ist die Eisenbahn berechtigt, vom Absender Anweisung über die Umladung einzuholen.

(3) Der Absender kann die Umladung übernehmen und haftet dann für die ordnungsmäßige Ausführung nach § 86 (1) Ziffer 3. Hat der Absender die Umladung veranlaßt, so kann er den Ersatz seiner Kosten nicht verlangen; andernfalls

werden ihm die tarifmäßigen Ladegebühren als Entschädigung gewährt.

IV. Die Ladegebühren, Lagergelder und Platzgelder sind im Nebengebührentarif (Teil IB) festgesetzt.

1. Absender haftet der Eisenbahn gegenüber für den in seinem Auftrage ladenden Spediteur (RGZ. **66** 402). — **2.** § 86 (1) 1. — **3.** BO. 42 (1) d.

§ 60. Frachtzuschläge.

53 (7) (1) Bei unrichtiger [1] Angabe des Inhalts, des Gewichts oder der Stückzahl einer Sendung sowie bei Außerachtlassung der Sicherheitsvorschriften in Anlage C sind ohne Rücksicht darauf, ob ein Verschulden des Absenders vorliegt oder nicht,[2] Frachtzuschläge zu entrichten,[3] für die folgende Bestimmungen gelten:

53 (8) a) Wenn die im § 54 Abs. (1) B und Abs. (2) A aufgeführten Gegenstände unter unrichtiger Inhaltsangabe zur Beförderung aufgegeben oder wenn die Sicherheitsvorschriften in Anlage C außer acht gelassen werden, beträgt der Frachtzuschlag für jedes Kilogramm Rohgewicht des Versandstücks, worin ein solcher Gegenstand enthalten war,[4]

bei den gemäß § 54 Abs. (1) B von der Beförderung ausgeschlossenen sowie bei den in Anlage C unter I und II aufgeführten explosionsgefährlichen und selbstentzündlichen Gütern: 12 Mark,

bei den in Anlage C unter III, IV und V aufgeführten brennbaren Flüssigkeiten, giftigen und ätzenden Stoffen: 3 Mark, bei den in Anlage C unter VI aufgeführten fäulnisfähigen Stoffen: 1/8 Mark.

b) In anderen Fällen unrichtiger Inhaltsangabe beträgt der Frachtzuschlag, wenn sie keine Frachtverkürzung herbeiführen kann, 1 Mark für den Frachtbrief, sonst das Doppelte des Unterschieds zwischen der infolge der unrichtigen Angabe entstandenen und der richtig berechneten Fracht von der Aufgabe- bis zur Bestimmungsstation. Sind Güter verschiedener Tarifklassen zu einer Sendung vereinigt, und kann ihr Einzelgewicht ohne besondere Schwierigkeit festgestellt werden, so ist der Ermittelung des Frachtzuschlags getrennte Frachtberechnung zugrunde zu legen, sofern sie sich billiger stellt. Mindestens wird 1 Mark erhoben. 53 (9)

c) Bei unrichtiger Angabe der Stückzahl[5] oder des Gewichts einer vom Absender verladenen Sendung, wenn hierdurch eine Frachtverkürzung herbeigeführt werden kann, beträgt der Frachtzuschlag das Doppelte des Unterschieds zwischen der infolge der unrichtigen Angabe entstandenen und der richtig berechneten Fracht von der Aufgabe- bis zur Bestimmungsstation. (10)

d) Bei Überlastung eines Wagens beträgt der Frachtzuschlag das Sechsfache der Fracht von der Aufgabe- bis zur Bestimmungsstation für das Gewicht, das die im § 59 Abs. (2) festgesetzten Belastungsgrenzen übersteigt. Diese Bestimmung gilt sinngemäß auch für Gegenstände, deren Fracht (11) nicht nach dem Gewichte berechnet wird. Ist z. B. die Fracht nach der Ladefläche zu berechnen, so wird der Frachtzuschlag derart ermittelt, daß die nach der Ladefläche des verwendeten Wagens berechnete Fracht als Fracht für das zulässige höchste Belastungsgewicht angesehen, danach die Fracht für das Übergewicht berechnet und der gefundene Betrag sechsfach genommen wird.

53 (12) e) Die unter a bis d festgesetzten Frachtzuschläge werden nebeneinander erhoben, wenn gegen mehrere dieser Vorschriften gleichzeitig verstoßen wird. Trifft unrichtige Inhaltsangabe, die eine Frachtverkürzung herbeiführen kann, mit unrichtiger Angabe der Stückzahl oder des Gewichts der Sendung zusammen und handelt es sich nicht um Gegenstände der im § 54 Abs. (1) B und Abs. (2) A genannten Art, so beträgt der Frachtzuschlag das Doppelte des Unterschieds zwischen der Fracht für die angegebene Stückzahl oder das angegebene Gewicht und den angegebenen Inhalt einerseits und der Fracht für die ermittelte Stückzahl oder das ermittelte Gewicht und den ermittelten Inhalt andererseits.

(7) Außerdem ist der Frachtunterschied nachzuzahlen und der entstandene Schaden zu ersetzen, auch sind die durch andere gesetzliche oder polizeiliche Bestimmungen vorgesehenen Strafen verwirkt.

(2) Der Tarif muß einheitlich die Grundsätze bestimmen, nach denen etwa von Erhebung der im

Abs. (1) festgesetzten Frachtzuschläge aus Billigkeit[6] abgesehen wird oder geringere Zuschläge erhoben werden.

I. Die Eisenbahn kann von Erhebung der Frachtzuschläge absehen oder geringere Zuschläge erheben,

wenn der Verstoß gegen die Vorschriften auf entschuldbarem Versehen beruht, ein Schaden für die Eisenbahn nicht oder nicht in Höhe des Frachtzuschlages entstanden, und eine erhebliche Gefährdung der Betriebssicherheit nicht herbeigeführt worden ist,

wenn die Höhe des Zuschlags eine unverhältnismäßige Härte in sich schließt, oder

wenn andre Billigkeitsgründe vorliegen.

(3) Ein Frachtzuschlag darf nicht erhoben werden: 53 (13)

a) bei unrichtiger Gewichtsangabe oder bei Überlastung, wenn die Eisenbahn zur Verwägung verpflichtet war;

b) bei einer während der Beförderung eingetretenen Gewichtszunahme ohne Überlastung, wenn der Absender nachweist, daß die Gewichtszunahme auf Witterungseinflüsse zurückzuführen ist;

c) bei einer während der Beförderung durch Witterungseinflüsse verursachten Überlastung, wenn der Absender nachweist, daß er bei der Beladung des Wagens das angeschriebene Ladegewicht nicht überschritten hat.

II. Wird einer der in Abs. (3) b) und c) aufgeführten Gründe für Nichterhebung des Frachtzuschlags geltend gemacht, aber der erforderliche Nachweis vom Absender nicht bis zur Einlösung des Frachtbriefs erbracht, so ist die Eisenbahn berechtigt, Hinterlegung in Höhe des Frachtzuschlags zu fordern.

VII (4) Der Frachtzuschlag ist verwirkt, sobald der Frachtvertrag abgeschlossen ist (§ 61). Zur Zahlung des Zuschlags ist der Absender verpflichtet.[7] Hat der Empfänger den Frachtbrief und das Gut angenommen, so haftet er gemäß § 76 Abs. (4) neben dem Absender als Gesamtschuldner für den Zuschlag.

(5) Der Anspruch auf Zahlung oder Rückzahlung des Frachtzuschlags verjährt in einem Jahre.[8] Die Verjährung beginnt bei Ansprüchen auf Zahlung des Frachtzuschlags mit der Zahlung der Fracht oder wenn eine Fracht nicht zu zahlen war, mit der Auflieferung des Gutes; bei den Ansprüchen auf Rückzahlung beginnt sie mit der Zahlung des Zuschlags. Gehemmt oder unterbrochen wird die Verjährung gemäß den Bestimmungen im § 71 Abs. (2).

JÜ. 7 (4) (5) (6).

1. Früher schon bei „ungenauer". — **2.** Die Tatsache der unrichtigen Angabe allein entscheidet, gleichgültig ist, ob Schaden verursacht ist oder nicht. — **3.** (Begr.) „In der Eingangsbestimmung ist zur Vermeidung einer unrichtigen Auslegung, wie sie auch in einzelnen Gerichtsurteilen hervorgetreten ist, ausgesprochen, daß die Frachtzuschläge ohne Rücksicht darauf, ob ein Verschulden des Absenders vorliegt oder nicht, zu erheben sind. Würden die auch im Interesse der Betriebssicherheit eingeführten Frachtzuschläge als Vertragsstrafe angesehen, so wären sie in zahlreichen Fällen wirkungslos; denn ein Verschulden des Absenders läßt sich häufig schwer nachweisen. Die Spediteure z. B. stellen in der Regel die Frachtbriefe gutgläubig nach den Angaben ihrer Kunden aus; auch können die unrichtigen Angaben auf Fahrlässigkeit eines Angestellten des Absenders beruhen." (RGZ. 47 33; auch RGEE. 1 244; 2 436.) Bei Verschulden kann Bestrafung wegen Betruges (RGEE. 1 199; RGS. 15 266), möglicherweise auch Transportgefährdung neben Erhebung des Frachtzuschlags eintreten. — 4. Abgestuft nach dem Grade der Gefährdung. — 5. Fracht für lebende Tiere wird auch nach der Stückzahl berechnet. — 6. Wie §§ 16 (6), 20a 1, 27 (5). — 7. OLG. Hamm VerZtg. 05 29 (Auslieferung ohne Erhebung des Frachtzuschlags beseitigt den Anspruch der Eisenbahn). — 8. Es sei denn durch Urteil, Anerkenntnis, Vergleich festgestellt. Anspruch auf Frachtzuschlag hat die entdeckende Bahn (Hertzer VerZtg. 09 134).

§ 61. Abschluß des Frachtvertrags.

(1) Der Frachtvertrag ist abgeschlossen, sobald die Abfertigungsstelle das Gut mit dem Frachtbriefe zur Beförderung angenommen hat.[1] Als Zeichen der Annahme ist dem Frachtbriefe der Tagesstempel der Abfertigungsstelle aufzudrücken.[2] Mit diesem Stempel ist auch jedes der nach § 56 Abs. (5) dem Frachtbrief etwa angefügten Blätter zu versehen. 54 (1) 52 (4)

(2) Die Abstemplung hat nach vollständiger Auflieferung des im Frachtbriefe verzeichneten Gutes und nach Entrichtung der vom Absender voraus zu bezahlenden Beträge unverzüglich, auf Verlangen des Absenders in seiner Gegenwart, zu erfolgen. 54 (2)

(3) Der abgestempelte Frachtbrief dient als Beweis für den Frachtvertrag.[3] 54 (3)

(4) Bei den vom Absender verladenen Gütern dienen die Angaben des Frachtbriefs über das Gewicht (4)

und die Anzahl der Stücke nur dann als Beweis gegen die Eisenbahn, wenn sie die Stücke nachgewogen oder nachgezählt und dies im Frachtbriefe beurkundet hat.

54 (5) (5) Die Eisenbahn ist verpflichtet, auf Verlangen des Absenders die Annahme des Gutes unter Angabe des Tages, an dem es zur Beförderung angenommen ist, auf einem ihr mit dem Frachtbriefe vorgelegten Frachtbriefduplikate,[4] das als solches zu bezeichnen ist, zu bescheinigen. Die Ausstellung eines Duplikats ist auf dem Frachtbriefe durch Stempelaufdruck zu beurkunden.

(6) (6) Das Duplikat hat nicht die Bedeutung des Frachtbriefs oder eines Ladescheins.[5]

(7) (7) Bei Gütern, die nicht in ganzen Wagenladungen aufgegeben werden, kann mit Zustimmung des Absenders an Stelle des Duplikats ein Aufnahmeschein ausgestellt werden, der dieselbe rechtliche Bedeutung wie das Duplikat hat.

54 Zus.-Best. Die Gebühr für die Ausstellung von Aufnahmescheinen ist in dem Nebengebührentarif (Teil I Abteilung B) festgesetzt. Vgl. auch Ausf.-Best. VI zu § 56.

54 (8) (8) Auf Verlangen des Absenders ist die Annahme des Gutes auch in anderer Form, z. B. durch Unterstempelung eines Eintrags in einem Quittungsbuch[6] oder dergleichen zu bescheinigen. Eine solche Bescheinigung hat nicht die Bedeutung eines Frachtbriefduplikats.

HGB. 455, 471. Jü. 8, 15.

1. Als Werkvertrag an sich formlos: Annahme des vom Absender übergebenen Gutes und des Frachtbriefs führt den Abschluß herbei. Der Frachtbrief aber, der Voraussetzung des regelmäßigen Eisenbahnfrachtvertrages ist (§ 55 [1], 56 [1]), ist an gewisse Formen gebunden. Vgl. § 84 Anm. 5. — **2.** Auch ohne Abstempelung kann bewiesen werden, daß ein Frachtvertrag abgeschlossen wurde (Gerstner JE. 151), sie ist nicht wesentliche Form des Vertragsabschlusses. — **3.** Gegenbeweis zulässig (RGEE. **22** 162), z. B. daß das Gut nur zur Einlagerung übernommen. — **4.** Duplikat ist Abschrift des Frachtbriefs, auf der dem Absender auf sein Verlangen die Annahme des Gutes zur Beförderung quittiert wird. Damit erschöpft sich aber seine Bedeutung nicht: Das Verfügungsrecht des Absenders während der Beförderung, das right of stoppage (§ 73 [5]), ebenso die Geltendmachung seiner Rechte aus dem Frachtvertrage ist an die Vorlage des Duplikats geknüpft (§ 99 [2]), endlich entsteht das Verfügungsrecht des Empfängers über das Gut schon vor dessen Ankunft, wenn er in den Besitz des D. gelangt (§ 73 [5]). Das gleiche gilt vom Aufnahmeschein (§ 61 [7]), nicht aber vom Quittungsbuch (§ 61 [8]). Sonstige selbständige und übertragbare Rechte sind an das Duplikat nicht geknüpft. (Gerstner JE. 156 ff., 255 ff.) — **5.** HGB. 444. Verpflichtungsschein, durch den sich der Frachtführer zur Aushändigung des Guts verpflichtet (RG. OLG. **6** 96). — **6.** Öffentliche Urkunde (RGEE. **24** 353).

§ 62. Verpackung und Bezeichnung.

(1) Das Gut muß, soweit es seine Natur er- 58 (1)
fordert, gegen Verlust, Minderung oder Beschädigung sicher verpackt sein.

(2) Ist dies nicht der Fall, so kann die Eisenbahn (2)
die Annahme des Gutes ablehnen oder verlangen, daß der Absender im Frachtbriefe das Fehlen oder die Mängel der Verpackung anerkennt. Pflegt ein Absender gleichartige der Verpackung bedürftige Güter unverpackt oder mit den gleichen Mängeln der Ver-

packung auf derselben Station aufzugeben, so kann er ein für allemal eine Erklärung nach dem Muster der Anlage F[1] abgeben. In diesem Falle muß der Frachtbrief einen Hinweis auf die allgemeine Erklärung enthalten.

58 I I. Der Preis des Vordrucks nach Anlage F ist im Nebengebührentarif (Teil I Abteilung B) festgesetzt.

II. III II. Nur mit Anerkenntnis oder Erklärung nach Absatz 2 werden z. B. angenommen: unverpackte, nur verschnürte Felle, Zucker in losen Broten und gefüllte Fässer, deren Beschaffenheit wegen Schmutzes oder aus anderen Gründen nicht erkennbar ist, namentlich beschmutzte Öl- und Sirupfässer.

58 (3) (3) Inwieweit die Eisenbahn für den Schaden haftet, der infolge eines im Frachtbrief anerkannten oder äußerlich nicht erkennbaren Mangels[2] der Verpackung entsteht, ist in den §§ 86 und 84 bestimmt. Ist ein äußerlich erkennbarer Mangel der Verpackung nicht im Frachtbrief anerkannt, so ist die Eisenbahn von der Haftpflicht nur dann befreit, wenn der Absender arglistig handelt.

(4) Die Verpackung muß ferner so beschaffen sein, daß das Gut bei ordnungsmäßiger Behandlung durch die Eisenbahn keinen Schaden verursachen kann. Anderenfalls ist die Eisenbahn berechtigt, wenn sie das Gut trotzdem zur Beförderung annimmt, ein Anerkenntnis im Frachtbriefe nach Maßgabe des

Abs. (2) zu verlangen. Für den Schaden, der aus so bescheinigten oder aus äußerlich nicht erkennbaren Mängeln der Verpackung entsteht, haftet der Absender. Ist ein äußerlich erkennbarer Mangel der Verpackung nicht anerkannt, so haftet der Absender nur, wenn er arglistig handelt.

(5) Die Eisenbahn kann verlangen, daß kleine Stückgüter (Kleineisenzeug oder dergleichen), deren Annahme und Verladung nicht ohne erheblichen Zeitverlust möglich ist, durch Verbindung oder Verpackung zu größeren Einheiten zusammengefaßt werden.

(6) Den Eisenbahnen bleibt überlassen, für Güter, die nicht zu den im § 54 Abs. (2) A aufgeführten gehören, die aber wegen ihrer Eigenschaften Unzuträglichkeiten während der Beförderung herbeiführen können, mit Genehmigung der Landesaufsichtsbehörden nach Zustimmung des Reichs-Eisenbahnamts durch den Tarif einheitliche Vorschriften über die Verpackung und Verladung zu treffen.

III. Vorschriften über die Verpackung und Ver- 50 III, V
ladung bestimmter Güter, über die Beladung 58 IV, V
offener Güterwagen und über die Verladung von Fahrzeugen (auch fahrbaren Maschinen) auf offenen Wagen, sind in den Anlagen[3] II, III und IV enthalten.

(7) Die Stückgüter sind haltbar, deutlich und in 58 (4)
einer Verwechselungen ausschließenden Weise zu be-

zeichnen. Diese Bezeichnungen müssen mit den Angaben im Frachtbrief übereinstimmen. Ältere Bezeichnungen (Eisenbahnbeförderungszeichen, Postbeförderungszeichen oder andere Zeichen, die mit den Eisenbahnbeförderungszeichen verwechselt werden könnten) müssen entfernt sein.

IV. Hat der Absender Stückgüter nicht oder nicht genügend bezeichnet, so wird die Signierung von der Eisenbahn gegen die im Nebengebührentarif (Teil I Abteilung B) vorgesehene Gebühr[4] ausgeführt. Als ungenügende Signierung ist es auch anzusehen, wenn alte Bezeichnungen nicht entfernt worden sind.

58 (5) (8) Die Eisenbahn kann verlangen, daß Stückgüter vom Absender mit dem Namen der Bestimmungsstation dauerhaft bezeichnet werden, wenn es ihre Beschaffenheit ohne besondere Schwierigkeit zuläßt.

58 VI V. (1) Hat der Absender Stückgüter mit dem Namen der Bestimmungsstation nicht oder nur undeutlich bezeichnet, obgleich es ihre Beschaffenheit ohne besondere Schwierigkeit zuläßt, so wird die Bezeichnung von der Eisenbahn gegen die im Nebengebührentarif (Teil I Abteilung B) vorgesehene Gebühr[4] ausgeführt.

58 VI (2) Bei Stückgütern, die in Seehafenplätzen aufgegeben werden, ist die Bezeichnung mit der Bestimmungsstation nicht erforderlich, wenn sie ohne Mitwirkung des Absenders unmittelbar aus

den Seeschiffen in die Eisenbahnwagen übergeladen werden.

§§ 84; 86 (1) Ziff. 2; 31 (2). HGB. 456; 459 Abs. 1 Ziff. 2. JÜ. 9; 31 Abs. (1) Ziff. 2.

1. Inhalt: „Allgemeine Erklärung über die Verpackung des Gutes: Ich erkenne an, daß die von mir bei der Güterabfertigung der .... Eisenbahn in .... aufgelieferten Güter, und zwar: .... unverpackt (in nachbeschriebener mangelhafter Verpackung) .... aufgegeben sind, wenn im Frachtbrief auf diese Erklärung Bezug genommen ist. Datum, Unterschrift." — 2. RGEE. 19 193 (nicht: ungenügender Faßverschluß). — 3. DEGT. Teil I A S. 77—96. — 4. Signiergebühr.

§ 63. Annahme.

(1) Die Eisenbahn ist nur insoweit[1] verpflichtet, Güter zur Beförderung[2] anzunehmen,[3] als die Beförderung sofort erfolgen kann.[4] Wenn es notwendig wird, die Annahme von Sendungen allgemein oder für bestimmte Versandbezirke oder für bestimmte Arten von Gütern einzustellen, weil zwingende Gründe des Eisenbahnbetriebs oder das öffentliche Interesse die sofortige Beförderung nicht gestatten, so bedarf es der Genehmigung der Landesaufsichtsbehörde. 55 (1)

(2) Die Güter müssen während der Dienststunden aufgeliefert werden, die von der Eisenbahn festzusetzen und durch Aushang bekannt zu machen sind. 56 (1)

(3) An Sonn- und Festtagen braucht die Eisenbahn Frachtgut nicht anzunehmen; Eilgut anzunehmen ist sie verpflichtet, wenn seiner zoll- oder steueramtlichen Behandlung kein Hindernis entgegensteht. 56 (3)

56 II I. An Sonn- und Festtagen wird Frachtgut nicht angenommen.

56 (1) (4) Wird die Annahme einer durch die Eisenbahn zu verladenden Sendung vom Absender dadurch verzögert, daß er nicht alle zum Frachtbriefe gehörenden Güter binnen 24 Stunden aufliefert oder daß er den wegen Unrichtigkeit oder Unvollständigkeit beanstandeten Frachtbrief nicht binnen 24 Stunden nach Beginn der Auflieferung berichtigt übergibt oder bei Freivermerk die vorauszuzahlenden Frachtbeträge und Gebühren nicht innerhalb derselben Frist begleicht, so kann die Eisenbahn für das eingelagerte Gut das tarifmäßige Lagergeld erheben.

II. Zur Ansammlung von Wagenladungen oder zur vorübergehenden Niederlegung nach der Entladung kann die Lagerung von Gütern auf verfügbaren Plätzen der Bahnhöfe im Freien gestattet werden. In solchen Fällen wird statt des Lagergeldes Platzgeld erhoben.

56 I Lagergeld und Platzgeld sind im Nebengebührentarif (Teil I Abteilung B) festgesetzt.

56 (6) (5) Die Bereitstellung der Wagen für Güter, die der Absender zur verladen hat, muß unter Angabe des Gutes, des ungefähren Gewichts und der Bestimmungsstation für einen bestimmten Tag nachgesucht werden. Können die Wagen nicht bereitgehalten werden, so ist der Besteller, soweit tunlich,
56 (7) hiervon kostenfrei zu benachrichtigen. Werden

schriftlich zugesagte Wagen nicht rechtzeitig gestellt, so hat die Eisenbahn die Kosten der vergeblich versuchten Auflieferung,[5] mindestens aber den Betrag des Wagenstandgeldes für einen Tag zu erstatten. Wird ein Wagen erst nach der Bereitstellung, aber vor Ablauf der Beladefrist (Abs. (6)) wieder abbestellt, so hat der Besteller eine im Tarife festzusetzende Gebühr zu entrichten, die jedoch das Wagenstandgeld für einen Tag nicht übersteigen darf. Geschieht die Abbestellung erst nach Ablauf der Beladefrist, so ist das tarifmäßige Wagenstandgeld zu zahlen. Bei Bestellung eines Wagens 56 (7
kann die Eisenbahn eine Sicherheit in Höhe der bezeichneten Gebühr verlangen.

III. (1) Die Bestellung von Wagen ist in der 56 III
Regel schriftlich an die Versandstation und, wenn dort eine besondere Güterabfertigungsstelle besteht, an diese zu richten, es sei denn, daß für Massengüter wie Kohlen, Erze usw. die Annahme und Ausführung der Wagenbestellung anderen Dienststellen übertragen ist.

(2) Bei der Bestellung ist anzugeben, wieviel Wagen und ob bedeckte oder offene gewünscht werden.

Ferner ist die gewünschte Länge der Wagen zu bezeichnen.

IV. Die Gebühr für die Abbestellung von Wagen 56 V
und das Wagenstandgeld sind in dem Nebengebührentarif (Teil I Abteilung B) festgesetzt.

56 (6) (6) Die Verladung durch den Absender hat in
(7) der Regel während der Dienststunden zu erfolgen;
sie muß innerhalb der von der Eisenbahn durch
Aushang bekannt zu machenden Frist vollendet sein.
Wird die Frist überschritten oder wird der wegen
Unrichtigkeit oder Unvollständigkeit beanstandete
Frachtbrief nicht innerhalb der Ladefrist berichtigt
übergeben, oder werden bei Freivermerk die voraus
zu zahlenden Frachtbeträge und Gebühren nicht
innerhalb derselben Frist beglichen, so hat der Ab-
sender das tarifmäßige Wagenstandgeld zu zahlen.
Für Sonn- und Festtage ist Wagenstandgeld nur
dann zu zahlen, wenn die Ladefrist schon am Tage
vorher, Nachmittags 2 Uhr, abgelaufen ist. Folgen
mehrere Sonn- und Festtage aufeinander, so ist nur
56 (7) für einen Tag Wagenstandgeld zu erheben. Die
Eisenbahn kann, wenn die Ladefrist um mehr als
24 Stunden überschritten wird, auf Kosten und
Gefahr des Absenders das Gut ausladen und auf
Lager nehmen oder einem Spediteur oder öffentlichen
Lagerhaus übergeben.

56 (8) (7) Der Lauf der Fristen in den Abs. (4) und (6)
ruht an Sonn- und Festtagen sowie für die Dauer
einer zoll- oder steueramtlichen oder polizeilichen
Abfertigung, soweit diese nicht durch den Absender
verzögert wird.

60 (3) (8) Die Eisenbahn kann die Stückgüter innerhalb
des Stationsorts oder von benachbarten Orten gegen
eine durch Aushang bekannt zu machende Gebühr selbst

anfahren oder Rollfuhrunternehmer dafür bestellen. Die hierbei verwendeten Personen gelten als Leute 56 (1)
der Eisenbahn im Sinne des § 5. Die Rollfuhrleute 68 (3)
haben ihren Gebührentarif bei sich zu tragen und auf Verlangen vorzuzeigen.

(9) Den Absendern steht frei, von dieser Einrichtung Gebrauch zu machen oder die Güter selbst anzufahren oder sie durch andere Unternehmer anfahren zu lassen.

(10) Für die Abfertigung von Gütern kann die 68 (3)
Eisenbahn Güternebenstellen einrichten.

(11) Die Eisenbahn kann im Tarife vorschreiben, 60 (3)
daß das Überladen von Gütern, die auf der Versandstation von Schiffen unmittelbar auf die Eisenbahn übergehen sollen, gegen Zahlung der im Tarif oder durch Aushang bekannt zu machenden Gebühren von ihr selbst oder durch besondere Unternehmer ausgeführt wird. Die hierbei verwendeten Personen gelten als Leute der Eisenbahn im Sinne des § 5.

V. Ob das Überladen von Gütern von Schiffen auf die Eisenbahn von der Eisenbahnverwaltung oder durch Unternehmer ausgeführt wird, ist in den Tarifteilen II bestimmt.

§ 54. HGB. 453. JÜ. 5.

1. Einschränkung der Beförderungspflicht. — **2.** Aber, soweit der Platz gestattet, zur vorläufigen Einlagerung [§ 64 (1)]. — **3.** Frachtbrief bestimmt nicht den Zeitpunkt der Annahme zur Beförderung, Tatfrage (EE. **22** 356). Vgl. § 84 Anm. 5. — **4.** Durch Bereitstellung von Wagen auf dem Güterbahnhof zur Verladung ist kein Verwahrungsvertrag von der Eis. abgeschlossen, solange die Übergabe der zu verwahrenden Sache fehlt (OLG. Hamburg, Arch. **07** 293; EE. **23** 54). — **5.** Neu vgl. § 80 (7).

§ 64. Vorläufige Einlagerung des Gutes.

55 (2) (1) Güter, die nicht sofort befördert werden können, hat die Eisenbahn, soweit es die Räumlichkeiten gestatten, gegen Empfangsbescheinigung einstweilen in Verwahrung zu nehmen. Dabei kann sie vorbehalten, daß die Annahme zur Beförderung erst erfolgt, wenn die Beförderung möglich ist. Der Absender hat sein Einverständnis auf dem Frachtbriefe zu erklären und auf dem Duplikate zu wiederholen. In diesem Falle haftet die Eisenbahn bis zum Abschlusse des Frachtvertrags (§ 61 Abs. (1)) nach den Grundsätzen für entgeltliche Verwahrung.[1] Die Verwahrung leicht verderblicher Güter und der im § 54 Abs. (2) aufgeführten Gegenstände kann abgelehnt werden.

55 I I. Leicht verderbliche Güter und die in § 54 (2) aufgeführten Gegenstände werden zur Verwahrung nicht aufgenommen.

55 II II. Das Einverständnis des Absenders mit der Verwahrung ist im Frachtbrief unter „Zulässige oder vorgeschriebene Erklärungen“ auszusprechen.

55 (3) (2) Wenn die Eisenbahn Wagenladungsgüter, die nicht sofort befördert werden können, gleichwohl zur Beförderung annimmt, so ist sie mit Genehmigung der Landesaufsichtsbehörde berechtigt, mit dem Absender zu vereinbaren,[2] daß die Lieferfrist von dem Tage an läuft, an dem die Absendung erfolgt. Der

Absender hat sein Einverständnis auf dem Frachtbriefe zu erklären und auf dem Duplikate zu wiederholen. Die Eisenbahn ist verpflichtet, den Zeitpunkt der Absendung auf dem Frachtbriefe durch einen besonderen Stempel ersichtlich zu machen und diesen Zeitpunkt dem Absender ohne Verzug mitzuteilen.

HGB. 453 Abs. 2. JÜ. 5 (2). Gorden EE. 15 75; Janzer VerZtg. 04 704; Senckpiehl EE. 21 323.

1. BGB. 688—700. Haftung für Fahrlässigkeit (§ 276), bei Rückgabeverzug für Zufall (§ 287). Dieser Fall wird eine Ausnahme bilden. — 2. Notwendig ist Vereinbarung, sonst weder Fracht- noch Verwahrungsvertrag (OLG. Dresden EE. 22 248). Ist „zur Beförderung" übernommen, Haftung der Eis. als Frachtführer, obwohl das sonst bei Wagenladungsgütern für die Annahme zur Beförderung maßgebende Moment, die Verladung in den Eis.wagen, hier fehlen kann.

§ 65. Zoll-, Steuer-, Polizei- und statistische Vorschriften.

(1) Der Absender ist verpflichtet, dem Frachtbrief alle Begleitpapiere beizugeben, die zur Erfüllung der Zoll-, Steuer- oder Polizeivorschriften vor der Ablieferung an den Empfänger erforderlich sind; sie sind im Frachtbriefe genau zu bezeichnen. Die Eisenbahn ist nicht verpflichtet, diese Papiere auf ihre Richtigkeit und Vollständigkeit zu prüfen. Der Absender haftet der Eisenbahn, sofern sie nicht ein Verschulden trifft, für alle Folgen, die aus dem Mangel, der Unzulänglichkeit oder der Unrichtigkeit der Papiere entstehen;[1] auch hat er für die Dauer eines hierdurch verursachten Aufenthalts in der Beförderung von

59 (1)

59 (2) I

mehr als 48 Stunden das tarifmäßige Lager- oder Standgeld zu zahlen.[3]

59 III I. Güter, deren zoll- oder steueramtlicher Verschluß verletzt oder mangelhaft ist, werden nicht angenommen.

59 IV II. Güter mit Begleitscheinen des deutschen Zollgebietes, deren Frachtbriefe auf eine außerhalb des deutschen Zollgebietes gelegene Bestimmungsstation lauten, werden nur angenommen, wenn der Begleitschein auf das Ausgangszollamt gestellt ist.

59 VII III. Bei Gütern, die unter Zoll- oder Steuerverschluß in offenen Wagen befördert werden sollen, hat der Absender für eine den zoll- oder steueramtlichen Vorschriften genügende Deckung der Wagen zu sorgen, es sei denn, daß die Zoll- oder Steuerverwaltung die Verwendung offener Wagen ohne Decken gestattet.

59 (3) (2) Die Zoll-, Steuer- und Polizeivorschriften sind, solange das Gut unterwegs ist, gegen die tarifmäßigen Gebühren von der Eisenbahn zu erfüllen.[3] Sie kann diese Aufgabe unter ihrer Verantwortlichkeit auf Kosten des Verfügungsberechtigten einem Spediteur übertragen. In beiden Fällen hat sie die Pflichten eines Spediteurs.[4]

59 VIII IV. Die Gebühren für die Erfüllung der Zoll-, Steuer- und Polizeivorschriften durch die Eisenbahn sind im Nebengebührentarif (Teil I Abteilung B) festgesetzt.

(3) Wenn der Absender eine unzulässige oder unausführbare Art[5] der Abfertigung beantragt hat, so hat die Eisenbahn die Abfertigung zu veranlassen, die sie als die vorteilhafteste für den Absender erachtet. Dieser ist hiervon zu benachrichtigen. 59 (4)

(4) Der Absender kann im Frachtbrief erklären, daß er selbst oder ein namhaft gemachter Bevollmächtigter der Zoll- oder Steuerbehandlung beiwohnen wolle. Auf Antrag und gegen Erstattung der Kosten ist der Absender oder sein Bevollmächtigter von der Ankunft des Gutes auf der Station, wo diese Behandlung stattfindet, zu benachrichtigen. Der Absender oder sein Bevollmächtigter ist berechtigt, die nötigen Aufklärungen über das Gut zu geben. Das Gut in Besitz zu nehmen oder die Zollbehandlung selbst zu betreiben, sind sie nicht befugt. 59 (5)

V. (1) Die Erklärung des Absenders ist im Frachtbrief unter: „Zulässige oder vorgeschriebene Erklärungen" in folgender Form auszusprechen: 59 II

Der $\frac{\text{Zoll-}}{\text{Steuer-}}$behandlung in . . . werde ich . . .
(genaue Wohnungsangabe)
wird . . . in . . . beiwohnen. [Ich beantrage Benachrichtigung von der Ankunft des Gutes auf dieser Station.] Unterschrift.

(2) Wenn der Absender oder sein Bevollmächtigter der Zoll- oder Steuerbehandlung beiwohnen, können sie den Zoll- oder Steuerbetrag bezahlen und die Zoll- oder Steuerquittung über-

nehmen. Der Empfang der Quittung ist auf dem Frachtbrief in folgender Form zu bestätigen:

$\frac{\text{Zoll-}}{\text{Steuer-}}$ quittung übernommen. Unterschrift.

59 (6) (5) Auf der Bestimmungsstation kann der Empfänger die zoll- oder steueramtliche Behandlung betreiben, wenn der Absender im Frachtbriefe nichts anderes bestimmt hat. Wird diese Behandlung weder durch den Empfänger noch gemäß einer Erklärung im Frachtbriefe durch den Absender oder einen Dritten betrieben, so hat die Eisenbahn sie zu veranlassen; auch kann die Eisenbahn damit unter ihrer Verantwortlichkeit auf Kosten des Verfügungsberechtigten einen Spediteur beauftragen.

59 V VI. Die Vorführung von Gütern unter zoll- oder steueramtlichem Verschluß und von Gütern mit Begleitschein I wird dem Empfänger oder dem Absender oder dem von diesem beauftragten Dritten nur gegen Sicherheitsleistung gestattet.

59 VI VII. Güter, die auf einen von der Eisenbahn ausgewirkten Begleitschein II abgefertigt sind, werden nur ausgeliefert, wenn die Erledigung des Begleitscheins durch Vorlegung der Zoll- oder Steuerquittung nachgewiesen wird.

59 (7) (6) Bei den über die Grenzen des deutschen Zollgebiets ein-, aus- oder durchzuführenden Gütern hat der Absender oder der Empfänger die nach den Bestimmungen über die Statistik des Warenverkehrs[6] vorgeschriebenen Anmeldescheine zu beschaffen. Werden

sie von der Eisenbahn beschafft, so sind hierfür die tarifmäßigen Gebühren zu entrichten. Anmeldescheine, die nicht den Stempel des Kaiserlichen Statistischen Amts tragen, hat die Eisenbahn gegen die tarifmäßige Gebühr auf ihre Übereinstimmung mit dem vorgeschriebenen Muster zu prüfen und abzustempeln.

VIII. Der Preis der statistischen Anmeldescheine 59 IX
und die Gebühren für ihre Ausfüllung oder Abstempelung sind in dem Nebengebührentarif (Teil I Abteilung B) festgesetzt.

HGB. 427. JÜ. 10.

1. Auch für Zollstrafen § 134 Vereinszollg. (s. § 33) (RGZ. **20** 78; **15** 51). — **2.** Zur Vermeidung von Güteranhäufungen auf Zollstationen. — **3.** Sog. Klarierungsmonopol der Eis. — **4.** HGB. 407 ff. Haftung für die Sorgfalt eines ordentlichen Kaufmanns. — **5.** Z. B. „Verzollung nach Rein- statt nach Rohgewicht, von Holz nach Festmetern statt nach Gewicht usf." (Begr.). — **6.** Ges. betr. die Statistik des Warenverkehrs des deutschen Zollgebiets mit dem Auslande vom 20. Juli 1879 (RGBl. S. 261) in der Fassung d. Ges. vom 7. Februar 1906 (RGBl. S. 104. 108) und AusfBest. sowie Dienstvorschriften dazu vom gleichen Tage, (S. 109; ZBl. 137).

§ 66. Verwendung bedeckter oder offener Wagen.

(1) Der Absender ist, wenn nicht Bestimmungen 57 (1)
dieser Ordnung oder Zoll-, Steuer- oder Polizeivorschriften oder zwingende Gründe des Betriebs entgegenstehen, berechtigt, im Frachtbriefe zu verlangen:

1. daß Güter in bedeckten Wagen befördert werden, für die der Tarif offene Wagen vorsieht;
2. daß Güter in offenen Wagen befördert werden, für die der Tarif bedeckte Wagen vorsieht.

57 (2) (2) Im ersteren Falle kann die Eisenbahn eine im Tarife festzusetzende höhere Fracht erheben.

57 (3) (3) Ob und unter welchen Bedingungen Decken für offene Wagen mietweise überlassen werden, hat der Tarif[1] zu bestimmen.

57 I, II, III Die Bestimmungen über die Beförderung der Güter in bedeckten oder offenen Wagen, über die Frachtberechnung für Güter, die auf Verlangen des Absenders in bedeckten Wagen befördert werden und über die Überlassung von Wagendecken finden sich in Abschnitt III der Allgemeinen Tarifvorschriften (Teil I Abteilung B). Die Deckenmiete und die Verzögerungsgebühr für verspätete Rückgabe von Decken sind im Nebengebührentarif (Teil I Abteilung B) festgesetzt.

§ 86 (1) 1. HGB. 459 Abs. 1 Ziff. 1. JÜ. 31 (1) Ziff. 1.

1. Damit soll der Eis. die Grundlage zur Erhebung von Deckenmiete in den Fällen gegeben werden, wo Bedeckung im Frachtbrief nicht beantragt, aber aus Zollrücksichten erforderlich ist. (Begr.)

§ 67. Art und Reihenfolge der Beförderung.

56 (2) (1) Das Gut ist je nach dem gewählten Frachtbriefmuster als Frachtgut oder als Eilgut zu befördern. Im Tarife kann mit Genehmigung der Landesaufsichtsbehörden nach Zustimmung des Reichs-Eisenbahnamts einheitlich bestimmt werden, ob und unter welchen Bedingungen Eilgut zu beschleunigter Beförderung anzunehmen ist (beschleunigtes Eilgut, Schnellzugsgut).

I. Der Antrag auf beschleunigte Beförderung 51 VIII
von Eilgut ist durch den Eintrag „Beschleunigtes (1) Satz 2
Eilgut" im Frachtbrief unter „Zulässige oder vorgeschriebene Erklärungen" zu stellen. Die Bestimmungen über beschleunigtes Eilgut finden sich in Abschnitt I der Allgemeinen Tarifvorschriften[1] (Teil I Abteilung B).

II. Das Verlangen, eine Sendung nur auf einem 51 VIII
Teile der Beförderungsstrecke als Eilgut zu be- (2)
fördern, ist unzulässig.

III. Zur Beförderung als Eilstückgut werden nur 50 I
solche Güter angenommen, die nach Form, Umfang, Gewicht und sonstiger Beschaffenheit hierzu geeignet sind. Über die Annahme der in der Anlage C verzeichneten Gegenstände als Eilstückgut vgl. die Ausführungsbestimmungen zur Anlage C.

(2) Die Eisenbahn hat die Abfertigung vorzu- 51 (1) 1
nehmen, die nach den Tarifen[2] den billigsten Frachtsatz und, bei gleichen Frachtsätzen über mehrere Wege, die günstigsten Beförderungsbedingungen bietet. Der Absender kann im Frachtbriefe das Zoll- oder Steueramt für die Zoll- oder steueramtliche Abfertigung, bei Eilgütern auch den Beförderungsweg[3] vor-
schreiben. Solche Vorschriften muß die Eisenbahn 51 XII
beachten, sie kann aber die Fracht für den vorgeschriebenen Weg verlangen. Andere Wegevorschriften sind ungültig.

IV. Wird im Frachtbrief das Zoll- oder Steuer- 51 XII
amt für die zoll- oder steueramtliche Abfertigung,

bei Eilgütern der Beförderungsweg vorgeschrieben, so wird die Fracht für den vorgeschriebenen Weg erhoben.

51 XIII V. Frachtbriefe mit unzulässigen Wege- oder Abfertigungsvorschriften werden dem Absender oder seinem Beauftragten zur Streichung dieser Vorschriften und unterschriftlichen Bestätigung der Streichung zurückgegeben. Ist die Rückgabe nicht tunlich, so streicht die Versandstation jene Vorschriften und bemerkt dazu: „Von Amts wegen gestrichen."

56 (4) (3) Die Güter sind in der Reihenfolge zu befördern, in der sie zur Beförderung angenommen wurden, wenn nicht zwingende Gründe des Eisenbahnbetriebs oder das öffentliche Interesse eine Ausnahme rechtfertigen.[4] Eine Zuwiderhandlung[5] gegen diese Vorschriften begründet den Anspruch auf Ersatz des daraus entstehenden Schadens.

HGB. 453 Abs. 3, 4. JÜ. 5 Abs. 3, 4.

1. S. 5. — 2. Gehörig veröffentlichte (RGZ. **18** 172). — 3. Aus dem Tarif in EVO. übernommen. — 4. Mobilmachung, dringende Betriebsmitteltransporte z. B. von Dienstkohle. — 5. und zwar nach allgemeinen Rechtsgrundsätzen eine schuldhafte Zuwiderhandlung. (Staub § 453 Anm. 15.)

§ 68. Berechnung der Fracht, Nebengebühren und Auslagen.

60 (2) (1) Die tarifmäßigen Beträge für Fracht und für die in dieser Ordnung oder im Tarife zugelassenen Nebengebühren sind von der Eisenbahn in den Frachtbrief einzutragen.[1]

I. Die Grundsätze für die Frachtberechnung, die Güterklassifikation und den Nebengebühren-tarif enthält Teil I Abteilung B. 60 I

(2) Außer diesen Beträgen darf die Eisenbahn nur bare Auslagen in Rechnung stellen, zum Beispiel von ihr bezahlte Aus-, Ein- oder Durchgangsabgaben, Kosten für Überführung, Ausgaben für notwendige Ausbesserungen oder für andere Arbeiten zur Erhaltung des Gutes.[2] Auch diese Beträge sind unter Beifügung der Beweisstücke im Frachtbrief ersichtlich zu machen. 60 (2)

(3) Die Eisenbahn darf für bare Auslagen die tarifmäßige Gebühr (Provision) erheben; ausgenommen sind die von der Eisenbahn verauslagten Rollgelder,[3] die Fracht, die Nebengebühren und die Beträge für Porto und Frachturkundenstempel. 62 (2)

II. Die Provision ist im Nebengebührentarif (Teil I Abteilung B) festgesetzt.

III. Die Provision für bare Auslagen und die Nachnahmeprovision (vgl. § 72, Ausf.-Best. IV) werden getrennt berechnet. Erwachsen für eine Sendung auf mehreren Stationen bare Auslagen, so wird die Provision von jeder Station gesondert berechnet. 62 I

IV. Bei Umbehandlung einer Sendung oder bei Änderung der Bestimmungsstation auf nachträgliche Verfügung des Absenders wird die Provision für bare Auslagen nicht nochmals erhoben.

62 IV V. Provisionsfrei sind auch die Gebühren für Ausfüllung der Frachtbriefe und für Signierung der Frachtstücke, wenn der Rollfuhrunternehmer die Ausfüllung oder Signierung im Namen der Eisenbahn besorgt.

62 III VI. Für die von der Eisenbahn entrichteten Zoll- oder Steuerbeträge wird keine Provision erhoben, wenn der Absender den voraussichtlichen Betrag bei der Versandstation hinterlegt hat, und diese einer deutschen Verwaltung untersteht.

VII. Die von der Eisenbahn verauslagten Beträge für statistische Gebühren sind provisionsfrei.

Jü. 11 (1) (2).

1. Da der Frachtbrief besagt: „Für den Frachtvertrag gelten die EVO. und die in Betracht kommenden Tarife", so muß Empfänger, auch wenn die Beträge versehentlich nicht in ihm eingetragen sein sollten, gleichwohl zahlen. (Vgl. schon ROH. **21** 184.) Siehe auch § 76 (4). — **2.** z. B. Umschaufeln bei Warmwerden des Getreides (Begr.). — **3.** d. h. die Kosten, die der Eis. für die von ihr übernommene Anfuhr der Güter erwachsen. Im Interesse einer gleichmäßigen Behandlung aller Spediteure werden die von den Bahnspediteuren nachgenommenen Kosten für die Anfuhr von Gütern ihrer Privatkunden provisionspflichtig. (Begr.)

§ 69. Zahlung der Fracht.

61 (2) (1) Bei Gütern, die nach dem Ermessen der Versandbahn schnell verderben oder deren Wert die Fracht nicht sicher deckt, kann Vorausbezahlung der Fracht verlangt werden.[1] Die Eisenbahn ist ferner berechtigt, bei Sendungen, die zu ermäßigten Frachtsätzen (Ausnahmetarifen) befördert werden sollen, im Tarife zu bestimmen, ob die Fracht bei Aufgabe

des Gutes zu bezahlen oder ob sie auf den Empfänger zu überweisen ist.

I. Für Güter, die schnell verderben oder deren Wert die Fracht nicht sicher deckt, muß die Fracht vorausbezahlt werden, sofern nicht dem Absender von der Verwaltung der Versandbahn die unfrankierte Auflieferung gestattet worden ist. Als solche Güter sind z. B. anzusehen: Eis, frische Fische, frisches Fleisch, frisches Gemüse, gebrauchte leere Kisten, Körbe und Ballons in Körben, geschlachtetes Geflügel, Hefe, lebende Pflanzen, Seeschaltiere, Wildbret, ferner frisches Obst bei Aufgabe in der Zeit vom 1. Oktober bis zum 30. April. 61 I

II. Wegen der Vorausbezahlung der Fracht für lose Privatwagendecken vgl. Abschnitt IV der Allgemeinen Tarifvorschriften (Teil I Abteilung B). Im übrigen ist in den Tarifteilen II bestimmt, ob für Sendungen, die nach Ausnahmetarifen abgefertigt werden sollen, die Fracht vorauszubezahlen ist.

(2) In allen anderen Fällen hat der Absender die Wahl, ob er die Fracht bei Aufgabe des Gutes bezahlen oder auf den Empfänger überweisen will.[2] 61 (1) Satz 1
Es ist gestattet, auf die Fracht einen beliebigen Teil anzuzahlen.[3] 61 IV

III. Der Teil der Fracht, der angezahlt werden soll, muß in einer bestimmten Summe angegeben werden. 51 IX 4.

51 (1) i (3) Will der Absender die Fracht bezahlen, so hat er dies im Frachtbrief an der vorgeschriebenen Stelle zu erklären (Freivermerk).

61 V (1) (4) Fügt der Absender dem Freivermerke keine Einschränkung bei, so verpflichtet er sich zur Bezahlung der ganzen Fracht einschließlich aller Nebengebühren und Auslagen, die auf der Versandstation bis zur Annahme des Gutes erwachsen (unbeschränkter Freivermerk).

61 V (2) (5) Auf Nebengebühren und Auslagen, die erst nach der Annahme des Gutes zur Beförderung erwachsen, bezieht sich der Freivermerk nicht. Will der Absender die Zahlung auch dieser Kosten übernehmen, so hat er es im Frachtbriefe besonders zu erklären.

51 IX (4 3) IV. Es ist gestattet, Nebengebühren oder Auslagen ohne die Fracht zu frankieren.

51 IX V. Der Freivermerk hat, wie folgt, zu lauten:

1. 1. wenn er unbeschränkt sein soll: „frei“,

4. 2. wenn ein Teil der Fracht angezahlt werden soll: „frei . . . (Zahl in Buchstaben Mk. . . . Pf.“,

3. wenn Nebengebühren oder Auslagen, die von dem unbeschränkten Freivermerk getroffen werden, von Frankierung ausgenommen werden sollen, oder

4. Nebengebühren oder Auslagen, die von dem unbeschränkten Freivermerk nicht getroffen werden, frankiert werden sollen, oder

5. Nebengebühren oder Auslagen, ohne die Fracht frankiert werden sollen:

„frei" mit einem Zusatz, in dem die Nebengebühren oder Auslagen bezeichnet werden, z. B.:

zu 3: „frei ausgenommen Nachnahmeprovision",

zu 4: „frei einschließlich Zoll", „frei einschließlich aller Nebengebühren und Auslagen",

zu 5: „frei Gebühr für Angabe des Interesses an der Lieferung", „frei Zoll".

(6) Die vom Absender übernommenen Beträge 61 (1)
hat die Versandstation außer im Frachtbrief auch im Duplikat oder im Aufnahmeschein einzeln aufzuführen.

(7) Wenn der nach dem Freivermerke des Ab- 61 (3)
senders zu zahlende Betrag bei der Aufgabe des Gutes nicht berechnet werden kann, so ist die Versandstation berechtigt, die Hinterlegung einer diesem Betrage voraussichtlich entsprechenden Sicherheit zu verlangen. Ebenso kann für die vom Absender übernommenen Zollkosten und dergleichen Sicherheit verlangt werden.[4]

VI. Die Hinterlegung einer Sicherheit für 61 III
Frankaturen, deren Betrag bei der Aufgabe des Gutes nicht berechnet werden kann, sowie für die 61 II
vom Absender übernommenen Zollkosten usw. wird verlangt.[4] Die Abrechnung erfolgt nach Feststel- 61 III
lung der zu zahlenden Beträge.

1. Sonst allgemein kein Frankaturzwang, anders bei Gepäck [§ 32 (4)]; Expreßgut (§ 40 a 6); Leichen [§ 44 (7)]; fakultativ bei Tieren [§ 48 (11)], es liege denn Abfertigung auf Beförderungsschein vor (§ 48 a XV). — 2. Nachträgliche Frankierung durch Absender [§ 73 (1) Satz 2]. — 3. Entspricht ZusÜb. zu IÜ. — 4. Entspricht der bisherigen Übung (Begr.).

§ 70. Ansprüche wegen unrichtiger Frachtberechnung.[1]

61 (4) (1) Ist der Tarif unrichtig angewendet worden oder sind Fehler bei Berechnung der Fracht oder der Nebengebühren vorgekommen, so ist das zu wenig Geforderte nachzuzahlen, das zu viel Erhobene zu erstatten.[2] Der Verpflichtete oder der Berechtigte ist unverzüglich zu benachrichtigen.

(4) (2) Die Nachzahlung hat der Absender zu leisten, wenn der Frachtbrief nicht eingelöst wird.[3] Erfolgt die Einlösung, so haftet er für die Nachzahlung nur nach Maßgabe seines Freivermerkes. Im übrigen ist der Empfänger zur Nachzahlung verpflichtet (§ 76 Abs. (4)).

(4) (3) Zur Empfangnahme erhobener Mehrfracht und zur Geltendmachung von Frachterstattungsansprüchen ist berechtigt, wer[4] die Mehrzahlung an die Eisenbahn geleistet hat.

(4) Für die gerichtliche Geltendmachung der Frachterstattungsansprüche gegen die Eisenbahn bewendet es bei den Vorschriften des § 100.[5]

HGB. 470. IÜ. 12 (4), 45.

Lit.: Reindl VerZtg. 99 545; EE. 21 318; DIZ. 03 100; Eger DIZ. 03 122; Schmidt EE. 22 195, 328, 423. Eppstein EE. 22 320; Coermann VerZtg. 02 386; Hertzer ebda. 553, 627; Gerstner IE. S. 216 ff.

1. Sog. Frachterstattungsansprüche. — **2.** Schuldhafte Frachtüberforderung begründet Schadensersatzpflicht (IntZtschr. **12** 223). Verzinsungspflicht spätestens vom Tage des Erstattungsantrages ab (Verzug) bei beiderseitigen Handelsgeschäften 5% (HGB. 352, 353) sonst 4% (BGB. 246, 288, 284 und EGHGB. Art. 2). EE. **21** 165. Empfänger ist jedoch nicht berechtigt, gegen den Nachzahlungsanspruch der Eisenbahn mit dem ihm aus der falschen Frachtberechnung erwachsenen Schaden aufzurechnen. Er könnte sich da nur auf BGB. 823: außerkontraktliches Verschulden der Eis. stützen. Das ist nicht zulässig, weil durch dieses Verschulden nur das Vermögen des Empfängers, nicht aber eines der in BGB. 823 genannten Rechtsgüter verletzt ist (OLG. Hamburg EE. **24** 184 und KG. Sped. u. SchiffZ. **08** 107). — **3.** CentrAmt in Bern (IntZtschr. **12** 156 ff.). — **4.** d. h. entweder Absender oder Empfänger oder aus Zession Berechtigter, nicht aber wer — ohne Zession — im Auftrage des Frachtbriefadressaten das Gut in Empfang genommen und die Fracht bezahlt hat. — **5.** Der Streit über die rechtliche Natur der Frachterstattungsansprüche ist also dahin entschieden, daß sie „Ansprüche aus dem Frachtvertrage“ sind. (Begr.)

§ 71. Verjährung der Ansprüche wegen unrichtiger Frachtberechnung.

(1) Ansprüche der Eisenbahn auf Nachzahlung 61 (5)
zu wenig erhobener Fracht oder zu wenig erhobener Gebühren sowie Ansprüche gegen die Eisenbahn auf Erstattung zu viel erhobener Fracht oder Gebühren verjähren in einem Jahre, sofern der Anspruch auf eine unrichtige Anwendung des Tarifs oder auf Fehler bei der Berechnung gestützt wird. Die Verjährung beginnt mit dem Ablaufe des Tages, an dem die Zahlung erfolgt ist.[1]

(2) Die Verjährung des Anspruchs auf Erstattung 61 (6)
wird durch die schriftliche Anmeldung des Anspruchs[2]

bei der Eisenbahn[3] gehemmt. Ergeht auf die Anmeldung ein abschlägiger Bescheid, so läuft die Verjährungsfrist von dem Tage ab weiter,[4] an dem die Eisenbahn ihre Entscheidung dem Anmeldenden schriftlich bekannt macht und ihm die der Anmeldung etwa angeschlossenen Beweisstücke zurückstellt. Weitere Gesuche, die an die Eisenbahn oder an die vorgesetzten Behörden gerichtet werden, hemmen die Verjährung
61 (7) nicht. Wegen der Unterbrechung[5] der Verjährung bewendet es bei den allgemeinen gesetzlichen Vorschriften.[6]

§ 98 (1). HGB. 470, 471, 439, 414. IÜ. 45, 46.

1. § 60 (5). — 2. Seitens des Reklamationsberechtigten. — 3. Eine der in § 100 genannten. — 4. Unter Hinzurechnung der bis zur Anmeldung verstrichenen Zeit BGB. 205. — 5. BGB. 217. — 6. § 98 (3).

§ 72. Nachnahme nach Eingang. Barvorschuß.

62 (1) Satz 1 (1) Der Absender kann das Gut bis zur Höhe des Wertes mit Nachnahme[1] nach Eingang belasten.

62 V (1) I. Ob eine Nachnahme in der angegebenen Höhe zulässig ist, entscheidet die Versandabfertigungsstelle.

62 (3) (2) Als Bescheinigung über die Belastung mit Nachnahme dient der abgestempelte Frachtbrief, das Duplikat oder die sonst zugelassene Bescheinigung über die Auflieferung des Gutes.[2] Auf Verlangen sind außerdem besondere Nachnahmescheine[3] gebührenfrei auszuhändigen.

62 (4) (3) Die Eisenbahn hat, sobald die Nachnahme bezahlt ist, den Absender zu benachrichtigen und ihm

die Nachnahme auszuzahlen.[4] Ist die Auszahlung im Tarife vom Ablauf einer bestimmten Frist abhängig gemacht, so ist keine besondere Benachrichtigung erforderlich.

II. (1) Nachnahmen im Betrage von 150 ℳ oder mehr, Nachnahmen auf Frachtgüter (nicht auch Eilgüter), für welche nach § 69 (1) Vorausbezahlung der Fracht verlangt werden kann, und Nachnahmen auf bahnlagernde Güter werden erst ausgezahlt, wenn die Versandstation die Anzeige[5] der Bestimmungsstation über die Zahlung der Nachnahme durch den Empfänger erhalten hat. 62 V (2)—(4)

(2) Alle anderen Nachnahmen[6] werden, falls die Bestimmungsstation nicht Einspruch erhoben hat, nach Ablauf einer mit dem Tage der Aufgabe beginnenden Frist ausgezahlt, die bei einer Beförderungsstrecke bis 1000 Tarifkilometer 2 Wochen, bei einer längeren Beförderungsstrecke 3 Wochen beträgt. Vor Ablauf dieser Frist werden sie ausgezahlt, wenn die Versandstation die Anzeige der Bestimmungsstation über die Zahlung der Nachnahme durch den Empfänger erhalten hat oder der Absender eine Einzahlungsbenachrichtigung der Bestimmungsstation nach dem in Anlage V vorgeschriebenen Vordruck[7] vorlegt. V (3) b V (3) a

(3) Die in Abs. 2 erwähnte Einzahlungsbenachrichtigung[7] wird dem Absender von der Bestimmungsstation durch die Post übersandt, wenn er im Frachtbrief unter „Zulässige oder vorge- 62 V (4)

schriebene Erklärungen“ folgenden Antrag gestellt hat:

„Ich beantrage Benachrichtigung von der Einzahlung der Nachnahme durch die Bestimmungsstation.“

Die Gebühr für die Benachrichtigung ist im Nebengebührentarif (Teil I Abteilung B) festgesetzt.

62 (5) (4) Ist das Gut ohne Einziehung der Nachnahme ausgeliefert worden, so hat die Eisenbahn dem Absender den Schaden bis zum Betrage der Nachnahme zu ersetzen, vorbehaltlich ihres Anspruchs gegen den Empfänger.

62 (6) (5) Die Eisenbahn kann einen Barvorschuß gewähren, wenn er nach dem Ermessen der Versandstation durch den Wert des Gutes sicher gedeckt wird.

62 VI III. Barvorschüsse werden bis zur Höhe von 10 ℳ für eine Sendung gewährt, wenn sie nach dem Ermessen der Versandstation durch den Wert des Gutes sicher gedeckt sind. Auf Güter, wofür nach § 69 (1) Vorausbezahlung der Fracht verlangt werden kann, und auf bahnlagernde Güter werden keine Barvorschüsse gewährt.

51 (1) k u. X (6) Der Betrag der Nachnahme und des etwa gewährten Barvorschusses ist vom Absender in den Frachtbrief an der hierfür vorgesehenen Stelle mit Buchstaben einzutragen. Dieser Eintrag ist auch bei einer Abweichung von einem Eintrag in Ziffern maßgebend.

(7) Für die Belastung einer Sendung mit Nach- 62 (2) Satz 1
nahme oder mit Barvorschuß darf die Eisenbahn die tarifmäßige Gebühr (Provision) erheben.

IV. Die Provision ist im Nebengebührentarif 62 V
(Teil I Abteilung B) festgesetzt.

V. Bei Umbehandlung einer Sendung oder 62 II
bei Änderung der Bestimmungsstation auf nachträgliche Verfügung des Absenders wird die Nachnahmeprovision nicht nochmals erhoben.

§ 73 (1). HGB. 426, 441, 445. JÜ. 13, 15.

1. Nachnahme: Vereinbarung bei Abschluß des Frachtvertrages, daß das Gut dem Empfänger nur gegen Bezahlung der im Frachtbrief angegebenen, dem Absender vom Frachtführer zu verabfolgenden Geldsumme ausgehändigt werden soll. Soll der Frachtführer die Summe dem Absender erst auszahlen, nachdem er sie vom Empfänger eingezogen hat, so liegt der Fall der eigentlichen Nachnahme vor: Nachnahme nach Eingang. Wird der fragliche Betrag aber dem Absender bereits bei Absendung ausgezahlt, ihm vom Frachtführer kreditiert, vorgeschossen, so liegt uneigentliche Nachnahme, sog. Nachnahme im voraus, Barvorschuß vor. Siehe (5). (Vgl. Gerstner, JE. § 32; Rosenthal JE. S. 111.) — **2.** § 61 (7) Aufnahmeschein; § 61 (8) Quittungsbuch oder dergleichen. — **3.** z. B. wenn Absender das Duplikat dem Empfänger zusenden will u. a. — **4.** Eis. haftet für falsche Ausantwortung der Nachnahme an einen Unberechtigten (EE. **21** 182. Unberechtigter Inhaber des Nachnahmescheins). Siehe auch (4). — **5.** Nachnahmebegleitschein. — **6.** Höhe unbeschränkt. — **7.** DEGT. Teil I S. 96.

§ 73. Nachträgliche Verfügungen des Absenders.

(1) Der Absender kann verfügen,[1] daß das Gut 64 (1)
auf der Versandstation zurückgegeben, unterwegs angehalten, auf der Bestimmungsstation zurückgehalten oder an einen anderen Empfänger oder an einem

anderen Orte ausgeliefert oder nach der Versandstation zurückgesandt werde.[2] Ebenso kann der Absender verfügen, daß eine Nachnahme nach Eingang nachträglich aufgelegt, erhöht, gemindert oder zurückgezogen, sowie daß die Sendung fracht- und ge-
64 (5) bührenfrei abgeliefert werde. Die Eisenbahn darf die Ausführung solcher Verfügungen nur dann ablehnen oder hinausschieben oder die Verfügung in veränderter Weise ausführen, wenn durch ihre Befolgung der regelmäßige Güterverkehr gestört werden würde. Sie hat in diesem Falle den Absender unverzüglich zu benachrichtigen.

(2) Verfügungen anderer Art können durch den Tarif einheitlich zugelassen werden.

I. Der Absender ist berechtigt, neben der Rücksendung des Gutes die Streichung der Angabe des Interesses an der Lieferung in der „Nachträglichen Verfügung“ zu beantragen.

64 I (1) II (3) Die Verfügungen müssen sich auf die ganze Sendung beziehen. Sie sind schriftlich unter Verwendung eines von der Eisenbahn durch den Tarif einheitlich festzusetzenden Musters bei der Versandstation einzureichen. Die Unterschrift darf auch durch Druck oder Stempel bewirkt werden. Die Versandstation hat die Verfügung sobald wie möglich, auf Wunsch des Absenders unter den im Tarif einheitlich festzusetzenden Bedingungen auch durch Telegramm oder Fernsprecher, weiter zu geben.

II. (1) Die Verfügung des Absenders muß für alle Teile der Sendung die gleiche sein. 64 I

(2) Die Weitergabe durch Telegramm oder Fernsprecher ist vom Absender in der „Nachträglichen Verfügung" zu beantragen.

(3) Die Gebühren der Weitergabe (Porto, Telegramm- und Fernsprechgebühren, Botenlöhne) hat der Absender auf Verlangen sofort zu entrichten.

(4) Für die nachträgliche Verfügung ist der Vordruck in Anlage VI[3] zu verwenden. Der Verkaufspreis ist im Nebengebührentarif (Teil I Abteilung B) festgesetzt. 64 IV

(4) Einem bei der Bestimmungsstation unmittelbar gestellten Antrage, die Sendung zurückzuhalten, kann vorläufig entsprochen werden. Der Absender hat jedoch die vorgeschriebene Verfügung innerhalb einer angemessenen Frist beizubringen. Anderenfalls ist nach § 76 zu verfahren.

III. (1) Einem bei der Bestimmungsstation unmittelbar gestellten Antrage wird auf Kosten des Absenders vorläufig entsprochen, wenn kein Zweifel besteht, daß er vom Absender herrührt.

(2) Im übrigen bleiben nachträgliche Verfügungen des Absenders, die nicht durch Vermittelung der Versandstation gegeben werden, unbeachtet. 64 II

(5) Im Falle der Ausstellung eines Frachtbriefduplikats oder eines Aufnahmescheins steht dem Ab- 64 (2) (6)

sender das Verfügungsrecht nur zu, wenn er diese Urkunden vorlegt und auch darin die Verfügungen einträgt.[4] Befolgt die Eisenbahn die Verfügungen des Absenders, ohne die Vorlegung des Duplikats oder Aufnahmescheins zu verlangen, so ist sie für den daraus entstehenden Schaden dem Empfänger, dem der Absender die Urkunde übergeben hat, haftbar. Ist ein Frachtbriefduplikat oder ein Aufnahmeschein nicht ausgestellt, so kann die Eisenbahn verlangen, daß sich der Absender entsprechend ausweist.

(6) Verweigert der Empfänger die Annahme des Gutes, so steht dem Absender das volle Verfügungsrecht auch dann zu, wenn er das Frachtbriefduplikat oder den Aufnahmeschein nicht[5] vorweisen kann.

(7) Verfügt der Absender, daß die Sendung unterwegs angehalten oder auf der Bestimmungsstation zurückgehalten wird, so ist die Eisenbahn berechtigt, für jede Verzögerung über 6 Stunden das tarifmäßige Stand- oder Lagergeld zu erheben. Beträgt die Verzögerung mehr als 24 Stunden, so kann die Eisenbahn das Gut auf Gefahr und Kosten des Absenders ausladen und auf Lager nehmen oder einem Spediteur oder öffentlichen Lagerhaus übergeben.

IV. Bei Verzögerungen über sechs Stunden wird das im Nebengebührentarif (Teil I Abteilung B) festgesetzte Lager-, Platz- und Wagenstandgeld, sowie das Standgeld für Eisenbahnfahrzeuge auf eigenen Rädern erhoben.

(8) Die Eisenbahn kann, wenn die nachträgliche Verfügung nicht durch ihr Verschulden veranlaßt ist, für deren Ausführung neben Erstattung der erwachsenden Frachtkosten, Nebengebühren und Auslagen eine im Tarife festzusetzende Gebühr verlangen. Bei leichtverderblichen Gütern sowie bei Sendungen, deren Wert die entstehenden Frachtkosten, Nebengebühren und Auslagen nicht deckt, kann Vorausbezahlung verlangt werden.

V. Für die Ausführung einer nachträglichen 64 III
Verfügung des Absenders werden folgende Frachtbeträge neben den etwa erwachsenden Nebengebühren, Auslagen und Gebühren erhoben:

a) wenn das Gut auf einer Unterwegsstation angehalten und ausgeliefert wird, die Fracht bis zu dieser Unterwegsstation;
b) wenn das Gut von der Bestimmungsstation oder von einer Unterwegsstation nach der Versandstation zurück- oder nach einer anderen Station befördert wird, außer der Fracht für die Beförderung bis zur ursprünglichen Bestimmungsstation oder bis zu der Unterwegsstation, auf welcher das Gut angehalten wird, die Rückfracht bis zur Versandstation oder die Fracht bis zur neuen Bestimmungsstation.

VI. Die Gebühren für die Ausführung nach- 64 V
träglicher Verfügungen sind im Nebengebührentarif (Teil I Abteilung B) festgesetzt. Sie werden nur erhoben, wenn das Gut auf der Versandstation

vor der Beförderung zurückgegeben oder auf einer Unterwegsstation angehalten und ausgeliefert wird.

Die nachträgliche Frankierung und die nachträgliche Minderung oder Zurückziehung von Nachnahmen sind kostenfrei, während die bereits berechnete Nachnahmeprovision unverändert bleibt. Bei nachträglicher Auflage oder Erhöhung von Nachnahmen wird die im Nebengebührentarif (Teil I Abteilung B) festgesetzte Provision berechnet, bei Erhöhung für den zugesetzten Betrag besonders.

64 (4) (9) Das Verfügungsrecht des Absenders erlischt,[6] wenn nach der Ankunft des Gutes am Orte der Ablieferung der Frachtbrief dem Empfänger übergeben oder wenn von dem Empfänger gemäß § 76 Abs. (2) Klage gegen die Eisenbahn erhoben wird. Die Eisenbahn hat dann nur die Anweisungen des Empfängers zu beachten; verletzt sie diese Verpflichtung, so ist sie dem Empfänger für das Gut verhaftet.[7]

§ 76. HGB. 433, 455, 471. Jü. 15.

1. Verfolgungsrecht, droit de suite, right of stoppage: Also ist der Frachtvertrag zwischen Absender und Frachtführer kein eigentlicher Vertrag zugunsten des Empfängers; denn er schafft nicht unmittelbar durch seinen Abschluß einen Anspruch, sondern nur, wenn Absender nicht die nach § 73 zulässigen Änderungen bezüglich des Empfängers vorgenommen hat: er ist also nur ein zugunsten des Empfängers wirkender Vertrag. Das Recht des Empfängers ist eine, eigentlich unbeabsichtigte Wirkung, eine „Reflexwirkung" des Vertrages. Das Verfügungsrecht des Absenders ist auf die unter (1) aufgezählten Fälle beschränkt, nur sie kann er im Klagewege durchsetzen, Verfügungen anderer Art zuzulassen ist Sache des

Tarifs (2), d. h. bis andere Verfügungen nicht zugelassen sind, stehen sie dem Absender auch nicht zu, sonst Vergünstigung [§ 6 (3)]. Ist Duplikat ausgestellt, so bedarf es seiner Vorlegung (5) zur Ausübung des Verfügungsrechts; aber (6). Ob materiell die nachträgliche Verfügung berechtigt ist — etwa auf Grund des zwischen Absender und Empfänger bestehenden Rechtsverhältnisses — darf Eis. nicht prüfen. (Staub § 433 Anm. 4.) — **2.** Ev. auf neuen Frachtbrief. Es kann sich dabei die Notwendigkeit der Frankierung ergeben [§ 69 (1)]. — **3.** DEGT. Teil I S. 97. — **4.** Verfügungsrecht steht nur dem Absender zu. Händigt er das Duplikat dem Empfänger aus, so erwirbt dieser nicht das Verfügungsrecht (RGEE. **13** 160), es ist nun bis zur Ankunft des Gutes [§ 76 (2)] niemand verfügungsberechtigt. Aber [§ 74 (3)]. Ausstellung nicht verlangten Duplikats kann die Eis. schadensersatzpflichtig machen (RGEE. **7** 352; VerZtg. **90** S. 304). Irrtümliche Ablieferung an den Empfänger trotz gegenteiliger rechtzeitiger Anweisung des Absenders (Arch. **81** 52; EE. **1** 132). — **5.** Weil es dann der Beachtung der zur Sicherung des Empfängers gegebenen Vorschrift (5) nicht mehr bedarf. — **6.** Rundnagel S. 24 Anm. 4; 77 Anm. 11. Ohne Übergabe des Frachtbriefs bei Übergabe des Gutes an den Empfänger z. B. bei Anschlußgleisinhabern. Vgl. dagegen auch § 81 (1). — **7.** Umgekehrt RGArch. **97** 1005.

§ 74. Beförderungshindernisse.

(1) Wird die Beförderung eines aufgelieferten Gutes auf dem vom Absender in zulässiger Weise vorgeschriebenen oder auf dem von der Eisenbahn bestimmten Wege verhindert, so hat die Eisenbahn das Gut ohne Erhebung von Mehrfracht[1] auf einem Hilfswege der Bestimmungsstation zuzuführen. Den Bahnen bleibt überlassen, gegeneinander Rückgriff zu nehmen. 65 (1)

(2) Ist kein Hilfsweg vorhanden, so hat die Eisenbahn den Absender um Verfügung zu ersuchen. Der Absender kann in diesem Falle auch vom Ver- 65 (2)

trage zurücktreten,[2] muß dann aber der Eisenbahn, wenn sie kein Verschulden trifft, außer der Fracht für die etwa zurückgelegte Eisenbahnstrecke die tarifmäßigen Gebühren für die Vorbereitung der Beförderung und für das Wiederausladen entrichten.

65 I Die im Falle des Rücktritts vom Frachtvertrage vom Absender zu zahlende Gebühr für die Vorbereitung der Beförderung und das Wiederausladen ist im Nebengebührentarif (Teil I Abteilung B) festgesetzt.

65 (4) (3) Verfügt der Absender auf die Aufforderung der Eisenbahn über das Gut, legt aber das etwa ausgestellte Frachtbriefduplikat oder den Aufnahmeschein nicht vor, so darf er weder die Person des Empfängers noch den Bestimmungsort ändern.

65 II (4) Verfügt der Absender der Aufforderung ungeachtet nicht über das Gut, so ist damit nach den Vorschriften im § 81 zu verfahren.

§§ 61, 73, 74, 99. HGB. 428, 455, 471. IÜ. 18.

1. Und ohne Nachfrage beim Absender, dem es ja in der Regel nur an möglichst schneller Ankunft des Gutes am Ziel liegt (Begr.). — 2. Der Absender kann vom Frachtvertrag zurücktreten, nicht Eis.

§ 75. Lieferfrist.

63 (1) (1) Die Lieferfristen[1] dürfen die nachstehenden Höchstfristen nicht überschreiten:

a) für Eilgut:

1. Abfertigungsfrist . . . . 1 Tag,
2. Beförderungsfrist für angefangene je 300 Tarifkilometer . . . . 1 Tag,

b) für Frachtgut:

1. Abfertigungsfrist . . . . 2 Tage,
2. Beförderungsfrist bei einer Entfernung bis zu 100 Tarifkilometer . . . . . 1 Tag, bei größeren Entfernungen für weitere angefangene je 200 Tarifkilometer . . 1 Tag.

(2) Die Abfertigungsfrist wird ohne Rücksicht auf die Zahl der beteiligten Eisenbahnverwaltungen nur einmal[2] berechnet. Die Beförderungsfrist wird nach der Gesamtentfernung zwischen der Versand- und der Bestimmungsstation berechnet. 63 (2)

(3) Die Eisenbahn kann mit Genehmigung der Landesaufsichtsbehörde[3] Zuschlagsfristen festsetzen: 63 (3)

1. für die Beförderung von und nach Güternebenstellen,
2. für den Übergang auf Bahnen mit anderer Spurweite, 3
3. für außergewöhnliche Verkehrsverhältnisse, wobei die Zuschlagsfristen ausnahmsweise vorbehaltlich der Genehmigung der Landesaufsichtsbehörde festgesetzt werden dürfen. 2

(4) Die Abfertigungs- und Beförderungsfristen (Abs. (1)) sowie die Zuschlagsfristen in Abs. (3) Ziffer 1 und 2 sind durch den Tarif festzusetzen. Die Zuschlagsfristen in Abs. (3) Ziffer 3 sind besonders zu veröffentlichen und treten nicht vor der Veröffentlichung in Kraft. Aus der Veröffentlichung muß zu ersehen sein, ob die Genehmigung erteilt 63 (3)

oder vorbehalten ist; wird die nachträgliche Genehmigung von der Landesaufsichtsbehörde versagt oder die Genehmigung nicht innerhalb 8 Tagen nach Veröffentlichung der Zuschlagsfristen bekannt gemacht, so ist die Festsetzung wirkungslos.[4]

63 (4) (5) Die Lieferfrist beginnt für die im Laufe des Vormittags aufgelieferten Güter um 12 Uhr Mittags, für die Nachmittags aufgelieferten Güter um Mitternacht. Sie ist gewahrt, wenn vor ihrem Ablaufe das Gut dem Empfänger zugeführt ist. Für Güter, die nach den Bestimmungen der Empfangsbahn oder nach einer Verfügung des Empfängers nicht zugeführt werden, ist die Lieferfrist gewahrt, wenn vor ihrem Ablaufe der Empfänger von der Ankunft benachrichtigt (§ 79 (3)) und das Gut zur Auslieferung bereitgestellt ist.

63 (5) (6) Für bahnlagernd gestellte Güter, für die der Absender die Benachrichtigung des Empfängers nicht im Frachtbriefe vorgeschrieben hat, und für Güter, deren Empfänger auf die Benachrichtigung schriftlich verzichtet hat, ist die Lieferfrist gewahrt, wenn vor ihrem Ablaufe die Güter auf der Bestimmungsstation zur Auslieferung bereit gestellt sind.

63 (6) (7) Der Lauf der Lieferfristen ruht für die Dauer der zoll- oder steueramtlichen oder polizeilichen Abfertigung, für die Dauer einer durch nachträgliche Verfügung des Absenders verursachten Verzögerung und für die Dauer einer ohne Verschulden der Eisenbahn eingetretenen Betriebsstörung, durch die

der Beginn oder die Fortsetzung der Beförderung zeitweilig verhindert wird.

(8) Ist der auf die Auflieferung des Gutes folgende Tag ein Sonntag oder Festtag, so beginnt bei Nachmittags aufgeliefertem Frachtgute die Lieferfrist einen Tag später. 63 (7)

(9) Ist der letzte Tag der Lieferfrist ein Sonntag oder Festtag, so läuft bei Frachtgut die Lieferfrist erst mit der entsprechenden Stunde des nächsten Werktags ab. 63 (8)

I. Als Lieferfristen gelten, sofern nicht besondere kürzere Fristen veröffentlicht sind, die vorstehend festgesetzten Höchstfristen mit Zurechnung der von den einzelnen Eisenbahnen mit Genehmigung ihrer Aufsichtsbehörden veröffentlichten Zuschlagsfristen. 63 I

II. (1) Die Lieferfrist für beschleunigtes Eilgut beträgt: 63 II (1)

1. Abfertigungsfrist . . . . 1/2 Tag,
2. Beförderungsfrist für je auch nur angefangene 300 Tarifkilometer . . . 1/2 Tag.

(2) Die Lieferfrist für beschleunigtes Eilgut gilt als gewahrt, wenn das Gut so schnell befördert wurde, wie es mit den dafür freigegebenen Zügen möglich war 63 II (3)

§ 94. HGB. 428 Abs. 1, 466. JÜ. 14, 39, 40, 41; § 6 AusfBest.

1. Lieferfrist, Lieferzeit, Lieferungszeit der Zeitraum, innerhalb dessen Beförderung auszuführen ist (Gerstner JE. S. 234). Maß=

gebend für Beförderungsfrist die Tarifkilometer, nicht der tatsächliche, oft größere gefahrene Weg. — **2.** d. h. für den durchgehenden Frachtbrief. — **3.** § 2 Anm. 2. — **4.** § 6 (5).

§ 76. Ablieferung.

66 (1) (1) Die Eisenbahn ist verpflichtet, am Orte der Ablieferung[1] dem Empfänger[2] gegen Zahlung der durch den Frachtvertrag begründeten Forderungen und gegen Empfangsbescheinigung[3] den Frachtbrief und das Gut zu übergeben.[4] Der Übergabe des Gutes an den Empfänger steht gleich die Übergabe an die Zoll- oder Steuerverwaltung in deren Abfertigungsräumen oder Niederlagen, wenn diese nicht unter Verschluß der Eisenbahn stehen,[5] sowie
75 (2) die nach dieser Ordnung[6] zulässige Hinterlegung bei einem Spediteur oder in einem öffentlichen Lagerhaus.

66 (2) (2) Der Empfänger ist nach[7] Ankunft[8] des Gutes am Orte der Ablieferung berechtigt,[9] die durch den Frachtvertrag begründeten Rechte gegen Erfüllung der sich daraus ergebenden Verpflichtungen im eigenen Namen gegen die Eisenbahn geltend zu machen, ohne Unterschied, ob er hierbei in eigenem oder in fremdem Interesse handelt. Er ist insbesondere berechtigt, von der Eisenbahn die Übergabe des Frachtbriefs und die Auslieferung des Gutes zu verlangen,[10] wenn nicht der Absender der Eisenbahn eine nach § 73 noch zulässige entgegenstehende Verfügung erteilt hat.

66 (3) (3) Als Ort der Ablieferung im Sinne der Abs. (1) und (2) gilt, vorbehaltlich der Festsetzungen

im § 78 Abs. (1), die vom Absender bezeichnete Bestimmungsstation[11] oder Güternebenstelle auch dann, wenn im Frachtbrief ein anderer Bestimmungsort[12] angegeben ist.

(4) Durch Annahme[13] des Frachtbriefs und des 67
Gutes[14] wird der Empfänger[15] verpflichtet, der Eisenbahn nach Maßgabe[16] des Frachtbriefs Zahlung zu leisten (vgl. jedoch § 70 Abs. (2)).

(5) Die Empfangsbahn hat bei der Ablieferung 68 (4)
alle durch den Frachtvertrag begründeten Forderungen, wie Fracht, Nebengebühren, Nachnahmen, Zollgelder und andere Auslagen einzuziehen. Auch hat sie erforderlichen Falles das Pfandrecht an dem Gute geltend zu machen.[17]

(6) Ob die Güter durch die Eisenbahn oder durch 68 (1)
den Empfänger auszuladen sind, hat der Tarif zu bestimmen, soweit nicht diese Ordnung Vorschriften darüber enthält.

Welche Güter durch die Eisenbahn und welche Güter durch den Empfänger auszuladen sind, ist in Abschnitt II der Allgemeinen Tarifvorschriften (Teil I Abteilung B) festgesetzt.

(7) Der Eisenbahn steht frei, Stückgüter, die 68 (1)
von ihr auszuladen sind, dem Empfänger auf seine Kosten zuzuführen (§ 78) oder ihn von der Ankunft zu benachrichtigen.[18] Auf den Stationen, wo Stückgüter dem Empfänger zugeführt werden, ist dies durch Aushang an den Abfertigungsstellen bekannt zu machen. Von der Ankunft anderer Güter ist der

Empfänger zu benachrichtigen (vgl. jedoch § 79 Abs. (5)).

60 (3) (8) Die Eisenbahn kann im Tarife vorschreiben, daß das Überladen von Gütern, die auf der Bestimmungsstation vom Eisenbahnwagen unmittelbar in Schiffe übergehen sollen, gegen Zahlung der im Tarif oder durch Aushang bekannt zu machenden Gebühren von ihr selbst oder durch besondere Unternehmer ausgeführt wird. Die hierbei verwendeten Personen gelten als Leute der Eisenbahn im Sinne des § 5.

68 (4) (9) Ist am Bestimmungsorte keine Güterabfertigungs- oder Güternebenstelle vorhanden, hat die Eisenbahn auch keine allgemeinen Einrichtungen für die Weiterbeförderung der Güter dorthin getroffen (§ 78 Abs. (1)) und hat weder der Absender noch der Empfänger für die unmittelbare Weiterbeförderung gesorgt, so hat die Eisenbahn wegen der Weiterbeförderung die Pflichten des Spediteurs (§ 85 Abs. (1)).

68 (7) (10) Bei der Ablieferung dürfen außer der Empfangsbescheinigung[19] weitere Erklärungen, namentlich über tadellose oder rechtzeitige Ablieferung, nicht verlangt werden. Vom Empfänger abzuholende Güter sind ihm, wenn die Eisenbahn sie auszuladen hat, auf den Güterböden, sonst auf den Entladeplätzen zur Verfügung zu stellen. Der Empfänger hat den eingelösten[20] Frachtbrief vorzuzeigen.

§§ 76—79, 63, 97. HGB. 435, 436, 441, 468. JÜ. 16, 17, 20, 21.

1. Ablieferung Begriff s. § 84 Anm. 6. — **2.** § 56 (1) a oder gemäß § 73 nachträglich vom Absender bezeichnete Person (RGEE. **1** 51.) — **3.** § 76 (10); 97 (4). — **4.** Übergabe des Frachtbriefs steht nicht gleich der des Gutes (RGArch. **92** 153; RGZ. **27** 84). — **5.** Also nicht in die sog. Eisenbahn-Zollschuppen. Übergabe an die Zollbehörde (RGArch. **08** 971) s. auch § 84. — **6.** § 76 (9); 81 (3). — **7.** Auslieferung vor Ankunft unzulässig (RGEE. **11** 302). — **8.** Nicht schon mit Ablauf der Lieferfrist, gar nicht bei Totalverlust (Staub § 435 Anm. 1. Gerstner RSt. 86; JE. 267 aber RGEE. **16** 339). — **9.** Nicht verpflichtet; kein Recht des Frachtführers auf Abnahme des Gutes durch den Empfänger (RGEE. **17** 219; JW. **00** 314). — **10.** Auch im Klagewege. — **11.** RG. Bolze Praxis **17** S. 242 Nr. 434. — **12.** Kleinbahnstation [§ 75 (3) (4); 85 (2)]. Auch die Kleinbahn kann als Rollfuhrunternehmer bestellt sein. — **13.** d. h. tatsächliche Entgegennahme des Gutes in die Verfügungsgewalt, durch die der Frachtführer von der Aufbewahrungspflicht befreit und der Empfänger zu dieser verpflichtet wird (OLG. (KG.) **6** 96). Sie liegt auch in der Abfuhr durch den vom Empfänger allgemein mit Abrollung der für ihn anlangenden Sendungen beauftragten Spediteur (EE. **19** 337). — **14.** des im Frachtbriefe genannten. — **15.** Auch der sog. Adreßspediteur (RGEE. **24** 348). — **16.** Gerstner RSt. S. 86. Wie es das aus dem Frachtbrief sich ergebende Frachtverhältnis mit sich bringt. Rosenthal S. 155; Hertzer S. 115. Auch § 60 (4): (Frachtzuschläge sind vom Empfänger zu tragen) (RGEE. **2** 436). Der Frachtbrief ist nicht unbedingt maßgebend, z. B. Berechnung beruht auf Druckfehler im Tarif (RGZ. **6** 100). Vereinbarung anderen Tarifs (RGZ. **4** 74). Vgl. auch § 68 Anm. 1. Fracht bei unterwegs eingetretenem Verlust des Gutes (Reindl VerZtg. **03** 1233; JntZtschr. **12** 26; VerZtg. **04** 1079). — **17.** HGB. 440, 441. JÜ. 20, 21, 22. Pfandrecht am Gut z. B. auch wegen Barvorschuß [§ 72 (5)]. (Empfangsbahn ist letzter Frachtführer im Sinne des HGB. 441 Abs. 1.) Es dauert über die Ablieferung hinaus, wenn (§ 440 Abs. 3) es innerhalb dreier Tage, den Tag der Ablieferung nicht mitgerechnet (BGB. 187), gerichtlich geltend gemacht, und das Gut während dieser Zeit noch im Besitz des Empfängers ist. Pfandverkauf (BGB. 1228) muß dem Empfänger angedroht werden (BGB. 1234 Abs. 1); Realisierungsfrist 1 Woche (HGB. 368) bzw. 1 Monat, wenn nicht beiderseitiges Handelsgeschäft (BGB. 1234 Abs. 2). Im übrigen (BGB. 1235, 1241) unverzügliche Benachrichtigung des Empfängers bzw. (HGB. 440 Abs. 4) des Absenders (§ 81 EVO.). — **18.** Verspätete Zustellung der Benachrichtigung durch die Post: Hertzer EE. **19** 274 (Eis. hafte aus § 278 BGB.), dagegen IntZtschr. **03** 171, 182. VerZtg. **03** 741. — **19.** BGB. 368. — **20.** Also hat er vorzuleisten.

§ 77. Nachzählung und Nachwägung auf der Bestimmungsstation.

68 (8) Satz 1 (1) Der Empfänger kann bei der Ablieferung verlangen, daß die Güter in seiner Gegenwart auf dem Bahnhofe nachgezählt und nachgewogen werden; er hat hierfür die tarifmäßige Gebühr zu zahlen (vergleiche auch § 56 Abs. (6)).

68 IV I. Für die Gewichtsermittelung oder Feststellung der Stückzahl der angekommenen Güter wird das im Nebengebührentarif (Teil I Abteilung B) bestimmte Wägegeld oder die Zählgebühr erhoben.

68 (8) Satz 2 u. IV (2) (2) Die Eisenbahn ist verpflichtet, bei Wagenladungen die beantragte Nachwägung und Nachzählung vorzunehmen, es sei denn, daß die vorhandenen Wägevorrichtungen nicht ausreichen oder die Beschaffenheit des Gutes oder die Betriebsverhältnisse die Feststellung der Stückzahl nicht gestatten. Wird die Nachwägung abgelehnt, so kann der Empfänger das Gut auf der nächsten geeigneten Wage in Gegenwart eines Bevollmächtigten der Eisenbahn nachwägen. Er hat die hierdurch ent=

stehenden Kosten einschließlich der Entschädigung für den Bevollmächtigten zu zahlen.

(3) Für die Verwägung von Wagenladungsgütern gelten die Vorschriften des § 58 Abs. (5).

II. Die Ausführungsbestimmungen I und II zu 68 V
§ 58 gelten hier gleichfalls.

(4) Wird bei der Nachzählung oder Nachwägung 68 (8)
eine Minderzahl oder ein Mindergewicht festgestellt, Satz 5
die von der Eisenbahn zu vertreten, aber noch nicht anerkannt sind, so darf die Eisenbahn für die Feststellung keine Gebühren erheben und hat dem Empfänger die ihm verursachten Kosten zu ersetzen.

§ 78. Zuführung.

(1) Die Eisenbahn kann die Stückgüter innerhalb 68 (3)
des Stationsorts oder nach benachbarten Orten gegen eine durch Aushang bekannt zu machende Gebühr selbst zuführen[1] oder Rollfuhrunternehmer[2] dafür bestellen (§ 76 Abs. (7) und (9)). Die hierbei verwendeten Personen gelten als Leute der Eisenbahn im Sinne des § 5.[3] Die Rollfuhrleute haben ihren Gebührentarif bei sich zu tragen und auf Verlangen vorzuzeigen.

Auch wenn für die Zuführung von be- 68 III
schleunigtem Eilgut Rollfuhrunternehmer bestellt sind, ist die Eisenbahn berechtigt, an Stelle der Zuführung Benachrichtigung eintreten zu lassen.

(2) Auch auf den Stationen, wo die Eisenbahn 68 (5)
für die Zuführung sorgt, sind die Empfänger be-

rechtigt, ihre Güter selbst abzuholen oder sie durch andere als die von der Eisenbahn bestellten Fuhrunternehmer abholen zu lassen. Wollen sie von diesem Rechte Gebrauch machen, so haben sie es der Abfertigungsstelle vor der Ankunft des Gutes schriftlich anzuzeigen. Die Eisenbahn kann jedoch im allgemeinen Verkehrsinteresse mit Genehmigung der Landesaufsichtsbehörde dieses Recht vorübergehend oder, wenn besondere Verhältnisse es erfordern, auch dauernd beschränken oder aufheben.

68 (6) (3) Müssen Güter nach Räumen der Zoll- oder Steuerverwaltung gebracht werden, die außerhalb der Bahnhöfe liegen, so kann dies die Eisenbahn gegen Erstattung der Kosten selbst besorgen oder unter ihrer Verantwortung auf Kosten des Verfügungsberechtigten durch einen Spediteur besorgen lassen, auch wenn der Empfänger sich die Selbstabholung vorbehalten hat.

68 (2) (4) Die Fristen, innerhalb deren die Güter dem Empfänger von der Eisenbahn zugeführt werden, sind durch Aushang an den Abfertigungsstellen bekannt zu machen.

1. § 76 (7). Zuführen d. h. in die Behausung bringen. Rundnagel S. 26 Anm. 4. — 2. Sind nicht selbständige Frachtführer (HGB. 432) EE. 23 360. — 3. Sofern sie nicht als Spediteure in Privatauftrag handeln (RGZ. 66 406).

§ 79. Benachrichtigung des Empfängers von der Ankunft.

68 (1) Satz 4 (1) Die Benachrichtigung über die Ankunft des Gutes (§ 76 Abs. (7)) geschieht nach Wahl der Eisen-

bahn durch die Post, durch Fernsprecher oder schriftlich durch besonderen Boten unter Angabe der Frist, innerhalb deren das Gut abzunehmen ist.[1] Auf schriftlichen Antrag des Empfängers kann die Abfertigungsstelle eine besondere Art der Benachrichtigung mit ihm vereinbaren.

I. Wollen die Empfänger für den Einzelfall oder ein für allemal mit der Eisenbahn die Art der Benachrichtigung vereinbaren, so haben sie dies durch eine schriftliche Erklärung bei der Güterabfertigungsstelle rechtzeitig zu beantragen. Erklärungen, die ein für allemal abgegeben werden, sind nach dem Vordruck der Anlage VII[2] auszustellen. 68 I

(2) Die Benachrichtigung hat bei Frachtgut nach der Ankunft, spätestens aber sofort nach der Bereitstellung, bei Eilgut binnen 2 Stunden nach der Ankunft zu erfolgen. Bei Eilgut, das an Werktagen nach 6 Uhr Abends, an Sonn- und Festtagen nach 12 Uhr Mittags ankommt, kann die Benachrichtigung erst am folgenden Morgen verlangt werden. 68 (2)

(3) Die Benachrichtigung gilt als bewirkt: 68 I (1)

a) bei Zustellung durch die Post 4 Stunden, durch Telegramm 1 Stunde nach der Aufgabe,
b) bei Zustellung durch Fernsprecher mit der Aufgabe,
c) bei anderer Zustellung mit der Aushändigung.

(4) Ausgefertigt wird die Benachrichtigung unentgeltlich, für die Zustellung kann die Eisenbahn den Ersatz ihrer Auslagen verlangen. 68 (1) Satz 6

68 II II. Die Gebühren für die Zustellung der Benachrichtigung sind im Nebengebührentarif (Teil I Abteilung B) festgesetzt.

68 (1) Satz 5 (5) Die Benachrichtigung unterbleibt, wenn der Empfänger schriftlich darauf verzichtet, und bei bahnlagernd gestellten Gütern, wenn der Absender sie im Frachtbriefe nicht ausdrücklich vorgeschrieben hat.[3]

(6) Ist eine Wagenladung wegen Laufunfähigkeit des Wagens unterwegs umgeladen worden, so muß das dem Empfänger bei der Benachrichtigung mitgeteilt werden.[4]

1. § 80 (7). Das Gut ist sofort bereit zu stellen, s. auch § 79 (2). — 2. DEGT. Teil I S. 98. — 3. Sonst jetzt also zugelassen. — 4. Damit der Empfänger das Gut genau prüfen kann wegen Feststellung etwaiger Beschädigungen.

§ 80. Fristen für die Abnahme der nicht zugerollten Güter.

69 (1) (1) Die von der Eisenbahn auszuladenden Güter sind innerhalb der im Tarife festzusetzenden Frist während der Dienststunden (§ 63 Abs. (2)) abzunehmen. Die Frist beginnt mit der Benachrichtigung von der Ankunft des Gutes und muß mindestens 24 Stunden betragen.[1]

69 (2) (2) Die Frist, innerhalb deren die vom Empfänger auszuladenden Güter abzunehmen sind, ist durch Aushang an der Abfertigungsstelle oder durch den Tarif bekannt zu machen. Die Frist beginnt mit der
69 I (2) Benachrichtigung über die Ankunft des Gutes. Sind die zu entladenden Wagen nicht rechtzeitig bereit

gestellt, so beginnt die Entladefrist erst mit dem Zeitpunkte der Bereitstellung.[2] Die Eisenbahn kann verlangen, daß die Güter während der Dienststunden ausgeladen und abgefahren werden.

(3) Sind die Güter bahnlagernd gestellt, und hat 69 (3)
der Absender im Frachtbriefe die Benachrichtigung des Empfängers nicht ausdrücklich vorgeschrieben oder hat der Empfänger auf die Benachrichtigung schriftlich verzichtet oder ist die Benachrichtigung nicht möglich, so beginnt die Abnahmefrist mit der Bereitstellung des Gutes.

I. (1) Die Dauer der Abnahmefristen ist in den 69 I (1)
Tarifteilen II festgesetzt.

(2) Für die Neuaufgabe beladener Wagen auf 69 I (3)
der Bestimmungsstation durch den Empfänger zur Weiterbeförderung ohne Umladung wird nur die einfache Entladefrist standgeldfrei gewährt; bei Überschreitung dieser Frist wird das im Nebengebührentarif (Teil I Abteilung B) festgesetzte Wagenstandgeld erhoben. In gleicher Weise wird bei Weitersendung durch den Absender verfahren, nur wird in diesem Falle die Entladefrist bereits von Eingang der Sendung, nicht erst von der etwa erfolgten Benachrichtigung des Empfängers an berechnet.

(4) An Sonn- und Festtagen ist nur Eilgut auszuliefern, vorausgesetzt, daß seiner zoll- oder steueramtlichen Behandlung kein Hindernis entgegensteht.[3]

56 (4) (5) Der Lauf der Abnahmefristen ruht während der Sonn- und Festtage, ferner während einer zoll- oder steueramtlichen oder polizeilichen Abfertigung, soweit sie nicht durch den Absender oder den Empfänger verzögert wird.

56 (5) (6) Wird das Gut nicht innerhalb der festgesetzten Fristen abgenommen, so ist das tarifmäßige Lager- oder Wagenstandgeld verwirkt. Auch kann die Eisenbahn die vom Empfänger nicht rechtzeitig ausgeladenen Güter auf seine Gefahr und Kosten ausladen[4] (vergleiche auch § 81 Abs. (6)). Für Sonn- und Festtage ist Wagenstandgeld nur dann zu erheben, wenn die Entladefrist schon am Tage vorher, Nachmittags 2 Uhr, abgelaufen ist.[5] Folgen mehrere Sonn- und Festtage aufeinander, so ist nur für einen Tag Wagenstandgeld zu erheben.

69 II II. Das Lager-, Platz- und Wagenstandgeld sowie das Standgeld für Eisenbahnfahrzeuge auf eigenen Rädern ist im Nebengebührentarif (Teil I Abteilung B) festgesetzt.

69 (6) (7) Meldet sich der benachrichtigte Empfänger zur Abnahme des Gutes und kann es ihm nicht innerhalb 1 Stunde nach seinem Eintreffen bereit gestellt werden, so hat die Eisenbahn ihm die Kosten der vergeblich versuchten Abholung zu ersetzen.[6] Auf Verlangen des Empfängers hat die Eisenbahn die vergeblich versuchte Abholung auf dem Frachtbriefe zu bescheinigen.

(8) Wenn die ordnungsmäßige Abwickelung des Verkehrs durch Güteranhäufungen gefährdet wird, so ist die Eisenbahn berechtigt, nach Maßgabe des Bedarfs die Entladefristen und die lagerzinsfreie Zeit abzukürzen sowie das Wagenstandgeld und das Lagergeld zu erhöhen. Hierfür gelten sinngemäß die Vorschriften im § 75 Abs. (4) über Festsetzung, Genehmigung und Veröffentlichung von Zuschlagsfristen für außergewöhnliche Verkehrsverhältnisse. 69 (7)

1. Sog. lagerzinsfreie Zeit § 80 (8). — 2. Nicht mehr mit der Ankunft. — 3. § 63 (3) I. — 4. Haftung BGB. 688 ff., und zwar nur noch für Vorsatz und grobe Fahrlässigkeit wegen Gläubigerverzuges BGB. 300 Abs. 1. — 5. § 63 (6). — 6. § 63 (5) Satz 3. Siehe auch BGB. 286 Abs. 1.

§ 81. Ablieferungshindernisse. Verzögerung der Abnahme.

(1)[1] Ist der Empfänger des Gutes nicht zu ermitteln, verweigert er die Annahme[2] oder löst er den Frachtbrief nicht innerhalb der von der Eisenbahn im Tarife festzusetzenden Frist ein, oder ergibt sich ein sonstiges Ablieferungshindernis, so hat die Bestimmungsstation unverzüglich den Absender durch die Versandstation von der Ursache des Hindernisses zu benachrichtigen und seine Anweisung einzuholen (vergleiche auch § 73 Abs. (6)) Der Absender kann im Frachtbriefe vorschreiben, daß er auf seine Kosten unmittelbar telegraphisch oder durch die Post benachrichtigt werde; er ist in diesem Falle unter den im Tarife festzusetzenden Bedingungen berechtigt, 70 (1) seine Anweisung gleichfalls unmittelbar an die Bestimmungsstation zu richten. Der Absender kann unter den im Tarife festzusetzenden Bedingungen im Frachtbrief auch vorschreiben, daß ihm das Gut bei Eintritt eines Ablieferungshindernisses ohne vorherige Benachrichtigung zurückgeschickt werde. Sonst darf das Gut nur zurückgeschickt werden, wenn es der Absender infolge der Benachrichtigung verlangt.

I. Der Frachtbrief ist einzulösen

a) bei leicht verderblichen Gütern innerhalb der im § 80 bezeichneten Abnahmefristen;

b) bei anderen bahnlagernd gestellten Stückgütern, von deren Ankunft der Empfänger nicht benachrichtigt worden ist oder nicht benachrichtigt werden konnte [§ 80 (3)], innerhalb fünf Tage nach ihrer Bereitstellung,

c) sonst innerhalb zweier Tage nach Ablauf der im § 80 bezeichneten Abnahmefristen.

70 I II. Die Kosten der Benachrichtigung hat der Absender zu ersetzen.

III. (1) Der Antrag auf unmittelbare Benachrichtigung durch die Bestimmungsstation oder auf Rücksendung des Gutes ohne Benachrichtigung ist unter „Zulässige oder vorgeschriebene Erklärungen“ wie folgt zu stellen:

„Bei Ablieferungshindernis unmittelbare telegraphische Benachrichtigung durch die Bestimmungsstation auf meine Kosten“

oder

„Bei Ablieferungshindernis unmittelbare briefliche Benachrichtigung durch die Bestimmungsstation auf meine Kosten“

oder

„Bei Ablieferungshindernis Rücksendung ohne vorherige Benachrichtigung“.

(2) Einem Antrag auf frachtfreie Auslieferung wird nur dann entsprochen, wenn der auf der Sendung haftende Betrag bei der Bestimmungsstation eingezahlt ist oder dieser die Zahlung an die Versandstation nachgewiesen wird.

(2) Hat der Empfänger die Annahme des Gutes verweigert und ist der Absender von dem Hindernisse benachrichtigt, so darf das Gut nur mit seiner Zustimmung nachträglich abgeliefert werden. In allen übrigen Fällen wird das Gut dem nachträglich zur Annahme bereiten Empfänger abgeliefert, wenn nicht inzwischen eine andere Verfügung des Absenders auf der Bestimmungsstation eingetroffen ist.[3]

(3) Ist die Benachrichtigung des Absenders nicht 70 (2)
tunlich oder ist der Absender mit der Erteilung der Anweisung säumig oder ist die Anweisung nicht ausführbar, so hat die Eisenbahn das Gut auf Gefahr und Kosten des Absenders auf Lager zu nehmen;[4] sie hat in diesem Falle für die Sorgfalt eines ordentlichen Kaufmanns einzustehen. Die Eisenbahn ist jedoch auch berechtigt, unanbringliche Güter unter Nachnahme der darauf lastenden Kosten und

Auslagen bei einem Spediteur oder in einem öffentlichen Lagerhause für Rechnung und Gefahr des Verfügungsberechtigten zu hinterlegen.[5]

70 (3) (4) Die Eisenbahn ist ferner berechtigt:

a) Güter, die nicht abgeliefert werden können, wenn sie schnellem Verderben unterliegen oder nach den örtlichen Verhältnissen weder einem Spediteur übergeben noch eingelagert werden können, sofort

b) Güter, die nicht abgeliefert werden können und die vom Absender nicht zurückgenommen werden, 4 Wochen nach Ablauf der lagerzinsfreien Zeit, wenn aber ihr Wert durch längeres Lagern unverhältnismäßig vermindert würde oder wenn die Lagerkosten in keinem Verhältnisse zum Werte des Gutes stehen würden, schon früher ohne Förmlichkeit bestmöglich zu verkaufen. Von dem bevorstehenden Verkaufe sind der Absender und der Empfänger zu benachrichtigen, es sei denn, daß dies untunlich ist. Die Eisenbahn kann, wenn sie den Verkauf selbst vornimmt, außer den baren Auslagen eine im Tarife festzusetzende Gebühr erheben.

70 II IV. Wenn die Eisenbahn den Verkauf unanbringlicher Güter selbst vornimmt, wird außer den baren Auslagen die im Nebengebührentarif (Teil I Abteilung B) festgesetzte Gebühr berechnet.

70 (4) (5) Von der Hinterlegung und vom erfolgten Verkaufe des Gutes hat die Eisenbahn den Absender

und den Empfänger unverzüglich zu benachrichtigen, es sei denn, daß dies untunlich ist; unterläßt sie es, so ist sie zum Schadensersatze verpflichtet. Dem 70 (3)
Absender ist der Verkaufserlös nach Abzug der Auslagen und Gebühren zur Verfügung zu stellen.

(6) Wird der Frachtbrief vom Empfänger eingelöst, das Gut aber nicht innerhalb der für die Abnahme festgesetzten Frist abgenommen,[6] so ist der Empfänger nochmals zur Abnahme aufzufordern und zu benachrichtigen, daß das Gut auf seine Gefahr und Kosten lagere. Für die Lagerung solcher Güter, für ihre Überweisung an einen Spediteur oder an ein öffentliches Lagerhaus sowie für ihren Verkauf gelten sinngemäß die Vorschriften der Absätze (3) bis (5). Im Falle des Verkaufs ist der Erlös nach Abzug der Kosten dem Empfänger zur Verfügung zu stellen.

§§ 74 (4), 76 (1). HGB. 437, 373 Abs. 2—4. Jll. 24.

1. § 81 unterscheidet streng zwischen „Annahme" und „Abnahme". Die Absätze (1)—(5) beziehen sich auf verweigerte „Annahme" — der Absender hat noch das Verfügungsrecht; Absatz (6) behandelt den Fall der verzögerten „Abnahme", wo die Rechte des Absenders bereits erloschen sind (Begr.). — **2.** Annahme bedeutet nicht auch die körperliche Inbesitznahme, sondern Bereitwilligkeit zum Eingehen auf die angebotene Leistung, z. B. durch Einlösung des Frachtbriefes (BGB. 293, 298), während das Gut im Verwahrungsbesitz der Eisenbahn bleiben kann. — **3.** Erledigung einer alten Streitfrage (Senckpiehl EE. **21** 204). — **4.** Im andern Falle haftet sie noch aus dem Frachtvertrage. Nimmt sie das Gut selbst auf Lager, so haftet sie als Verwahrer (BGB. 688 ff.). Keine Haftung für Frostschäden (EE. **21** 157). Eis. kann aber auch ihr Pfandrecht realisieren [§ 76 (5) Anm. 17), also verkaufen, auch wenn nicht verderbliche Güter vorliegen. Auch hat sie, z. B. wenn Annahme wegen angeblicher Mängel verweigert wird, das Recht zur Sicherung des Beweises beim Amtsgericht der belegenen Sache (ZPO. §§ 485 ff. EVO. § 83). — **5.** BGB. 372. — **6.** Abnahme: Der Empfänger nimmt das Gut in seinen Besitz (vgl. EE. **22** 371): das „richtige" Gut.

§ 82. Feststellung von Minderung, Beschädigung oder Verlust des Gutes durch die Eisenbahn.

71 (1) (2) (1) Wird eine Minderung oder Beschädigung des Gutes[1] von der Eisenbahn entdeckt oder vermutet oder vom Verfügungsberechtigten behauptet, so hat die Eisenbahn den Zustand des Gutes, den Betrag des Schadens und, soweit dies möglich, die Ursache und den Zeitpunkt der Minderung oder Beschädigung ohne Verzug schriftlich festzustellen.[2] Eine Feststellung hat auch bei Verlust des Gutes stattzufinden.

71 (1) (2) Das Ergebnis ist den sich ausweisenden am Frachtvertrage Beteiligten auf Verlangen bekannt zu geben.[3]

71 (3) (3) Zur Feststellung in Minderungs- oder Beschädigungsfällen sind unbeteiligte Zeugen oder Sachverständige und, wenn möglich, auch der Verfügungsberechtigte zuzuziehen.

71 (Zus.) (4) Ergibt die auf Veranlassen des Verfügungsberechtigten vorgenommene Untersuchung keine oder nur eine von der Eisenbahn schon anerkannte Minderung oder Beschädigung, so hat er die entstandenen Kosten zu tragen.

§§ 97 (2) (3), 83. HGB. 464, 438. Jü. 25.

1. Gut ist Ware und Umhüllung, Verpackung (z. B. Glasballons bei Flüssigkeiten) EE. **21** 161 s. § 84 Anm. 4. — **2.** Sog. Tatbestandsaufnahme, deren Beweiserheblichkeit der freien Beweiswürdigung des Richters unterliegt. Die Eis. wird daher auf ihre sorgfältige Anfertigung besonders zu achten haben (s. EE. **18** 343, Urkunden ZPO. 415, RGZ. **64** 169). — **3.** Es besteht aber keine Verpflichtung zu abschriftlicher Mitteilung.

§ 83. Feststellung von Mängeln des Gutes durch Sachverständige oder durch das Gericht.

Unbeschadet des im § 82 vorgesehenen Verfahrens 72
kann jeder Beteiligte die Beschädigung oder Minderung des Gutes durch amtlich ernannte Sachverständige feststellen lassen. Zu dieser Feststellung ist die Eisenbahn einzuladen. Die Vorschriften der Zivilprozeßordnung über die Sicherung des Beweises bleiben unberührt.

HGB. 438, 464. Jü. 25. ZPO. 485 ff. FGG. 164.

§ 84. Haftung der Eisenbahn für Verlust, Minderung oder Beschädigung des Gutes im allgemeinen.

Die Eisenbahn haftet für den Schaden,[1] der durch 75 (1)
Verlust,[2] Minderung[3] oder Beschädigung[4] des Gutes in der Zeit von der Annahme zur Beförderung[5] bis zur Ablieferung[6] entsteht, es sei denn,[7] daß der Schaden durch ein Verschulden[8] oder eine nicht von der Eisenbahn[9] verschuldete Anweisung des Verfügungsberechtigten, durch höhere Gewalt,[10] durch äußerlich nicht erkennbare Mängel der Verpackung[11] oder durch die natürliche Beschaffenheit[12] des Gutes,

namentlich durch inneren Verderb,[13] Schwinden,[13] gewöhnliche Leckage[13] verursacht ist.[14]

§§ 80, 88, 91. HGB. 429, 438, 456, 457, 459—462, 465, 467, 468, 471. JÜ. 30, 33, 36.

Lit.: Rundnagel, Die Haftung der Eisenbahn für Verlust, Beschädigung und Lieferfristüberschreitung nach deutschem Eisenbahnfrachtrecht 1906. — Staub § 456.

1. Eis. haftet regelmäßig bis zur höheren Gewalt, also auch für Zufall (entgegen HGB. 438 Abs. 3 und 5), und zwar für den gemeinen Handelswert bzw. Wert (§ 88), falls nicht der Absender sein Interesse an der Lieferung über diesen hinaus auf dem Frachtbrief angegeben hat (§ 92). Kostbarkeiten (§ 54 (2) B 1) s. Anm. 14. Höchstbetrag [§ 89 (2)]. Bei Verlust, Minderung, Beschädigung des Gutes Einschränkung (§ 86). Schaden, nicht auch entgangener Gewinn (§ 88), dieser nur bei Lieferfristüberschreitung [§ 94 (3)]. — **2.** Liegt vor, wenn Eis. das Gut auszuliefern außerstande ist (Rundnagel 36 und dort Angeführte) (ROH. **4** 14, **15** 30; RGEE. **10** 305). Arrest auf das Gut (EE. **22** 355). Auslieferung an einen Unberechtigten (RGEE. **19** 144). Bei Verlust eines Teils nur dieser zu ersetzen, es sei denn unteilbares Ganzes (RGZ. **15** 132). Nicht Wiegedifferenzen aus Ungenauigkeit der Wagen (Wien EE. **20** 358). Packmeister begeht Unterschlagung im Amte nicht Mundraub (RGS. **35** 116); Strafantrag wegen Mundraubs durch EisVerw. (jetzt Direktion) zulässig, nicht nur durch den Eigentümer (RGS. **19** 380). — **3.** Minderung ist teilweiser Verlust. Empfänger ist nicht berechtigt, Annahme zu verweigern und vollen Schadensersatz zu verlangen (RGArch. **31** 193); s. § 88 (2). — **4.** Durch langes Lagern herbeigeführte Minderung des Verkaufswertes, teilweise Beschädigung (ROH. **20** 347, **15** 372); Säcke Bestandteile des Gutes (DJZ. **06** 1034) s. dazu § 82 Anm. 1. — **5.** § 63. Beschädigung des Gutes beim Transport vom Wagen des Spediteurs bis zur Eisenbahnwage (EE. **23** 375) vgl. § 59 (RGZ. **66** 402) und EE. **23** 391: Russische Otschereblagerung nicht Annahme z. B. — **6.** Ablieferung (§ 76) derjenige Akt, durch welchen der Frachtführer nach Beendigung der Beförderung den Gewahrsam über das Gut mit Einwilligung des

Empfängers aufgibt (OLG. **2** 186; ROH. **6** 273; **14** 293; RGEE. **13** 16). Wo Annahme zu erfolgen hat, richtet sich nach der Bestimmung: bahnlagernd, ob Anschlußgleis, bahnamtlicher Rollfuhrunternehmer besteht oder Empfänger selbst abholt. Annahme muß durch den zur Empfangnahme Berechtigten erfolgen, den der Frachtbrief ergibt (RGEE. **19** 145). Übergabe des Gutes an die Zollbehörde (RGArch. **08** 971; RGZ. **67** 336). — **7.** Beweis: Entstehen des Schadens in der Beförderungszeit, führt der Entschädigung Fordernde. Eis. haftet, wenn die Ursache eines nachweislich in der kritischen Zeit entstandenen Schadens nicht aufgeklärt wird (RGEE. **3** 353; RGJW. **07** 368). Zuständiges Gericht (RGEE. **5** 64; **21** 390) siehe auch **VIII** Anm.: Nicht nötig genaue Bestimmung des Tatorts und Täters (RGEE. **2** 136). — **8.** z. B. zu enge Verpackung und mangelnde Fütterungseinrichtungen bei jungen lebenden Tieren (EE. **22** 140 und 153 [Schweizer Entsch.]). Verheimlichung besonderer Beschaffenheit des Gutes (RGZ. **15** 151; **20** 78). Verhinderung von Sicherheitsmaßregeln (ROH. **12** 107). Befugte Veräußerung bei Abnahmeverzug des Empfängers (ROH. **11** 293). — **9.** Außerordentliche Verkehrsschwierigkeiten kein Verschulden der Eis. (RGEE. **23** 389). Konkurrierendes Verschulden (EE. **23** 155 ÖsterrEntsch.). Es gilt BGB. 254 (Staub § 456 Anm. 13 und dort Zitierte). Siehe auch § 86 Anm. 21. — **10.** § 3 (Rundnagel S. 113. Staub § 456 Anm. 7 ff. RGZ. **21** 13; EE. **19** 195). Nicht z. B. plötzlich eintretender Frost: „Ein außerhalb des Betriebes der Eisenbahn entsprungenes, durch Hineinwirken in ihren Betriebskreis Schaden verursachendes Ereignis, das nach menschlichem Ermessen nicht vorauszusehen, dessen Eintritt und Wirkungen durch Vorkehrungen nicht abwendbar, die zu dem zu erreichenden Erfolge nach den Anschauungen des Verkehrs in vernünftigem Verhältnis stehen" (Staub § 456 Anm. 7; EE. **4** 238; Gruchot Beitr. **37** 741; **28** 1096). So z. B. Selbstentzündung eines mit Sprengstoff gefüllten Frachtguts, von dessen Inhalt Eis. keine Kenntnis hatte, falls die Explosion nicht durch falsche Verladeweise verschuldet. Streik höhere Gewalt? (EE. **23** 399, 372. Aber EE. **17** 319; **20** 113; **21** 293, 236 und 328; **22** 102; **23** 91; **25** Sonderheft S. 1; **25** 140; 197. VerZtg. **06** 121). — **11.** §§ 62 (2), 86 (1) Z. 2. — **12.** Über das Verhältnis des § 84 zu § 86 (1) Z. 4 siehe RGJW. **06** 757 auch EE. **23** 283 und RGZ. **56** 400 auch EE. **20** 342. — **13.** Siehe § 86. — **14.** Für Kostbarkeiten, Kunstgegenstände, Geld und Wertpapiere haftet Eis. gemäß HGB. 456 Abs. 2, 429 Abs. 2, 471 Abs. 2 nur, wenn ihr die Beschaffenheit oder der Wert des Gutes bei Übergabe zur Beförderung angegeben wird. Vgl. § 54 (2), B Z. 1 und a II, III.

§ 85. Beschränkung der Haftung hinsichtlich des Bestimmungsorts.

76 (1) (1) Ist auf dem Frachtbrief ein Bestimmungsort angegeben, wo sich keine für die Abfertigung des Gutes eingerichtete Güterabfertigungs- oder Nebenstelle befindet, so haftet die Eisenbahn als Frachtführer nur bis zur letzten dafür eingerichteten Eisenbahnstation oder Güternebenstelle. Wegen der Weiterbeförderung hat sie die Pflichten des Spediteurs.[1]

76 (2) (2) Hat die Eisenbahn Einrichtungen zur Weiterbeförderung des Gutes nach solchen Orten getroffen (§ 78 Abs. (1)),[2] so haftet sie bis zum Bestimmungsort als Frachtführer.

HGB. 468, 471. JÜ. 30 Abs. 2, 19.

1. Haftung nur für Verschulden (HGB. 408). Aber auch für diese Strecke nur Rechte des Frachtführers, d. h. nicht auf Provision. — **2.** Zuführung durch Leute der Eis. oder durch bahnamtlich bestellte Rollfuhrunternehmer.

§ 86. Beschränkung der Haftung bei besonderen Gefahren.

77 (1) (1) Die Eisenbahn haftet nicht:[1]

1. bei Gütern, die nach den Vorschriften dieser Ordnung[2] oder des Tarifs oder nach einer in

den Frachtbrief[3] aufgenommenen Vereinbarung[4] mit dem Absender in offenen Wagen[5] befördert werden,[6]

für den Schaden, der aus der mit dieser Beförderungsart verbundenen Gefahr[7] entsteht; hierunter ist auffallender Gewichtsabgang oder der Verlust ganzer Stücke[8] nicht zu verstehen;

I. Wenn die Eisenbahn dem Absender auf dessen im Frachtbriefe zu stellenden Antrag Decken überläßt, so übernimmt sie dadurch auch bei solchen Gütern, die nach Abschnitt III der Allgemeinen Tarifvorschriften (Teil I Abteilung B) in bedeckten Wagen zu befördern wären, keine weitergehende Haftpflicht, als ihr bei Beförderung in offenen Wagen ohne Decken obliegt. 1

2. bei Gütern, die, obgleich ihre Natur eine Verpackung zum Schutze gegen Verlust, Minderung oder Beschädigung während der Beförderung erfordert, nach Erklärung[9] des Absenders im Frachtbrief unverpackt oder mit mangelhafter Verpackung zur Beförderung aufgegeben sind,

für den Schaden, der aus der mit dem Mangel oder mit der mangelhaften Beschaffenheit der Verpackung verbundenen Gefahr[7] entsteht;

3. bei Gütern, deren Auf- und Abladen nach der Vorschrift dieser Ordnung[2] oder des Tarifs oder nach einer in den Frachtbrief aufgenommenen Vereinbarung[10] mit dem Absender von diesem oder von dem Empfänger besorgt wird,

für den Schaden, der aus der mit dem Auf- und Abladen oder mit einer mangelhaften Verladung verbundenen Gefahr[7] entsteht;

4.[11] bei Gütern, die vermöge ihrer eigentümlichen natürlichen Beschaffenheit[12] der besonderen[13] Gefahr ausgesetzt sind, Verlust,[12] Minderung[12] oder Beschädigung,[12] namentlich Bruch,[14] Rost, inneren Verderb, außergewöhnliche Leckage,[15] Austrocknung und Verstreuung[16] zu erleiden,

für den Schaden, der aus dieser Gefahr[7] entsteht;

III II. Wenn Eisengußwaren oder gußeiserne Bestandteile anderer Waren, die nach Erklärung des Absenders auf dem Frachtbriefe unverpackt oder mit mangelhafter Verpackung aufgegeben wurden, bei der Eisenbahnbeförderung beschädigt worden sind, so werden die beschädigten Stücke auf Verlangen des Absenders oder des Empfängers als Frachtgut von der Bestimmungsstation nach der Versandstation frachtfrei befördert. Der Antrag auf frachtfreie Beförderung ist in den Frachtbrief aufzunehmen. Die frachtfreie Beförderung tritt nicht ein, wenn das Interesse an der Lieferung angegeben wird.

5. bei lebenden Tieren,[17]

für den Schaden, der aus der für sie mit der Beförderung verbundenen besonderen Gefahr[7] entsteht;

6. bei Gütern, einschließlich der Tiere, denen nach dieser Ordnung,[2] nach dem Tarif oder nach einer

in den Frachtbrief aufgenommenen Vereinbarung mit dem Absender ein Begleiter beizugeben ist, für den Schaden, der aus der Gefahr[7] entsteht, deren Abwendung durch die Begleitung bezweckt wird.[18]

(2) Konnte ein Schaden den Umständen nach aus einer der im Abs. (1) bezeichneten Gefahren entstehen, so wird vermutet,[19] daß er aus dieser[20] Gefahr entstanden sei. 77 (2)

(3) Eine Befreiung von der Haftung kann auf Grund dieser Vorschriften nicht geltend gemacht werden, wenn der Schaden durch Verschulden[21] der Eisenbahn entstanden ist. 77 (3)

HGB. 459. JÜ. 31.

1. § 86 schränkt die Haftung des § 84 für Beschädigung und Verlust ein, bezieht sich aber, ebensowenig wie § 84, nicht auf Haftung aus Lieferfristüberschreitung oder aus Beschädigung und Verlust außerhalb des Frachtvertrages. (Ferner RGEE. **23** 283; RGJW. **06** 775 Anm.) — **2.** Hertzer 137. Zusatz ist mit Rücksicht auf HGB. 471 Abs. 1 u. a. deshalb nicht rechtsungültig, weil er die Haftung der Bahn tatsächlich nicht mindert, da er entsprechend § 6 (1) durch den im Tarif erfolgten Abdruck in den Tarif aufgenommen ist, und deshalb auf den Beförderungsvertrag Anwendung finden muß. — **3.** Nichtaufnahme des Vermerks im Frachtbrief beseitigt aber nur die Vermutung des § 86 (2), räumt indes den Nachweis aus § 84 nicht aus, daß der Schaden durch Anweisung des Absenders, in offnem Wagen zu befördern, d. h. durch sein Verschulden, entstanden sei (OLGPosen. VerZtg. **04** 1163). — **4.** Vereinbarung im Frachtbrief (Reindl EE. **21** 188; VerZtg. **05** 216 a) z. B. „Art der Verpackung: Wagen, zwei Wagendecken" (RGJW. **06** 12; RGArch. **92** 148), „zwei Wagendecken" (RGEE. **22** 293) auch (RGVerZtg. **04** 432). — **5.** Offner Wagen mit Decke [schadhafte Decken s. Abs. (3)] bleibt offner Wagen (ROH. **12** 120, **14** 218, **20** 238. RGZ. **1** 14,

10 105, **34** 42. RGEE. **10** 181) Möbelwagen Transportgegenstand, nicht Wagen (RGZ. **34** 42; Arch. **95** 1032; EE. **24** 58). — **6.** Maßgebend, wie befördert werden soll, nicht wie befördert ist (ROH. **25** 170; RGZ. **1** 14, **10** 105). Brand bei feuergefährlicher Verpackung (Reindl VerZtg. **02** 168). — **7.** s. Abs. (2). — **8.** z. B. durch Diebstahl, Herunterfallen, nicht jedoch Untergang der ganzen Ladung (Meyer OLG. Breslau Recht **06** 791). — **9.** Es genügt Anerkenntnis auf dem Frachtbrief, nicht nötig Erklärung nach § 62 (2). — **10.** Es genügt, daß aus dem Frachtbrief erfolgte Selbstverladung und daran sich anschließende Beförderung durch die Eis. zu ersehen ist (RGEE. **20** 236). Möbelwagenverladung durch den Absender hat Eis. nicht nachzuprüfen (EE. **24** 58). — **11.** Verhältnis zu § 84: § **84** behandelt den Schaden, den gewisse Güter im regelmäßigen Verlauf der Dinge vermöge ihrer natürlichen Beschaffenheit erleiden, während § 86 (1) Ziffer 4 hauptsächlich die Eis. von der Haftung für außergewöhnliche infolge der eigentümlichen Natur des Gutes entstehende Schäden befreien will. Es hieße daher die Befreiungsgründe des § 86 (1) Ziffer 4 da ausschließen, wo sie hauptsächlich angewendet werden sollen, wenn man den außergewöhnlichen Umfang des Schadens allein schon zur Ausschließung der Befreiung und zur Widerlegung der Vermutung des § **86** (2) genügen lassen wollte. Nicht, ob die leichtverletzlichen Güter nur gewöhnlichen Einwirkungen des Betriebes, oder ungewöhnlichen z. B. außergewöhnlichen Rangierstößen ausgesetzt waren, ist entscheidend, sondern ob Umstände wirksam waren, die für andere als leichtverletzliche Güter in erheblichem Maße gefahrbringend waren (RGEE. **23** 283; RGJW. **06** 775; RGZ. **64** 169). — **12.** § 84. — **13.** Nicht nur Möglichkeit, Güter mit „leichter Verletzbarkeit", „natürlicher Empfindlichkeit" (RGZ. **15** 149; RGVerZtg. **04** 432). Eingerahmte Bilder mit Glas (EE. **20** 137). Frost: Eier (OLG. Hamburg. EE. **23** 142). Auch Kartoffeln. — **14.** Eier (RGZ. **64** 169; JW. **06** 775; EE. **23** 283, **24** 63). — **15.** § 84: Gewöhnl. L. regelmäßiges Dringen gewisser Flüssigkeiten durch die Fugen der Gebinde ohne deren äußere Beschädigung. Außergewöhnliche L., durch äußere, oder gewaltsame Beschädigung des Gebindes herbeigeführtes Auslaufen und die Fälle, in welchen infolge der eigentümlichen Beschaffenheit des Gutes ein das gewöhnliche Maß übersteigendes Aussickern stattgefunden hat (RGZ. **56** 400; EE. **20** 342). Totalverlust und außerg. L. brauchen sich nicht auszuschließen (OLG. [Hamburg] **7** 390). — **16.** Getreide (EE. **23** 186 Budapest). — **17.** z. B. nicht für Schaden aus außergewöhnlichen Rangierstößen (OLG. Stuttgart DJZ. **01** 487). — **18.** Mangelnde Aufsicht bei der Beleuchtung BGB. 278; (Brand) (RGEE. **22** 121); aber Sichlösen des Wagenverschlusses oder eines ordnungsmäßig angebundenen Tieres während der Fahrt (OLG. Kassel SeuffA. **60** 73; EE. **21** 225). — **19.** ROH. **12** 24, d. h. die Eis. braucht es nicht zu beweisen. Gegenbeweis (RGZ. **10** 105). Die Vermutung bezieht sich nicht auf Schadensersatzanspruch gegen den Absender (RGZ. **15** 155). — **20.** Nicht alle Gefahren, denen derartige Güter ausgesetzt sind. — **21.** § 5. Mangelhafte Ladeeinrichtungen für Tiere (RGEE. **20** 351; JW. **04** 265). Ungereinigte Wagen (OLG. **11** 415 Anm. 1; IntZtschr. **04** 132; Reindl VerZtg. **98** 1273). Mangelhafte Wagendecken (RGArch. **92** 146; EE. **8** 324 aber RGEE. **22** 293). Zündung leicht entzündlichen Gutes durch Lokomotive (RGZ. **20** 118; OLG. Darmstadt EE. **21** 120; RGZ. **34** 46). Fürsorge für unbegleitete Tiere bei Wagenschaden, u. U. Verpflichtung zum Tränken (EE. **25** 10). Ursächlicher Zusammenhang zwischen Verschulden und Schaden muß der Beschädigte beweisen (EE. **18** 159). BGB. 254 (konkurrierendes Verschulden) findet Anwendung (RGEE. **22** 295; JW. **06** 12). Siehe auch § 84 Anm. 9.

§ 87. Beschränkung der Haftung bei Gewichtsverlusten.

(1)[1] Bei Gütern, die nach ihrer natürlichen Beschaffenheit bei der Beförderung regelmäßig einen Gewichtsverlust erleiden, ist die Haftung der Eisenbahn für Gewichtsverluste bis zu nachstehenden Normalsätzen ausgeschlossen: 78 (1)—(3)

Bis 2 Prozent bei flüssigen, bei feuchten und bei folgenden trockenen Gütern: geraspelten und gemahlenen Farbhölzern, Rinden, Wurzeln, Süßholz, geschnittenem Tabak, Fettwaren, Seifen und erhärteten Ölen, frischen Früchten, frischen Tabakblättern, Schafwolle, Häuten, Fellen, Leder, getrocknetem und gebackenem Obste, Tierflechsen, Hörnern und Klauen, Knochen (ganz und gemahlen), getrockneten Fischen, Hopfen, frischen Kitten;

bis 1 Prozent bei allen übrigen trockenen Gütern der eingangs bezeichneten Art.

78 (4) (2) Der Normalsatz wird, falls mehrere Stücke auf denselben Frachtbrief befördert werden, für jedes Stück besonders berechnet, wenn das Gewicht der einzelnen Stücke im Frachtbriefe verzeichnet ist oder sonst festgestellt werden kann.

(5) (3) Die Beschränkung der Haftung tritt nicht ein, soweit[2] der Verlust den Umständen nach nicht infolge der natürlichen Beschaffenheit des Gutes entstanden ist[3] oder soweit der angenommene Satz dieser Beschaffenheit oder den sonstigen Umständen des Falles nicht entspricht.

(6) (4) Ist das Gut verloren gegangen, so wird für Gewichtsverlust nichts abgezogen.

(5) Die weitergehende Haftbefreiung[4] der Eisenbahn gemäß § 86 Abs. (1) Ziffer 4 wird hierdurch nicht berührt.

§§ 84, 86 (1) Z. 4. HGB. 460, 471. JÜ. 32, § 8 AusfBest.

1. § 87 bedeutet gegenüber § 84 eine weitere Einschränkung der Haftung der Eis., insofern sie bei den Gütern, die nach ihrer natürlichen Beschaffenheit bei der Beförderung regelmäßig einen Gewichtsverlust erleiden, für einen Gewichtsverlust bis 2% bzw. 1%

nicht aufzukommen braucht, ohne daß sie zu beweisen hat, wie § 84 erfordert, daß der in diesen Grenzen eingetretene Gewichtsverlust durch jene natürliche Beschaffenheit entstanden ist. Jedoch kann die Eis. beweisen, daß der tatsächliche Verlust über die Normalsätze hinausgeht (Staub 460 Anm. 2; Reindl VerZtg. **00** 221), s. auch (5). — **2.** „soweit", d. h. auch bei Beraubung kann Eis. die Normalsätze abziehen, wenn z. B. die Beraubung nachgewiesenermaßen erst am Bestimmungsort erfolgt ist. — **3.** Beweis hat der Geschädigte zu führen. — **4.** Durch andere Befreiungsgründe als Gewichtsverlust, aber auch durch einen in der natürlichen Beschaffenheit des Gutes im Einzelfalle begründeten höheren natürlichen Gewichtsverlust z. B. bei Eis, frischen Knochen, wo 2% Kalo erfahrungsgemäß viel zu niedrig sind (vgl. Begr.).

§ 88. Höhe des Schadensersatzes bei Verlust, Minderung oder Beschädigung des Gutes.

(1) Muß auf Grund des Frachtvertrags[1] von der Eisenbahn für Verlust oder Minderung des Gutes Ersatz geleistet werden, so ist der gemeine Handelswert[2] und in dessen Ermangelung der gemeine Wert[3] zu ersetzen, den Gut derselben Art und Beschaffenheit am Orte der Absendung[4] in dem Zeitpunkte der Annahme zur Beförderung hatte; ferner ist zu ersetzen, was an Zöllen und sonstigen Kosten sowie an Fracht schon bezahlt oder noch zu bezahlen ist.[5] 80

(2) Bei Beschädigung des Gutes ist für die Verminderung[6] des im Abs. (1) bezeichneten Wertes Ersatz zu leisten. 83

(3) Wegen der Fälle, in denen voller Ersatz[7] zu leisten ist, vgl. § 95.

§§ 89, 93, 95, 85, 5. HGB. 430, 457, 459—463, 465, 471. IÜ. 34.

1. Anders bei vorläufiger Einlagerung: BGB. 249 — voller Schaden, auch entgangener Gewinn. — **2.** Nur denkbar, wenn regelmäßiger Umsatz der Ware stattfindet, also „Marktpreis" (Dernburg Schuldr. II 1 S. 58 Anm. 10: Ölbild). — **3.** Gut unter gemeinem Wert verkauft (ROH. **13** 393); imaginärer Wert (RG. Bolze, Praxis **2** S. 232 Nr. 958; GoldschmZ. **40** 538 Nr. 288). — **4.** HGB. 430: Ort und Zeit der Ablieferung, Absender ist also im Eisenbahnfrachtrecht, auch im internationalen, schlechter gestellt, doch kann er sich schützen durch Erklärung des Interesses an der Lieferung unter Zugrundelegung des höheren Werts am Ablieferungsort. — **5.** „Bei Sendungen auf Zollbegleitschein II z. B. können die Zollgebühren sichergestellt aber noch nicht bezahlt sein; ähnlich liegen die Fälle bei Frachtstundungen" (Begr.). — **6.** Vgl. § 84 Anm. 2 u. 3. — **7.** Auch entgangener Gewinn, individueller Wert.

§ 89. Beschränkung der Höhe des Schadensersatzes durch den Tarif.

81 (1) (1) Die Eisenbahn kann[1] in besonderen Bedingungen (Ausnahmetarifen) einen im Falle des Verlustes, der Minderung oder der Beschädigung zu erstattenden Höchstbetrag festsetzen, wenn diese Ausnahmetarife eine Preisermäßigung für die ganze Beförderungsstrecke gegenüber den gewöhnlichen Tarifen enthalten und wenn der gleiche Höchstbetrag auf die ganze Beförderungsstrecke Anwendung findet.
51 (1) e Verlangt der Absender die Anwendung eines solchen Ausnahmetarifs, so hat er dies im Frachtbrief unter Bezeichnung des Tarifs zu vermerken.

81 Zus. Ob und für welche Güter solche Ausnahmetarife mit beschränkter Haftung bestehen, ist in den Tarifteilen II bestimmt.

(2) Die Eisenbahn kann ferner die bei Verlust, 81 (2)
Minderung oder Beschädigung von Gegenständen des § 54 Abs. (2) B Ziffer 1 zu leistende Entschädigung im Tarif auf einen Höchstbetrag beschränken.[1]

(3) Wegen der Fälle, in denen voller Ersatz zu 81 (3)
leisten ist, vergleiche § 95.

§§ 88, 95, 92. HGB. 461, 462, 463, 458, 471. JÜ. 35, 37, 41, 6.

1. Die deutschen Eisenbahnen haben von beiden Berechtigungen bisher keinen Gebrauch gemacht. Vgl. Rundnagel S. 196 ff.

§ 90. Vermutung für den Verlust des Gutes.

Der zum Empfange Berechtigte kann das Gut 79
ohne weiteren Nachweis als verloren betrachten,[1] wenn es nicht spätestens am dreißigsten Tage nach Ablauf der Lieferfrist abgeliefert werden kann.

§ 99. JÜ. 33.

1. d. h. er kann Ersatz für Verlust verlangen, ohne diesen besonders beweisen zu müssen. Doch liegt darin keine unwiderlegliche Vermutung, die Eis. kann beweisen, daß das Gut sich inzwischen gefunden, nur braucht der zum Empfange Berechtigte nun das Gut nicht mehr anzunehmen. Sein Recht dazu § 91.

§ 91. Wiederauffinden des Gutes.

(1) Der Entschädigungsberechtigte kann bei Em- 82 (1)
pfang der Entschädigung für das verlorene Gut in der Quittung verlangen, daß er sofort benachrichtigt werde, wenn das Gut wiedergefunden wird.[1] Hierüber ist ihm eine Bescheinigung zu erteilen.

(2) Innerhalb 30 Tagen nach erhaltener Nachricht 82 (2)
kann der Entschädigungsberechtigte beanspruchen, daß ihm das Gut nach seiner Wahl auf der im Frachtbrief angegebenen Versand- oder Bestimmungsstation

kostenfrei ausgeliefert werde. Die erhaltene Entschädigung hat er nach Abzug des gemäß § 94 für die Überschreitung der Lieferfrist zu gewährenden Schadensersatzes zurückzuzahlen.

82 (3) (3) In allen anderen Fällen kann die Eisenbahn über das wiederaufgefundene Gut frei verfügen.[2]

IÜ. 86.

1. Die frühere — noch im IÜ. vorgesehene — Frist von vier Monaten ist weggelassen. „Bei Erb- und Familienstücken z. B. wird großer Wert auf ihre Wiedererlangung gelegt" (Begr.). Erfolgt Annahme der Entschädigung ohne Vorbehalt, so ist für die Eis. die Angelegenheit erledigt. — 2. Eigentumsübergang kraft Gesetzes.

§ 92. Angabe des Interesses an der Lieferung.

84 (1) (1) Der Absender kann das Interesse an der Lieferung im Frachtbrief angeben. Hierfür ist eine im Tarife festzusetzende Gebühr[1] zu zahlen.

84 (2) (2) Der Betrag, der das Interesse an der Liefe-
84 (I) rung darstellt, ist[2] in den Frachtbrief an der dafür vorgesehenen Stelle mit Buchstaben einzutragen.

84 (3) (3) Die Gebühr[1] ist für unteilbare Einheiten von je 10 Mark und 10 Tarifkilometer zu berechnen und darf 0,2 Pfennig für die Einheit nicht übersteigen. Überschießende Beträge werden auf 10 Pfennig aufgerundet. Als Mindestbetrag für die Beförderungsstrecke von der Versand- bis zur Bestimmungsstation werden 40 Pfennig erhoben.

84 II Die Gebühr für Angabe des Interesses an der Lieferung ist im Nebengebührentarif (Teil I Abteilung B) festgesetzt.

(4) Ist die Ersatzpflicht nach § 89 auf einen Höchst- 84 (4)
betrag beschränkt, so ist eine Angabe des Interesses an der Lieferung über diesen Betrag hinaus unzulässig.

§§ 93, 32 (2) (5), 48 (10), 94. HGB. 463, 471. JÜ. 38, 6 (1).

1. Ist kein Frachtzuschlag (§ 60). — 2. Andernfalls kann die Beförderung „als Gut mit deklariertem Interesse" gemäß § 6 (1) zurückgewiesen werden, weil der Vorschrift nicht genügt ist; a. A. Staub § 463 Anm. 1.

§ 93. Höhe des Schadensersatzes für Verlust, Minderung oder Beschädigung bei Angabe des Interesses an der Lieferung.

Ist das Interesse an der Lieferung angegeben, 85
so kann bei Verlust, Minderung oder Beschädigung des Gutes außer der im § 88 bezeichneten Entschädigung der Ersatz des weiter entstandenen[1] Schadens bis zu dem angegebenen[2] Betrage beansprucht werden.

§ 92. HGB. 463 Abs. 1. JÜ. 38 (1).

1. Der ebenfalls besonders nachzuweisen ist, es spricht nicht etwa eine Vermutung für das angegebene Interesse. — 2. Aber § 95.

§ 94. Haftung[1] für Überschreitung der Lieferfrist.

(1) Bei Überschreitung der Lieferfrist[2] hat die 86
Eisenbahn den nachgewiesenen Schaden zu ersetzen, und zwar:

a) wenn das Interesse an der Lieferung nicht ange- 87 (1)
geben ist, bis zur Höhe der Fracht,

b) wenn das Interesse an der Lieferung angegeben ist, bis zum angegebenen Betrage. Ist dieser niedriger als die unter a bestimmte Entschädigung, so kann letztere beansprucht werden.

(2) Ist ein Schaden nicht entstanden oder nicht nachgewiesen, so hat die Eisenbahn zu zahlen:

a) wenn das Interesse an der Lieferung nicht angegeben ist,

bei einer Fristüberschreitung

bis einschließlich	1 Tag	1/10 der Fracht,
" "	2 Tage	2/10 " " ,
" "	3 "	3/10 " " ,
" "	4 "	4/10 " " ,
von längerer Dauer		5/10 " " ;

b) wenn das Interesse an der Lieferung angegeben ist,

bei einer Fristüberschreitung

bis einschließlich	1 Tag	2/10 der Fracht,
" "	2 Tage	4/10 " " ,
" "	3 "	6/10 " " ,
" "	4 "	8/10 " " ,

von längerer Dauer die ganze Fracht, jedoch nicht mehr als den angegebenen Betrag. Ist dieser niedriger als die unter a bestimmte Entschädigung, so kann letztere beansprucht werden.

(3) Die aus diesen Bestimmungen sich ergebenden Ansprüche können auch neben etwaigen Ansprüchen wegen Verlustes, Minderung oder Beschädigung des Gutes geltend gemacht werden. Ist das Interesse an der Lieferung angegeben, so kann außer dem nach § 88 zu berechnenden Schadensersatz als Ersatz für den gesamten weiteren Schaden (§ 93), einschließlich des durch die Überschreitung der Lieferfrist entstan-

denen, höchstens der angegebene Betrag des Interesses gefordert werden. Sinngemäß gilt die Vorschrift des zweiten Satzes im Abs. (1) b.[3]

(4) Die Haftung der Eisenbahn ist ausgeschlossen,[1] wenn die Fristüberschreitung von einem Ereignisse herrührt, das die Eisenbahn weder herbeigeführt hat noch abzuwenden vermochte. 86

(5) Wegen der Fälle, in denen voller Ersatz zu leisten ist, vergleiche § 95. 87 (3)

§ 75. HGB. 466, 471, 429, 463. Jü. 39—41.

1. Eis. haftet für Lieferfristüberschreitung grundsätzlich nur im Falle des Verschuldens [§ 94 (4) Dernburg II 2 S. 460]; und zwar für den nachgewiesenen Schaden bis zur Höhe der Fracht [§ 94 (1) a], bei Angabe des Interesses an der Lieferung bis zu dessen Betrag [§ 94 (1) b], unbegrenzt bis zum vollen Schaden (§ 95), wenn er durch Vorsatz oder grobe Fahrlässigkeit herbeigeführt. Ohne Schadensnachweis und nach der neuen Vorschrift [§ 94 (2)] ohne Vorliegen eines Schadens ersetzt die Eis. (HGB. 466 Abs. 3 entsprechend) gewisse Bruchteile der Fracht. Für das Geltungsgebiet der EVO. ist ihr damit der Nachweis abgeschnitten, daß überhaupt kein Schaden entstanden sei. — **2.** Weggefallen ist die frühere Überfrist von zwölf Stunden über die Lieferfrist hinaus zugunsten der Eis. — **3.** Streitfrage ist also bejahend entschieden, ohne Unterschied auch, ob Verlust oder nur Minderung oder Beschädigung vorliegt.

§ 95. Schadensersatz bei Vorsatz oder grober Fahrlässigkeit der Eisenbahn.

Ist der Schaden durch Vorsatz oder grobe Fahrlässigkeit[1] der Eisenbahn[2] herbeigeführt, so ist in allen[3] Fällen der volle Schaden[4] zu ersetzen. 88

§ 5. HGB. 438, 453 Abs. 5, 457 Abs. 3, 458, 461 Abs. 2, 464 Abs. 2, 465 Abs. 2, 466 Abs. 4. Jü. 41. BGB. 276, 278, 300, 249 ff.

1. Übersehen einer Adresse auf verschlepptem Gut (Koffer) (RGArch. **05** 957); Beförderung von Eilgut als Frachtgut (EE. **20** 16). — **2.** d. h. ihres Beförderungspersonals (§ 5). — **3.** Verlust, Minderung, Beschädigung, Lieferfristüberschreitung. — **4.** BGB. 252.

§ 96. Verwirkung der Ersatzansprüche.

89 Werden Gegenstände, deren Beförderung nach gesetzlicher Vorschrift[1] oder aus Gründen der öffentlichen Ordnung[1] verboten ist oder die von der Beförderung ausgeschlossen[2] oder nur bedingungsweise[2] zur Beförderung zugelassen sind, unter unrichtiger Bezeichnung[3] aufgegeben oder werden die für diese Gegenstände vorgesehenen Sicherheitsmaßregeln[4] vom Absender unterlassen, so ist die Haftung[5] der Eisenbahn auf Grund des Frachtvertrags[6] ausgeschlossen.

HGB. 467, 471. JÜ. 43.

1. § 3. — **2.** §§ 3, 30 (4), 48 (3) (4), 54, Anlage C. — **3.** §§ 56 (1) d e, 60 (1). — **4.** § 62. — **5.** Aber Verpflichtung zur Ablieferung bleibt. — **6.** Nicht aber aus anderen Rechtsgründen z. B. unerlaubter Handlung (BGB. 823), vgl. aber § 70 Anm. 2. Haftung des Absenders § 57.

§ 97. Erlöschen der Ansprüche nach Bezahlung der Fracht und Abnahme des Gutes.

90 (1) Ist die Fracht nebst den sonst auf dem Gute haftenden Forderungen bezahlt[1] und das Gut abgenommen,[2] so sind alle Ansprüche gegen die Eisenbahn aus dem Frachtvertrag[3] erloschen.

(2) Hiervon sind ausgenommen:

1. Entschädigungsansprüche für Schäden, die durch

Vorsatz oder grobe Fahrlässigkeit der Eisenbahn herbeigeführt sind;

2. Entschädigungsansprüche wegen Überschreitung der Lieferfrist,[4] wenn sie spätestens am vierzehnten Tage,[5] den Tag der Abnahme nicht mitgerechnet, bei einer der nach § 100 in Anspruch zu nehmenden Eisenbahnen schriftlich angebracht werden;
3. Entschädigungsansprüche wegen solcher Mängel, die nach § 82 oder § 83 vor der Abnahme des Gutes festgestellt worden sind oder deren Feststellung entgegen der Vorschrift im § 82 durch Verschulden der Eisenbahn unterblieben ist;
4. Enschädigungsansprüche wegen solcher Mängel, die bei der Abnahme äußerlich nicht erkennbar waren, wenn der Berechtigte unverzüglich nach der Entdeckung und spätestens binnen einer Woche nach der Abnahme entweder schriftlich bei der Eisenbahn eine nach § 82 vorzunehmende Untersuchung oder bei Gericht die Besichtigung des Gutes durch Sachverständige beantragt und beweist, daß der Mangel in der Zeit zwischen der Annahme und der Ablieferung entstanden ist. Ist der Eisenbahn der Mangel unverzüglich nach der Entdeckung und binnen der bezeichneten Frist angezeigt, so genügt es, wenn die Feststellung unverzüglich nach dem Zeitpunkte beantragt wird, bis zu dem der Eingang einer Antwort der Eisenbahn unter regelmäßigen Umständen erwartet werden darf.

5. Ansprüche wegen zu Unrecht erhobener Frachtzuschläge und unrichtiger Berechnung von Fracht und Gebühren.[6]

(3) Der Empfänger kann die Abnahme des Gutes auch nach Annahme des Frachtbriefs und Bezahlung der Fracht so lange ablehnen, bis seinem Antrag auf Feststellung der behaupteten Mängel stattgegeben ist.[7] Vorbehalte bei der Abnahme des Gutes sind nur wirksam, wenn sie unter Zustimmung der Eisenbahn gemacht sind.[8]

(4) Wenn von mehreren im Frachtbriefe verzeichneten Gegenständen einer Sendung bei der Ablieferung einzelne fehlen, so kann sie der Empfänger in der Empfangsbescheinigung[9] als fehlend aufführen.

HGB. **438, 464.** Jü. **44.**

1. Gilt auch für frankierte Sendungen (OLG. Hamburg **16** 132; EE. **24** 175): In Abs. (1) ist der allgemeine Grundsatz aufgestellt, daß, wenn die Fracht bezahlt und das Gut abgenommen, die Haftung der Bahn erlischt. In Abs. (2) sind die Ausnahmen von dieser Regel angeführt und unter ihnen ist der Fall, daß der Absender die Fracht bezahlt, nicht angeführt. Vgl. aber Staub § 438 (für das allgemeine Frachtrecht) Anm. 5—7 und dort Zitierte. Frachtstundung (Rundnagel S. 228): Zahlung erst Begleichung des Saldos der Rechnungsperiode (auch RG. bei Staub Anm. 5). Nicht Teilzahlung (RGZ. **25** 32). — **2.** § 81 (6). Nicht Zurücknahme des Guts durch den Absender unter Aufhebung des Frachtvertrages (RGZ. **22** 145). — **3.** Nicht aus unerlaubter Handlung, oder aus dem Verwahrungsvertrage (§ 64). — **4.** Vorher kann Empfänger nur schwer die Frist berechnen. — **5.** Abholung der Postsachen durch Boten und Ablauf der Frist (OLG. Hamburg EE. **25** 150). — **6.** Entsprechend § 70 (4). — **7.** §§ 82, 83. — **8.** OLG. Karlsruhe EE. **20** 315. Staub § 438 Anm. 7. — **9.** § 76 (1) und (10).

§ 98. Verjährung der Ansprüche gegen die Eisenbahn wegen Verlustes, Minderung oder Beschädigung des Gutes oder wegen Überschreitung der Lieferfrist.

(1) Die Ansprüche gegen[1] die Eisenbahn wegen 91
Verlustes,[2] Minderung[2] oder Beschädigung des Gutes[2] oder wegen Überschreitung der Lieferfrist[3] verjähren in einem Jahre.

(2) Die Verjährung beginnt bei Beschädigung oder Minderung mit dem Ablaufe des Tages, an dem abgeliefert[4] ist, bei Verlust oder bei Überschreitung der Lieferfrist mit dem Ablaufe der Lieferfrist.[5]

(3) Die Verjährung wird durch die schriftliche Anmeldung des Anspruchs[6] bei der Eisenbahn[7] gehemmt.[8] Ergeht auf die Anmeldung ein abschlägiger Bescheid, so läuft die Verjährungsfrist von dem Tage ab weiter, an dem die Eisenbahn ihre Entscheidung dem Anmeldenden schriftlich bekannt macht und ihm die der Anmeldung etwa angeschlossenen Beweisstücke zurückstellt. Weitere Gesuche, die an die Eisenbahn oder an die vorgesetzten Behörden gerichtet werden, hemmen die Verjährung nicht.

(4) Wegen der Unterbrechung der Verjährung bewendet es bei den allgemeinen gesetzlichen Vorschriften.[9]

(5) Die im Abs. (1) bezeichneten Ansprüche können nach der Vollendung der Verjährung nur aufgerechnet werden,[10] wenn vorher der Verlust, die Minderung, die Beschädigung oder die Überschreitung

der Lieferfrist der Eisenbahn angezeigt oder die Anzeige an sie abgesendet worden ist. Der Anzeige an die Eisenbahn steht es gleich, wenn gerichtliche Beweisaufnahme zur Sicherung des Beweises beantragt[11] oder wenn in einem zwischen dem Absender und dem Empfänger oder einem späteren Erwerber des Gutes wegen des Verlustes, der Minderung, der Beschädigung oder der Fristüberschreitung anhängigen Rechtsstreite der Eisenbahn der Streit verkündet wird.[12]

(6) Die Vorschriften dieses Paragraphen finden keine Anwendung, wenn die Eisenbahn den Verlust, die Minderung, die Beschädigung oder die Fristüberschreitung vorsätzlich[13] herbeigeführt hat. Sie finden ferner keine Anwendung auf Rückgriffsansprüche der Eisenbahnen untereinander (§ 100).[14]

HGB. 439, 414, 471. IÜ. 45, 46. BGB. 181 ff.

1. Der Eis. gegen Absender und Empfänger auf Fahrgeld, Fracht, Auslagen BGB. 196 Ziffer 3 (zwei Jahre); unrichtige Frachtberechnung § 71 (1); Frachtzuschlag § 60 (5). — **2.** §§ 84 ff. — **3.** § 94. — **4.** § 76. — **5.** § 75. — **6.** Durch den Berechtigten § 71 (2). — **7.** einer der in § 100 genannten § 99 (3). — **8.** BGB. 205. — **9.** BGB. 208 ff. Arglist und Unterbrechung der Verjährung (RGEE. **24** 233). — **10.** BGB. 387 ff. — **11.** ZPO. 485 ff. — **12.** ZPO. 72 ff. — **13.** BGB. 852 Abs. 1. Nicht bei grober Fahrlässigkeit. — **14.** BGB. 196 Ziffer 3 (OLG. Karlsruhe EE. **20** 315).

§ 99. Geltendmachung der Rechte aus dem Frachtvertrage.

73 (1) Zur Geltendmachung der Rechte aus dem Frachtvertrage gegenüber der Eisenbahn ist nur der

befugt,[1] dem das Verfügungsrecht über das Gut zusteht[2] (vergleiche aber §§ 60 und 70).

(2) Vermag der Absender, dem an sich das Verfügungsrecht zusteht, das Frachtbriefduplikat, den Aufnahmeschein oder eine Bescheinigung der Versandstation, daß eine solche Urkunde nicht ausgestellt ist, nicht vorzuzeigen, so kann er seinen Anspruch nur mit Zustimmung des Empfängers geltend machen, es sei denn, er wiese nach, daß der Empfänger die Annahme des Gutes verweigert hat.

(3) Außergerichtliche Ansprüche sind schriftlich bei der nach § 100 zuständigen Eisenbahn geltend zu machen. War der Frachtbrief dem Empfänger übergeben, so ist er vorzulegen. Handelt es sich um eine Entschädigung wegen Verlustes, Minderung oder Beschädigung, so ist eine Bescheinigung über den Wert des Gutes beizufügen.

(4) Die Eisenbahn[3] hat die Ansprüche mit tunlichster Beschleunigung zu prüfen und den Antragsteller, wenn keine Verständigung erfolgt, schriftlich zu bescheiden.

HGB. 455, 471. JÜ. 8, 15, 26.

1. Aktivlegitimation. — 2. Absender bis zur Ankunft; nach dieser bis zur Annahme und den ihr gleichgestellten Akten Absender und Empfänger; nach der Annahme nur der Empfänger (vgl. Rundnagel S. 249 ff.). Außer Betracht bleibt das Rechtsverhältnis zwischen beiden (RGZ. 1 1) oder dem Verfügungsberechtigten und Dritten (RGZ. 19 145). — 3. Zuständigkeit ist für Preußen-Hessen geregelt

in § 13 der Verwaltungsordnung für die Staatseisenbahnen vom 24. Mai 1907 (GS. S. 82ff., EVB. S. 135) und § 7 der Geschäftsanweisung für die Vorstände der Eisenbahn-Verkehrsinspektionen vom 1. April 1902 (VB. S. 73), wo auch die Reklamationen aus dem Personenbeförderungsvertrage berücksichtigt sind. Danach entscheidet der Vorstand der VJ. über Anträge a) auf Rückerstattung von Fahrgeld und Gepäckfracht — nicht über Entschädigungsansprüche aus der Personenbeförderung, welche der Entscheidung der Direktionen unterstehen; b) auf Entschädigung aus dem Beförderungsvertrage über Gepäck, Güter, lebende Tiere und Leichen, wegen Verlustes, Beschädigung oder Verzögerung der Beförderung, d. h. über Entschädigungs- und Lieferfristreklamationen im Gegensatz zu Frachterstattungsansprüchen (§ 70 EVO.), welche ebenfalls Sache der Direktionen sind; c) auf Erstattung von Nebengebühren und Konventionalstrafen aus dem Frachtvertrage. In allen drei Fällen aber ist Voraussetzung, daß der geforderte Gesamtbetrag (sei es auch aus mehreren Beförderungsverträgen) 300 Mark nicht überschreitet und es sich nur um bestimmt aufgeführte Bahnen — namentlich Deutsche bzw. Preußisch-Hessische handelt. Sonst sind die Direktionen zuständig.

§ 100. Haftung mehrerer an der Beförderung beteiligter Eisenbahnen.[1]

74 (1) Die Versandbahn haftet für die Ausführung der Beförderung bis zur Ablieferung des Gutes an den Empfänger, ohne Rücksicht darauf, ob nur eigene oder auch fremde Strecken benutzt werden.

(2) Jede nachfolgende Bahn tritt dadurch, daß sie das Gut mit dem ursprünglichen Frachtbrief annimmt, diesem gemäß in den Frachtvertrag ein und übernimmt die selbständige Verpflichtung, die Beförderung nach dem Inhalte des Frachtbriefs auszuführen.

(3) Die Ansprüche aus dem Frachtvertrage können jedoch — unbeschadet des Rückgriffs der Bahnen untereinander — im Wege der Klage nur gegen die Versandbahn oder gegen die Bahn, die das Gut zuletzt mit dem Frachtbrief[2] übernommen hat, oder gegen die Bahn, auf deren Strecke sich der Schaden ereignet[3] hat, gerichtet werden. Unter diesen Bahnen hat der Kläger die Wahl.[4] Das Wahlrecht erlischt mit Erhebung der Klage.

(4) Durch Widerklage oder Aufrechnung können Ansprüche aus dem Frachtvertrag auch gegen eine andere Bahn geltend gemacht werden, wenn deren Klage sich auf denselben Frachtvertrag gründet.[5]

(5) Hat auf Grund dieser Vorschriften eine der beteiligten Bahnen Schadensersatz geleistet, so steht ihr der Rückgriff gegen die Bahn zu, die den Schaden verschuldet hat. Kann diese nicht ermittelt werden, so haben die beteiligten Bahnen den Schaden nach dem Verhältnis ihrer Streckenlängen,[6] mit denen sie an der Beförderung beteiligt sind, gemeinsam zu tragen, soweit nicht festgestellt wird, daß der Schaden nicht auf ihren Strecken entstanden ist. Die Befugnis der Eisenbahnen, über den Rückgriff im voraus oder im einzelnen Falle andere Vereinbarungen zu treffen, wird hierdurch nicht berührt.

HGB. 432, 468, 469, 471. JÜ. 27, 28, 47—56.

1. Passivlegitimation. — 2. Es muß sich um einen durchgehenden Frachtbrief handeln. Jeder neue Frachtbrief bedeutet

einen neuen Frachtvertrag, an dem nur die Bahnen beteiligt sind, deren Strecken auf Grund dieses Frachtbriefes vom Gute durchlaufen werden. — **3.** Praktisch für den Kläger schwer nachzuweisen, daher empfiehlt sich gegen diese Bahn die Klage nicht. — **4.** Kann aber nur gegen eine klagen. — **5.** Das Wahlrecht lebt wieder auf. — **6.** Früher nach dem Verhältnis ihrer Anteile an der Fracht. Da die Anteilszahlen häufig erst nach Herausgabe des Tarifs festgestellt werden, wird das Abrechnungsgeschäft hierdurch wesentlich gefördert (Begr.).

Vergleichende Paragraphenübersicht.

BO.	EBO.	AAB. I. *)	BO.	EBO.	AAB. II.
Eing.-Best. 1	§ 1		§ 11 Zus.	§ 12 C	2
2	2 (4)		12	13	2
3	2 (1) (2) (3)		12		
§ 1	Weggelassen.		Zus. 1—10	13a 1—10	1, 40
2	BO. 77 ff.		13 (1)	14 (1) (2)	4
3	8		(2)	14 (3), 15 (3)	
4	7		(3)	15 (1) (2)	12, 14
5	BO. 77 ff.		13		
6 (1)	3 (1)		Zus. 1—3	14a 1—3	6
(2)	(3)		4	15a 1	
7 (1)	6 (1)		14 (1)	20 (1)	7
(2)	(5)		(2)	(2)	
(3)	(3)		(3)	(3)	
(4)	(4)		Zus. 1—4	a 1—4	4 (20)
8	9		15	17 (1) (2)	
9	5		16 (1)	19 (1)	
10 (1)	4 (1); 10		(2)	BO. 81	
(2)	4 (2)		(3)	" "	
(3)	Weggelassen.		17 (1)	15 (4), 19 (4)	13
A 1—7	12 A 1—7	11	(2)	19 (2)	
A 8	4a		(3)	(3)	
A 9	12 (8)		(4)	18 (1) (6)	
B 1—9	12 B 1—9	11, 12	Zus. 1	13a 11	
11	12	1, 4 (19)	2	15a 2	13

*) Von eingehenderen Verweisungen (auf die einzelnen Absätze der AAB.) ist abgesehen, da die endgültige Fassung z. Z. der Drucklegung nicht feststand.

VO.	EVO.	AAB.I.	VO.	EVO.	AAB.I.
§17 Zus.3	§ 15 a 3		§ 26	§26	15
18 (1)	18 (3) (4)		Zus. 1	26 (4), a 1 (1)	
(2)	(3)		2	26 (4), a 1 (2)	
(3)	(5)		3	26 (4), a 2	
(4)	Weggelassen.		4	26 a 3	
19 (1)	21 (1)		5	a 4	
(2)	(2)		27 (1)	27 (1)	1
(3)	(3)		(2)	(2)	
Zus. 1	21 a		(3)	(3), a 1	
2	21 (3) Satz 2		(4)	(5)	
20 (1)	11 (2)		(5)	(6)	
(2)	(3) (4) (5)		Zus. 1	a 1 (1)	
(3)	11 (1) a, 17 (3)		2	(3) 1, 2	
(4)	11 (6)		3	(2)	
21 (1)	16 (1)		4	(3) 3	
(2)	(2)		5	a 1	
(3)	(3)		6	(3) 5	
(4)	(7)		28 (1)	28 (1) (4)	
(5)	(7)		(2)	(3)	
(6)	(6)		(3)	(2)	
(7)	(5)		Zus. 1	a 1	
Zus. 1—5	a 1—5	1	2	a 3	
22 (1)	Weggelassen.		3	a 4	
(2)	22		29 (1)	29 (1)	
(3)	VO. 81 (3)		(2)	(3)	
23	23		(3)	(2)	
Zus. 1—4	a 1—4		(4)	(4)	
24 (1)	24 (1)		IV. Zus.	IV. a	
(2)	19 (4)		§ 30	§ 30	
(3)	24 (2)		(1)—(4)	(1)—(4)	
Zus.	a.		(5)	(5), 35 (2)	
25	25	1, 9	Zus. 1	30 a 1	
Zus. 1—4	a 1—4		2	a 2	

BO.	EBO.	AAB. I.	BO.	EBO.	AAB. I.
§ 30 Zus. 3	§ 30 (4)		§ 37	§ 38 (1)—(4)	
4	30 a 3		38	39	
31 (1) (2)	31 (1) (2)		Zus. 1, 2	a 1, 2	
Zus.	a 1, 2		39	40	31, 32
32 (1)	32 (1)	16—20	Zus. 1—4	a 1—4	
(2)	(1) (3)		40 (1) (2)	41 (1) (2)	33
(3)	(5)		Zus. 1	40 a 9	
(4)	(4)		2	a 2, a 5	
(5)	(6)		3	a 6	
(6)	(6)	24	4	a 7	
(7)	(7)		5	a 8	
Zus. 1—5	a 1—5	19, 30	6	42 (1), a 1	34, 35, 36
6—11	7—12	29, 30	7 u. 8	(2)	
33 (1)-(3)	34 (1)—(3)	22	9	Weggelassen.	
(4)	(5)			[42 (1) (2)]	
(5)	(4)		10	42 a 2	
(6)	(2)		41	43	36
Zus. 1—3	a 1—3		Zus. 1	a 2	
4	34 (2) Satz 2		2	a 3	
5	a 4		3 (1)	43	
6	a 5		3 (2)	43 a 4	
34 (1)	35 (1)	28	4	a 5	
(2)	32 (2) (5)		5, 6	a 1	
(3)	36 (1)		7	a 6	
(4)	35 (2)	25	42 (1)	44 (2)	38
(5)	34 (6)		(2)	(3)	
(6)	35 (2), 28 (4)		(3)	(1), 45 (2)	
Zus.	32 a 6		(4)	44 (4) (7)	
35 (1) (2)	36 (2) (3)	28 (14)	(5)	45 (1)	
36 (1)	37 (3)		(6)	(3)	
(2)	(1)		(7)	44 (7)	
(3)	(4)		(8)	47 (2)	
Zus.	33	22	(9)	(1)	

VO.	EVO.	AAV. I.	VO.	EVO.	AAV. I.
§ 42 Zus. 1	§ 45 a 2		§ 46 (3)	§ 48 (5), 50 (1) (2)	42
2	44 a 1		I, II	48 I, II	
3	a 6		III	48 (2)	
4	45 a 1		IV	IV	40
5	44 a 7, 4, 5		V	XIII	
43 (1)	44 (5) (6)		VI	52 II, III	
(2)	46 (1) (2)		47 (1)-(4)	51 (1)—(4)	
(3)	(4)		48 (1)	52	43
Zus. 1	44 a 2		(2)	48 (10)	
2	a 3		I	52 I	
3	46 a		II	48 XIV	
44 (1)	3 (2)		49	53	
(2)	48 (3), 3 (1) 2		50 A 1	54 (1) A	II 2
(3)	48 (4)		2	3 (2)	
(4)	(7) (8)	41	3	3 (1) 2	
(5)	(6)		4	54 (1) B	
(6)	(11)		B 1	(2) A	
(7)	49 (2)		2	(2) B 1	
(8)	48 (8)		3	2	
I	48 III		4	3	
II	VII	41	C	54 II, 56 (1) k	
III	VIII		I (1)	54 I, II	
IV	VI		(2)	67 III	
V	49 III		II	54 II, III	
VI	50 II		III	62 III	
VII	48 XV		IV	59 III	
VIII	49 II		V	62 III	
45	48 (9)		VI	54 IV	
I	X		51 (1)	55 (1)	9
II	XI		a	56 (1) n	10
III	XII		b	Weggelassen,	
IV				Tagesstempel.	
46 (1) (2)	48 (1) (2)	39	c	56 (1) a, b, c, (7)	

BO.	EVO.	AAB. II.	BO.	EVO.	AAB. II.
§ 51 (1) d	§ 56 (1) d, e		§ 52 (5)	§ 56 (8)	
e	89 (1)		(6)	55 (4), 56 (1) f	
f	56 (1) i		(7)	56 (3), (4)	
g	67 (1)		(8)	(2)	
h	56 (1) e		I	55 a, 56 VIII	
i	69 (3)		II	55 a	
k	72 (6)		III	56 X	
l	56 (1) m, 67 (2)	22	IV	IX	
m	56 (1) o, (10)		53 (1)	57	
n	56 (1) h		(2)	58 (1)	1, 8
(2)	56 (9), 2 (2),		(3)	(2) (3)	6, 7
	55 (5)		(4)	(4)	
I	Erl. durch 61 (1)		(5)	(6)	
II—V	56 I—IV		(6)	59 (2)	
VI	XIV		(7)	60 (1) u. e Abs. 2	
VII	89 (1)		(8)	60 (1) a	
VIII	67 I, II [55 (1),		(9)-(12)	b—e	
	67 (1)]	23	(13)	(3)	
IX	56 V, 69 III—V		I	57 a	
X	Erl. durch 72 (6)		II 1	58 (1)	
XI	Frachtbrief-		2, 3	58 I, II	
	vordruck		III	58 IV	
XII	Erl. durch 67 (2)		IV	Erl. d. 58 (6)	
XIII	67 V	22	V	59 II	
XIV	56 VI		VI	Erl. d. 60 (1) a	
XV	56 XI		VII	Erl. d. 60 (4)	
XVI	XII		54 (1—8)	61 (1)—(8)	12
XVII	XIII, 56 (10)	23	Zus.	a	
XVIII	56 XIV		55 (1)	63 (1) (8)	15
52 (1)	55 (2) (1) (7)		(2)	64 (1)	13
(2)	55 (5), 56 a		(3)	(2)	
(3)	55 (3), 61 (1)		I, II	I, II	
(4)	56 (5)		56 (1)	63 (2)(4), 59 (1)	

VO.	EVO.	AAB.I.	VO.	EVO.	AAB.II.
§ 56 (2)	§ 67 (1)		§ 59 III	§ 65 I	
(3)	63 (3), 80 (4)		IV	II	
(4)	67 (3), 80 (5)		V	VI	
(5)	80 (6)		VI	VII	
(6)	63 (5) (6)	3, 4	VII	III	
(7)	63 (5) (6)		VIII	IV	
(8)	63 (7)		IX	VIII	
I	II (2)		60 (1)	63 (8)	
II	I		(2)	68 (1) (2) (3)	16
III	III		(3)	63 (11), 76 (8)	
IV	Erl. durch 63 (5)		I	68 I	
V	63 IV		II	Erl. durch 63 (8)	
57 (1)	66 (1)		61 (1)	69 (2) (6)	18
(2)	(1) (2)		(2)	(1)	
(3)	(3)		(3)	(7)	19
I, II, III	a		(4)	70 (1) (2) (3)	
58 (1)-(3)	62 (1)—(3)	5	(5)	71 (1)	
(4)	(7)	(14)	(6)	(2)	
(5)	(8)		(7)	(2)	
I, II	I, II		I	69 I	
III	II		II	VI, (7)	
IV	III		III	VI	
V	III		IV	69 (2)	
VI	V		V	(4) (5)	
59 (1)	65 (1)	35	62 (1)	72 (1)	20
(2)	65 (1)	11, 23	(2)	(7)	
(3)	(2)		(3)	(2)	
(4)	(3)		(4)	(3)	
(5)	(4)		(5)	(4)	
(6)	(5)		(6)	(5)	
(7)	(6)		I	68 III	
I	Erl. durch 65 (1)		II	72 V	
II	65 V		III	68 VI	

BO.	EBO.	AAB. I.	BO.	EBO.	AAB. II.
§ 62 IV	§ 68 V		§ 68 (3)	§ 63 (8) (10),	
V	72 I, II			78 (1)	
VI	III		(4)	76 (9)	
VII	IV		(5) (6)	77 (2) (3)	
63 (1) (2)	75 (1) (2)		(7)	76 (10)	
(3)	(3) (4)		(8)	71 (1) (2) (4)	31, 36
(4)—(8)	(5)—(9)		I II	79 I, II	
I	I		III	78 a	
II	II, (5)		IV	77 (2) (1), I	
III	Erl. durch 75 (1)		V	II	
64 (1)	73 (1)	21, 30	69 (1)-(3)	80 (1)—(3)	41
(2)	(5)		(4)—(7)	(5)—(8)	
(3)	(3) Satz 1		I	79 (3), 80 (2)	
(4)	(9)			(3), I (1) (2)	
(5)	(1)		II	80 II	
(6)	(3) Satz 1		70 (1)	81 (1)	38, 42
(8)	(8)		(2)	(3)	
I	(3), II		(3)	(4) (5)	
II	(3)		(4)	(5)	
III	V		I	II	
IV	II (4)		II	IV	
V	VI		71 (1)	82 (1) (2)	37
65 (1) (2)	74 (1) (2)	29	(2)	(1)	
(3)	(1)		(3)	(3)	
(4)	(3)		Zus.	(4)	
I	a		72	83	
II	(4)		73 (1)-(3)	99 (1)—(4)	
66 (1)-(3)	76 (1)—(3)	39, 40	74 (1)-(5)	100 (1)—(5)	
(4)	(5)		75 (1)	84	
67	76 (4)		(2)	76 (1)	
68 (1)	76 (6) (7),		76 (1) (2)	85 (1) (2)	
	79 (1) (4) (5)	34	77 (1)-(3)	86 (1) - (3)	
(2)	77 (4), 79 (2)		I	I	

BO.	EBO.	AAB.II.	BO.	EBO.	AAB.II.
§ 77 II	Weggelassen,		§ 84 I	§ 92 (2)	
III	§ 86 II		II	a	
78 (1)-(3)	87 (1)		85	93	
(4)-(6)	(2)—(4)		86	94 (1)	
79	90		87 (1) (2)	94 (1) (2)	
80	88 (1)		87 (3)	94 (5)	
81 (1)-(3)	89 (1)—(3)		88	95	
Zus.	a		89	96	
82 (1)-(3)	91 (1)—(3)		90 (1)-(4)	97 (1)—(4)	
83	88 (2)		91 (1)-(6)	98 (1)—(6)	
84 (1)-(4)	92 (1)—(4)				

Sachregister.

(Die arabischen Zahlen verweisen auf die Paragraphen und ihre Unterabteilungen. Buchstabe a und römische Zahlen auf die „Allgemeinen Ausführungsbestimmungen".)

A.

B.

F.

O.

P.

T.

V.

W.

Z.

Herrosé & Ziemsen, G. m. b. H., Wittenberg.

Verzeichnis

der

Guttentag'schen Sammlung Deutscher Reichs- und Preussischer Gesetze

Text-Ausgaben
mit Anmerkungen u. Sachregister

Guttentag'sche Sammlung

Deutscher Reichsgesetze.

Text-Ausgaben mit Anmerkungen. Taschenformat.

1. **Verfassung** des Deutschen Reichs. Von Dr. **L. von Rönne.** Neunte Auflage von Landrat **Paul von Rönne.** 1904. 2 M. 40 Pf.

2. **Strafgesetzbuch** für das Deutsche Reich. Nebst den gebräuchlichsten Reichs-Strafgesetzen. Von Dr. **H. Rüdorff.** Zweiundzwanzigste Auflage von Dr. **H. Appelius,** Kammergerichtsrat 1907. 1 M. 50 Pf.

   Die §§ 95—101, geändert durch Gesetz vom 17. Februar 1908, in neuer Fassung.

3. **Militärstrafgerichtsordnung.** In Vorbereitung.

4. **Handelsgesetzbuch vom 10. Mai 1897** unter Ausschluß des Seerechts. Mit den ergänzenden Vorschriften des Bürgerlichen Gesetzbuchs und Erläuterungen von **F. Litthauer,** Justizrat. Dreizehnte Auflage herausgegeben von Geh. Justizrat **Prof.** Dr. **A. Mosse.** 1905. 3 M.

   Ausführl. Kommentar von Staub siehe Seite 32.

5. Allgemeine Deutsche **Wechselordnung.** Neunte Auflage von Justizrat Dr. **J. Stranz** und Rechtsanwalt Dr. **M. Stranz,** und das Reichsgesetz über die **Wechselstempelsteuer***). Von Regierungsrat **P. Loeck.** Achte Auflage 1906. Mit Nachtrag: Gesetz betr. Erleichterung d. Wechselprotestes v. 30. Mai 1908. 3 M.

   Ausführlicher Kommentar von Staub-Stranz siehe S. 32.

*) Ist auch einzeln zu haben. Preis 1 M. 25 Pf.

6. **Gewerbeordnung** für das Deutsche Reich nebst allen Ausführungsbestimmungen. Ursprünglich herausgegeben von **T. Ph. Berger** und **Dr. L. Wilhelmi.** Siebzehnte Auflage bearbeitet von Oberverwaltungsgerichtsrat **H. Spangenberg.** 1907. 3 M.

   Nachtragsband: enthaltend Novelle **„Kleiner Befähigungsnachweis"** von Geh. Ober-Regierungsrat **Spielhagen.** 1908. 30 Pf.

   Ergänzungsband: **Preußische Ausführungsanweisung.** 1904. 2 M.

7. Die deutsche **Post- und Telegraphen-Gesetzgebung.** Nebst dem Weltpostvertrag und dem internationalen Telegraphenvertrag. Von Wirkl. Geh. Rat Dr. **Fischer.** Sechste Auflage bearbeitet von Geh. Ober-Postrat Dr. **M. König.** 1908. 4 M.

8. Die Reichsgesetze über den **Unterstützungswohnsitz** in der Fassung der Novelle vom 30. Mai 1908, **die Freizügigkeit, den Erwerb und Verlust der Bundes- und Staatsangehörigkeit,** nebst allen landesgesetzlichen Bestimmungen. Von Geheimrat Dr. **J. Krech,** Mitglied des Bundesamtes für das Heimatwesen. Siebente Auflage. 1908. 3 M.

9. Sammlung **kleinerer strafrechtlicher Reichsgesetze.** Mit den Entscheidungen des Reichsgerichts bearbeitet von **M. Werner,** Geh. Ober-Regierungsrat. Zweite Auflage. 1903. 3 M.

   (Inhalt ca. 25 verschiedene Gesetze.)

10. **Das Reichsbeamtengesetz** und seine Ergänzungen. Erläutert von **J. Pieper.** Zweite Auflage. 1901. 4 M. 50 Pf.

— In der Fassung von 1907 siehe Nr. 82.

11. **Zivilprozeßordnung mit Gerichtsverfassungsgesetz** in den neuesten Fassungen. Herausgegeben zunächst von **R. Sydow,** weiter bearbeitet von **L. Busch,** Zehnte Auflage. (In größerem Oktav-Format.) 1905. 6 M.

12. **Strafprozeßordnung und Gerichtsverfassungsgesetz** nebst den Gesetzen, betreffend die Entschädigung der im Wiederaufnahmeverfahren freigesprochenen Personen und die Entschädigung für unschuldig erlittene Untersuchungshaft. Von Dr. **A. Hellweg,** Reichsgerichtsrat. Fünfzehnte Auflage. 1908. 2 M.

13. **Konkursordnung und Anfechtungsgesetz.** Von **R. Sydow.** Weiter bearbeitet von **L. Busch.** Zehnte Auflage. 1906. 2 M. 25 Pf.

14. **Gerichtsverfassungsgesetz** mit Einführungsgesetz. Herausgegeben von **R. Sydow** und **L. Busch.** Neunte Auflage. 1905. 1 M. 50 Pf.

15. **Das Deutsche Gerichtskostengesetz** nebst den Gebührenordnungen für Gerichtsvollzieher, Zeugen und Sachverständige. Herausgegeben mit Kosten-

tabellen von **R. Sydow.** Weiter bearbeitet von **L. Busch.** Achte Auflage. 1907. 2 M.

16. **Rechtsanwaltsordnung.** Von **R. Sydow.** Sechste Auflage von Justizrat **M. Jacobsohn.** 1907. 1 M. 20 Pf.

17. **Die Deutsche Gebührenordnung für Rechtsanwälte und das Preußische Gebührengesetz** vom 27. September / 6. Oktober 1899. Von **R. Sydow** und **L. Busch.** Achte Auflage. 1909. 2 M.

18. **Reichsstempelgesetz (Börsensteuer, Frachturkunde, Kraftfahrzeuge, Personenfahrkarte, Tantieme für Aufsichtsratsmitglieder).** Vom 3. Juni 1906. Nebst Ausführungsbestimmungen und Entscheidungen. Neunte Auflage von **P. Loeck,** Regierungsrat. (In größerem Oktav-Format.) 1906. 4 M. 50 Pf.

19. **Die Seegesetzgebung.** Von Dr. **W. E. Knitschky.** Vierte Auflage bearbeitet von Oberlandesgerichtsrat **Otto Rudorff** in Hamburg 1908. 6 M.

20. **Krankenversicherungsgesetz.** Von weil. Dr. **E. von Woedtke,** Direktor im Reichsamte des Innern. Elfte Auflage bearbeitet von Dr. **G. Eucken-Addenhausen,** Geh. Reg.-Rat und vortr. Rat im Reichsamte des Innern. 1905. 3 M.

21. **Die Konsulargesetzgebung.** Von Professor Dr. **Ph. Zorn.** Zweite Auflage. 1901. 3 M.

22. **Patentgesetz.** Nebst Ausführungsbestimmungen, völkerrechtlichen Verträgen und der Patentanwalts-Ordnung unter eingehender Berücksichtigung der Rechtsprechung des Reichsgerichts und der Praxis des Patentamts. Bisher von Prof. Dr. **R. Stephan** herausgegeben. Siebente Auflage von **R. Lutter,** Geh. Reg.-Rat im Kaiserl. Patentamt 1908. 2 M. 80 Pf.

Gesetz zum Schutz der Warenbezeichnungen. Nebst Ausführungsbestimmungen. Siehe Seite 16 Nr. 87.

23. **Gewerbe-Unfallversicherungsgesetz.** Von weil. Dr. **E. v. Woedtke.** Neunte neubearbeitete Auflage von **Franz Caspar,** Direktor im Reichsamt des Innern. 1907. 2 M. 50 Pf.

24. **Aktiengesellschaft und Kommanditgesellschaften auf Aktien.** (Handelsgesetzbuch, II. Buch, Abschnitt 3 und 4). Mit Anmerkungen von Justizrat Dr. **H. Veit Simon** und Amtsrichter **L. Keyssner.** 1909 Sechste Auflage. Im Druck.

25. **Brausteuergesetz** vom 3. Juni 1906 mit Ausführungsvorschriften. Von **A. Düffe,** Obersteuerkontrolleur. 1907. 3 M.

26. Die Reichsgesetzgebung über **Münz- und Notenbankwesen,** Papiergeld, Prämienpapiere und Reichsschulden. Von Dr jur. **R. Koch,** Präsident des Reichsbankdirektoriums. Fünfte Auflage. 1905. 3 M.

27. **Die Gesetzgebung, betr. das Gesundheitswesen** im Deutschen Reich für Behörden, Aerzte 2c. Von Dr. jur. **C. Goesch** und Dr. med. **J. Karsten.** 1888. 1 M. 60 Pf.

28. **Bau-Unfallversicherungsgesetz.** Vom 30. Juni 1900 Von **R. Chrzescinski,** Kaiserl. Regierungsrat. Dritte Auflage. 1900. 2 M.

29. **Reichsgesetz,** betr. die **Erwerbs- und Wirtschaftsgenossenschaften.** Von **L. Parisius** und Dr. **H. Crüger.** Zwölfte Auflage bearbeitet von Dr. **H. Crüger.** 1907. 1 M. 50 Pf.
Ausführlicher Kommentar siehe Seite 32.

30. **Invalidenversicherungsgesetz** vom 13. Juli 1899. Von weil. Dr. **E. v. Woedtke.** Zehnte Auflage von Regierungsrat **H. Follmann.** 1906. 4 M.
Siehe auch Handausgabe von Freund Seite 27.

31. **Gewerbegerichtsgesetz.** Von Stadtrat **L. Mugdan.** Sechste Auflage bearbeitet von **W. Cuno,** Erstem Bürgermeister zu Hagen i. W. 1906. 2 M. 20 Pf.

32. **Reichsgesetz,** betr. die **Gesellschaften mit beschränkter Haftung.** Von **L. Parisius** und Dr. **H. Crüger.** Neunte Auflage von Dr. **H. Crüger.** 1908. 1,40 M.
Ausführlicher Kommentar siehe Seite 32.

33. **Vereins- und Versammlungsrecht** in Deutschland Von Dr. **E. Ball.** Zweite Aufl. von Dr. **F. Friedenthal.** 1907. 2 M. 50 Pf.
Das neue Vereinsgesetz vom 19. April 1908 vide Nr. 88 — Seite 16.

34. **Reichsgesetz**, betreffend die **Abzahlungsgeschäfte.** Vom 16. Mai 1894. Von **J. Hoffmann.** Zweite vermehrte Auflage besorgt von Dr. **E. Wilke,** Landgerichtsrat. 1901. 1 M. 20 Pf.

35. Die **Reichs-Eisenbahngesetzgebung.** Von **W. Coermann,** Kaiserl. Amtsrichter. 1895. 2 M. 25 Pf.

36. Gesetze, betr. die **privatrechtlichen Verhältnisse der Binnenschiffahrt und der Flößerei.** Von **E. Löwe,** Landgerichtsrat Vierte Auflage. 1909. 3 M.

37. Gesetz zur **Bekämpfung des unlauteren Wettbewerbes.** Vom 27. Mai 1896. Von Dr. **R. Stephan,** Geh. Regierungsrat. Dritte Auflage. 1903. 1 M.

38/39. **Bürgerliches Gesetzbuch nebst Einführungsgesetz.** Nach dem Tode des ursprünglichen Herausgebers Reichsgerichtsrats a. D. Dr. **A. Achilles** in Verbindung mit Professor Dr. **André,** Kammergerichtsrat **Ritgen,** Ober-Landesgerichtsrat **Strecker,** Ministerialrat Dr. **Unzner** herausgegeben von Geh. Ober-Justizrat **Greiff.** Sechste Auflage. (In größerem Oktav-Format) 1909. 6 M. 50 Pf.

40. Gesetz, betr. die **Pflichten der Kaufleute bei Aufbewahrung fremder Wertpapiere (Depotgesetz).** Mit Erläuterungen. Von **F. Lusensky,** Geh. Ober-Regierungsrat. Zweite Auflage. 1905. 1 M.

41. **Börsengesetz.** In der Fassung der Novelle vom 8. Mai 1908 nebst Ausführungsbestimmungen von **A. Wermuth** und **H. Brendel.** Zweite Auflage. Neu bearbeitet von Wirkl. Geh. Ob.-Regierungsrat. **Th. Hemptenmacher,** Staatskommissar an der Berliner Börse. 1908. 2 M.

42. **Grundbuchordnung** nebst den preußischen Ausführungsbestimmungen. Mit Einleitung. Von Prof. Dr. **O. Fischer.** Fünfte Auflage. 1909. 2 M.

43. Die Gesetzgebung, betr. die **Zwangsvollstreckung in das unbewegliche Vermögen** im Reiche und in Preußen. Mit Einleitung, Kosten- und Gebührentabellen. Von Dr. **J. Krech,** Kaiserl. Geh. Regierungsrat und Professor Dr. **O. Fischer.** Fünfte Auflage. 1907. 2 M.

44. Das Reichsgesetz über das **Auswanderungswesen** vom 9. Juni 1897 nebst Ausführungsverordnungen und Anlagen. Unter Benutzung amtlicher Quellen. Von Professor Dr. **Felix Stoerk.** 1899. 2 M. 25 Pf.

45. Das **Entmündigungsrecht** unter Berücksichtigung der für Preußen geltenden Vorschriften nebst der preußischen Justiz-Ministerial-Verfügung vom 28. November 1899. Text der zivil- und prozeßrechtlichen Bestimmungen mit Erläuterungen von Landgerichtsrat Dr. **P. Koll** in Cöln. 1900. 1 M. 50 Pf.

46. Die Gesetze des Reiches und Preußens über die **freiwillige Gerichtsbarkeit.** Mit Einleitung von **Herm. Jastrow,** Amtsgerichtsrat. Vierte Auflage. 1906. 3 M.

47. Das **deutsche Vormundschaftsrecht** und das preuß. Gesetz über die Fürsorgeerziehung Minderjähriger nebst den dazu gehörigen preußischen Nebengesetzen. Von **Max Schultzenstein,** Oberverwaltungsgerichtsrat und Amtsgerichtsrat Dr. **Paul Köhne.** Zweite Auflage. 1901. 3 M.

48. Gesetze und Verordnungen, betr. den **Drogen-, Gift- und Farbenhandel** außerhalb der Apotheken. Von Dr. **Broh,** Rechtsanwalt. 1899. 1 M. 25 Pf.

49. Deutsche **Kolonialgesetzgebung.** Von Professor Dr. **Philipp Zorn.** 1901. 4 M. 50 Pf.

50. Der **Viehkauf** (Viehgewährschaft) nach dem Bürgerlichen Gesetzbuche. Nebst Verordn. betr. die Hauptmängel und Gewährsfristen beim Viehhandel. Von Rechtsanwalt Dr. **H. Stölzle** und Königl. Kreistierarzt **H. Weiskopf.** Vierte wesentlich verbesserte Auflage. 1908. 4 M.

51. **Hypothekenbankgesetz** vom 13. Juli 1899. Von Dr. **H. Göppert,** Gerichts-Assessor. 1900. 1 M. 80 Pf.

52. Gesetz, betreffend die gemeinsamen **Rechte der Besitzer von Schuldverschreibungen.** Von Dr. **Heinrich Göppert,** Gerichts-Assessor. 1900. 2 M.

53. **Reichspreßgesetz** vom 7. Mai 1874 nebst den einschlägigen Bestimmungen des Strafgesetzbuchs, der Gewerbeordnung 2c. Kommentar von **A. Born**, Polizeiassessor. 1900. 1 M. 50 Pf.

54. Die Reichsgesetzgebung über den Verkehr mit **Nahrungsmitteln, Genußmitteln und Gebrauchsgegenständen.** Von Dr. **Georg Lebbin,** Nahrungsmittelchemiker. 1900. 2 M. 25 Pf.

55. Das Recht der **Beschlagnahme von Lohn- und Gehaltsforderungen.** Auf Grundlage der Reichsgesetze vom 21. Juni 1869 u. 29. März 1897 und der Zivilprozeßordnung. Von Justizrat **Georg Meyer.** Dritte Auflage. 1908. 2 M. 50 Pf.

56. **Gesetz,** betr. die **Bekämpfung gemeingefährlicher Krankheiten.** Nebst Ausführungsbestimmungen. Von Dr. **Bruno Burkhardt,** Regierungsrat, Mitglied des Kais. Gesundheitsamts. 1900. 1 M. 40 Pf.

57. **See-Unfallversicherungsgesetz.** Von **Dr. Max Mittelstein,** Oberlandesgerichtsrat in Hamburg. 1901. 2 M.

58. **Das Recht der unehelichen Kinder** nach dem BGB. Von **Hermann Jastrow,** Amtsg.-Rat. 1901. 1 M. 80 Pf.

59. Reichsgesetz über die **Beurkundung des Personenstandes und die Eheschließung.** Von Dr. **F. Fidler,** Amtgerichtsrat. 1901. 1 M. 80 Pf.

60. Gesetz, betreffend das **Urheberrecht an Werken der Literatur und der Tonkunst.** Von Landrichter **Otto Lindemann.** Zweite Auflage. 1907. 1 M. 60 Pf.

61. Gesetz über das **Verlagsrecht.** Von Justizrat **Ernst Heinitz.** 1901. 1 M. 50 Pf.

62. Gesetz über die **privaten Versicherungsunternehmungen.** Von **H. Könige,** Reichsgerichtsrat. Zweite Auflage in Bearbeitung.

63. **Gesetzestafel des Deutschen Reichsrechts.** Systematisch geordnete Nachweisung des z. Z. geltenden Reichsrechts. Ergänzungsband zu der Guttentag'schen Sammlung Deutscher Reichsgesetze. Von **Hugo Bruhns,** Syndikus. 1902. 8⁰. 2 M. 50 Pf.

64. Gesetzsammlung betr. den **Handel mit Drogen und Giften.** Reichsgesetzl. Bestimmungen und Anhang mit den landesgesetzl. Verordnungen sämtlicher Bundesstaaten. Von Rechtsanwalt **H. Sonnenfeld,** Syndik. d. Berl. Drogisten-Innung. 1902. 3 M.

65. Das **Weingesetz** vom 24. Mai 1901. Mit Ausführungsbestimmungen von Dr. **Georg Lebbin,** Handels- u. Gerichtschemiker. 1902. 1 M. 50 Pf.

66. Die **Eisenbahn-Gesetzgebung.** Von **W. Pietsch,** Geh. exp. Sekretär im Reichs-Eisenbahn-Amt. 1902. 5 M.

67. **Militär-Strafgesetzbuch.** In Vorbereitung.

68. **Das Fleischbeschaugesetz.** Vom 3. Juni 1900. Mit Ausführungsges. u. Verordnungen im Reiche und in Preußen. Von Dr. **Georg Lebbin,** Gerichtschemiker und Rechtsanwalt Dr. **Georg Baum.** 1903. 4 M.

69. Reichsgesetz über die **Naturalleistungen der bewaffneten Macht im Frieden** nebst den zugehörigen in Preußen geltenden Bestimmungen. Von Regierungsassessor Dr. **Walter v. Hippel.** 1903. 1 M. 25 Pf.

70. **Das Reichs-Haftpflichtgesetz,** betr. die Verbindlichkeit zum Schadensersatz für die bei dem Betriebe von Eisenbahnen, Bergwerken, Steinbrüchen, Gräbereien und Fabriken herbeigeführten Tötungen und Körperverletzungen, vom 7. Juni 1871. Von Regierungsrat Dr. **G. Eger.** 1903. Preis 3 M.

71. **Kinderarbeit in gewerblichen Betrieben,** v. 30. März 1903. Nebst der Preuß. Ausführ.-Anw. v. 30. Nov. u. d. Bek. des Reichskanzlers v. 17. Dez. 1903. Von **H. Spangenberg,** Oberverwaltungsgerichtsrat. Zweite vermehrte Auflage. 1904. 1 M. 60 Pf.

72. **Unfallversicherungsgesetz für Land- und Forstwirtschaft** vom Wirkl. Geh. Rat Dr. **E. von Woedtke,** fortgesetzt von Dr. **Alfred Radtke,** Geh. Regierungsrat und Senatspräs. im Reichsversicherungsamt. Zweite Auflage. 1904. 4 M. 50 Pf.

73. **Entschädigung für unschuldig erlittene Verhaftung und Bestrafung.** Nebst Anhang, enth. die dazu gehörigen Nebengesetze über Schadensersatz. Von Dr. jur. **A. Romen,** Wirkl. Geh. Kriegsrat und vortr. Rat im Kriegsministerium. 1904. 2 M.

74. Die **Kaufmannsgerichte** nebst den preuß. Ausführungsbestimmungen. Von Prof. Dr. **Max Apt,** Syndikus der Korporation der Berliner Kaufmannschaft. Dritte Auflage. 1905. 2 M.

75. Reichsgesetz über die **Konsulargerichtsbarkeit.** Erläutert von Dr. jur. **A. F. Vorwerk,** Rechtsanwalt in Schanghai. Zweite Ausgabe, mit dem Schutzgebietsgesetz und der Ausführungsverordnung, betreffend die Rechtsverhältnisse in den deutschen Schutzgebieten. 1908. 2 M.

76. **Die Rechtshilfe im Verkehr mit den ordentlichen Gerichten nach deutschem Reichsrecht.** Zusammenstellung aller in Betracht kommenden Gesetzesstellen. Von Landrichter Dr. **A. Friedländer.** 1906. 1 M. 80 Pf.

77. **Das Reichserbschaftssteuergesetz.** Vom 3. Juni 1906. Von **Ulrich Hoffmann,** Geh. Registrator im Kgl. Preuß. Finanzministerium. 1906. 2 M. 60 Pf.

78. **Zigarettensteuergesetz.** Vom 3. Juni 1906. Von Dr. **Cuno,** Gerichtsassessor. 1906. 1 M. 80 Pf.

79. **Die Militärpensionsgesetze** vom 31. Mai 1906 nebst Ausführungsbestimmungen. Zum Gebrauch für Heer, Marine und Schutztruppe von Dr. jur. **A. Romen,** Wirklicher Geheimer Kriegsrat.
  a) I. Teil: Offizierpensionsgesetz. 1907. 3 M. 50 Pf.
  b) II. Teil: Mannschaftsversorgungsgesetz. 1908. 3 M. 50 Pf.

  Jeder Teil ist einzeln käuflich.

80. Reichsgesetzgebung über **gerichtliche Registerführung.** Textausgabe der einschlägigen Gesetzesbestimmungen mit Anmerkungen und Sachregister von **Otto Lindemann,** Landrichter. 1906. 3 M.

81. Gesetz, betr. **Urheberrecht an Werken der bildenden Künste und der Photographie.** Von Dr. **Ludw. Fuld,** Rechtsanwalt. 1907. 1 M.

82. **Reichsbeamtengesetz** in der Fassung vom 18. Mai 1907 und seine Ergänzungen von Prof. Dr. **Ad. Arndt.** 1908. 3 M.

83. **Reichsgesetz über den Versicherungsvertrag** nebst Einführungsgesetz mit Einleitung und ausführlicher Erläuterung von Dr. **Paul Hager** und Dr. **R. Behrend,** Regierungsräte im Kaiserl. Aufsichtsamt f. Privatversicherung. 1908. 5 M.

84. **Sammlung kleinerer privatrechtlicher Reichsgesetze** von Landrichter **Georg Müller.** 1908. 6 M. 50 Pf.

  Enthält eine Fülle von Gesetzen, die anderweit fast garnicht oder nur schwer zu beschaffen sind.

85. **Scheckgesetz** mit Einleitung usw. Von Prof. Dr. **Max Apt.** Fünfte Auflage. Mit Postscheckordnung v. 6. XI. 1908. 1909. ca. 1 M. 50 Pf.

Postscheckordnung vom 6. XI. 08. Apart mit Erläuterungen u. Ausführungsbestimmungen. (30 Pf.) S. Seite 26.

86. **Die Auslieferungsverträge des Deutschen Reiches** von Landrichter **A. Cohn.** 1908. 4 M.

87. Gesetz zum **Schutz der Warenbezeichnungen.** Nebst Ausführungsbestimmungen. Von Geh. Reg.-Rat, Mitglied des Patentamts Dr. **Freund** und Rechtsanwalt **Magnus.** Fünfte Auflage. 1909. 3 M. 50 Pf.

88. **Vereinsgesetz** vom 19. April 1908. Unter Benutzung der amtlichen Quellen. Nebst einem Anhang, enth. die Vorschriften des BGB. über die Vereine. Bearbeitet von Dr. jur. **A. Romen,** Wirkl. Geh. Kriegsrat. Zweite Auflage. 1908. 1 M. 50 Pf.

Wie leitet man eine Versammlung. Seite 27.

89. Deutsches **Vogelschutzgesetz** vom 30. Mai 1908 nebst den das Flugwild betreffenden Bestimmungen der Preußischen Jagdordnung von Dr. jur. **Leo von Boxberger.** 1908. 1 M.

90. Die Haager Abkommen über das **Internationale Privatrecht** von Dr. **G. A. E. Bogeng.** 1908. 2 M. 20 Pf.

91. **Eisenbahn-Verkehrsordnung** vom 23. Dez. 1908. Mit Ausführungsbestimmungen. Von Regierungsassessor bei der Eisenbahndirektion Breslau Dr. **Blume.** 1909. 2 M. 50 Pf.

Guttentag'sche Sammlung

Preußischer Gesetze.

Text-Ausgaben mit Anmerkungen. Taschenformat.

1. Die **Verfassungs-Urkunde** für den Preußischen Staat. Mit Einleitung, vollständigem Kommentar. Von Prof. Dr. **Adolf Arndt.** Sechste Auflage. 1907. 3 M.

2. Preußische **Beamten-Gesetzgebung**. Enthaltend die wichtigsten Beamtengesetze in Preußen. Von **C. Pfafferoth.** Vierte, neubearb. Auflage. 1905. Mit Anhang: Abänderung vom 27. Mai 1907. 2 M.

3. **Die Aufnahme des Nottestaments** durch die bestellten besonderen Urkundspersonen. Anweisung vom 15. März 1904. Erläutert mit Musterbeispielen und einem Abriß des Erbrechts von Amtsgerichtsrat **C. Kurtz.** 1904. 1 M. 50 Pf.

4. **Gebührenordnung** für **Notare** vom 25. Juni 1895 nebst den einschlägigen Vorschriften des Preußischen Gerichtskostengesetzes. Von **R. Sydow.** Dritte Auflage bearbeitet von Justizrat Dr. **Rausnitz.** 1908. 1 M. 60 Pf.

5. **Gesetz** vom **24. April 1854 (betr. die außerehel. Schwängerung).** Von Dr. **Schulze.** 1873. 75 Pf.
   Gültiges Recht siehe: Reichsgesetze Nr. 58.

6. Die Preuß. **Ausführungsgesetze und Verordnungen zu den Reichs-Justizgesetzen.** Von **R. Sydow.** Dritte vermehrte Auflage. 1895. 2 M. 40 Pf.
   S. Seite 25, Busch-Eylau, Ausführungsgesetze.

7. Allg. **Gerichtsordnung** vom 6. Juli 1793 und Preuß. **Konkursordnung** vom 8. Mai 1885. Von **F. Vierhaus,** Geh. Ober-Justizrat. Vergriffen.

8. **Vormundschaftsordnung**. Von **F. Schultzenstein.** Gültiges Recht siehe: Reichsgesetze Nr. 47.

9. Die Preußische **Grundbuchgesetzgebung**. Von Prof. Dr. **Fischer.** Vergriffen. Siehe: Reichsgesetze Nr. 42.

10. **Einkommensteuergesetz**. Von **A. Fernow,** Geh. Ober-Finanzrat. Siebente Auflage. 1908. 3 M. 25 Pf.

11. **Gewerbesteuergesetz**. Von **A. Fernow,** Geh. Ober-Finanzrat. Vierte, vermehrte Auflage. 1905. 2 M.

12. **Allgemeines Berggesetz** für die Preußischen Staaten vom 24. Juni 1865 nebst den preußischen Berggesetznovellen, den einschläg. Nebengesetzen u. Ausführungsbestimmungen. Mit Einleitung, Erläuterungen und Sachregister bearbeitet von **W. Westhoff** und **W. Schlüter.** Zweite Auflage. 1907. 5 M.

13. **Ergänzungssteuergesetz** (Vermögenssteuergesetz). Von **A. Fernow,** Geh. Ober-Finanzrat. Vierte vermehrte Auflage. 1907. 2 M. 40 Pf.

14. **Kommunalabgabengesetz.** Vom 14. Juli 1893 und Gesetz wegen Aufhebung direkter Staatssteuern. Von Dr. **F. Adickes,** Oberbürgermeister. Vierte Auflage. 1906. 1 M. 50 Pf.

15. **Die Kreisordnungen** für den Preußischen Staat. Von **O. Kolisch,** Landgerichtsrat. 1894. 4 M.

16. **Konzessionierung gewerblicher Anlagen.** Preuß. Ausführungs-Anweisung zu §§. 16 u. ff. der Gewerbe-Ordnung. Von Dr. **W. v. Rüdiger,** Geh. Regierungs- u. Gewerberat. Zweite Auflage. 1901. 2 M.

17. Preußisches **Gerichtskostengesetz.** Mit Kostentabellen. Von Dr. **P. Siméon,** Landgerichtsrat. Fünfte Auflage. 1908. 2 M. 60 Pf.

18. Preußisches **Stempelsteuergesetz** vom 31. Juli 1895. Mit den gesamten Ausführungsbestimmungen und vollständigen Tabellen. Von **P. Loeck,** Regierungsrat. Sechste Auflage. (In größerem Oktav-Format.) 1907. 6 M.

19. Das **Jagdscheingesetz.** Mit ausführlichen Erläuterungen. Von **F. Kunze,** Wirklichem Geh. Ober-Regierungsrat. Zweite Auflage. 1899. 2 M.

20. Die **preußischen Erbschaftssteuergesetze.** Unter Berücksichtigung der Novelle vom 31. Juli 1895. Von **U. Hoffmann,** Geh. Registrator im Königl. preuß. Finanzministerium. 1905. 4 M.
(**Reichs-**Erbschaftssteuergesetz s. **Reichs**gesetze Nr. 77).

21. Gesetz über die **Handelskammern.** Vom 19. August 1897. Mit Erläuterungen von **F. Lusensky,** Geh. Regierungsrat. 1897. 3 M.

22. Gesetz, betr. **Anstellung und Versorgung der Kommunalbeamten.** Mit Ausführungsanweisung. Von Dr. **W. Ledermann,** Magistratsassessor zu Berlin. 1899. 1 M. 25 Pf.

23. **Ausführungsgesetz zum Bürgerlichen Gesetzbuche.** Von Landrichter Dr. **P. Siméon.** Zweite Auflage. 1905. 1 M. 80 Pf.

24. Die **Hinterlegungsordnung** in der Fassung des Ausführungsgesetzes z. BGB. v. 20. Sept. 1899 nebst Ausführungsbestimmungen. Von Regierungsrat Dr. **Georg Bartels.** Zweite Aufl. 1908. 2 M.

25. **Preußische Kommunalbeamtengesetzgebung.** Von Magistr.-Assess. Dr. **Fr. Kremski,** Berlin. 1901. 3 M.

26. Gesetze über das **Diensteinkommen der Lehrer und Lehrerinnen, Ruhegehalt und Fürsorge für Hinterbliebene.** Tabelle zur Berechnung der Ruhegehalts-, Witwen- u. Waisenbezüge. Von Dr. **Ed. Cremer,** Beigeordneter.. 1900. 2 M. 40 Pf.

27. Gesetz, betreffend die **Warenhaussteuer.** Von Geh. Ober-Finanzrat Dr. **G. Strutz.** 1900. 1 M. 20 Pf.

28. **Gesetz über die Fürsorgeerziehung Minderjähriger.** Nebst Ausführungsbestimmungen. Von Landgerichtsdirektor Dr. **P. F. Aschrott.** Zweite umgearbeitete Auflage. 1907. 2 M. 80 Pf.

29. **Gesetz,** betr. **die ärztlichen Ehrengerichte, das Umlagerecht und die Kassen der Aerztekammern.** Von Amtsgerichtsrat Dr. **F. Fidler.** 1901. 1 M. 50 Pf.

30. Die das **Preußische Staatsschuldbuch** und **Reichsschuldbuch** betr. Gesetze nebst Ausführungsbestimmungen. Von Wirkl. Geh. Ober-Finanzrat **J. Mücke,** Mitglied der Staatsschuldenverwaltung. 1902. 2 M.

31a. **Die geltenden Preußischen Gesindeordnungen.** Herausgegeben in zwei Bänden von **Stephan Gerhard,** Rechtsanwalt in Berlin. 1902.

Band I: Gesindeordnung für die altpreußischen Provinzen vom 8. XI. 1810, mit Erläuterungen unter Berücksichtigung der Ergänzungsgesetze und der Rechtsverhältnisse der Gesindevermieter, sowie die Gesindeordnungen für Neuvorpommern und Rügen und für die Rheinprovinz. 2 M. 50 Pf.

31b. **Band II:** Gesindeordnungen für Hannover, Schleswig-Holstein, Hessen-Nassau und den Regierungsbezirk Hohenzollern. 2 M. 50 Pf.

Siehe auch Seite 27: Ratgeber von Grieben.

32. **Die Städteordnung für die sechs östlichen Provinzen Preußens vom 30. Mai 1853** nebst ihren gesetzlichen Ergänzungen. Von **Dr. jur. Walter Ledermann,** Magistrats-Assessor zu Berlin. (In größerem Oktav-Format.) 1902. 6 M.

33. **Rentenguts- und Anerbenrechts-Gesetzgebung in Preußen.** Von Landgerichtsrat **M. Peltasohn** und Rechtsanwalt **Bruno Peltasohn.** 1903. 3 M.

34. Sammlung der wichtigsten **preußischen** Strafgesetze nebst Anhang: Gesetz betr. polizeiliche Strafverfügungen vom 23. April 1883. Von **Otto Lindemann,** Amtsrichter. 1903. 2 M. 50 Pf.

Inhalt: Mobiliar-Feuerversicherung — Chausseegeld — Jagdpolizei — Jagdschein — Wild-Schonzeit — Fischerei — Versammlungs- u. Vereinigungsrecht — Belagerungszustand — Gesindedienstpflichten — Mineraliengewinnung und -Aneignung — Schlachthäuser — Dampfkesselbetrieb — Wandergewerbebetrieb — Reblausverbreitung — Forstdiebstahl — Wald- u. Wassergenossenschaften — Feld- u. Forstpolizei — Lotteriespiel — Verkehrsabgaben — Landestrauer.

35. **Geschäftsordnung für Gerichtsvollzieher.** Gerichtsvollzieherordnung und Gebührensätze von Amtsgerichtssekretär a. D. **Emil Exner.** 1904. 3 M. 50 Pf.

36. Die Gesetzgebung über **Polizeiverordnungen in Preußen** von **Otto Lindemann,** Amtsrichter in Köslin. 1904. 1 M. 50 Pf.

37. Gesetz über die **Enteignung von Grundeigentum** vom 11. Juni 1874. Von Landrichter **O. Meyer.** 1905. 2 M.

38. **Kreis- und Provinzial-Abgabengesetz.** Vom 23. April 1906. Von **Fr. Schmidt,** Gemeindevorsteher. 1906. 1 M. 25 Pf.

39. **Gesetz betr. die Unterhaltung der öff. Volksschulen.** Von **Dr. A. Marcks,** Reg.=Rat. 1906. 2 M.

40. Gesetz betr. **das Verwaltungsstrafverfahren** bei Zuwiderhandlungen gegen die Zollgesetze und indirekte Reichs= und Landesabgaben, sowie die Bestimmungen über die Schlacht= und Wildpretsteuer vom 26. Juli 1897. Von **Dr. Richard Katzenstein,** Gerichtsassessor. 1907. 3 M. 60 Pf.

41. Die **preußischen Jagdpolizeigesetze.** Von **Fr. Kunze,** Wirkl. Geh. Oberregierungsrat und **R. Kühnemann,** Rechtsanwalt. Zweite gänzlich veränderte und verbesserte Auflage. 1907. 3 M. 60 Pf.

42. Die Gesetzgebung über die **Allgemeine Landesverwaltung** und über die **Zuständigkeit der Verwaltungs= und Verwaltungsgerichtsbehörden.** Von Rechtsanwalt **Dr. Karl Friedrichs.** 1908. 3 M.

43. Gesetz betr. die **Zulassung einer Verschuldungsgrenze** für land= und forstwirtschaftlich benutzte Grundstücke v. 20. August 1906 nebst Ausführungsvorschriften. Von Dr. jur. **R. Leweck,** Syndikus der Ostpreuß. Landschaft. 1908. 2 M. 40 Pf.

44. **Quellenschutzgesetz** vom 14. Mai 1908 nebst den Ausführungsbestimmungen von **Carl Voelkel,** Geheimer Bergrat. 1909. 1 M.

Guttentag'sche Sammlung von
Text-Ausgaben mit Sachregister ohne Anmerkungen.
Taschenformat, elegant in Leinen gebunden.

Reichs-Justizgesetze:

Gerichtsverfassungsgesetz. Zivilprozeßordnung. Konkursordnung. Strafprozeßordnung.

2. Auflage. In einem Bande gebunden 3 M. 80 Pf.

Zivilprozeßordnung mit **Gerichtsverfassungsgesetz** und **Einführungsgesetzen** in den neuesten Fassungen. 2 M.

Konkursordnung mit **Einführungsgesetz.** 80 Pf.

Bürgerliches Gesetzbuch nebst **Einführungsgesetz.** 10. Abdruck. 2 M. 50 Pf. Ausgabe v. Winter. Siehe S. 25.

Handelsgesetzbuch nebst **Einführungsgesetz** u. **Seerecht.** Siebenter Abdruck. 1 M. 80 Pf.

Ausführungsanweisung zur Gewerbeordnung vom 1. Mai 1904 nebst der preuß. technischen Anleitung. 2 M.

Militärstrafgerichtsordnung nebst **Einführungsgesetz u. Ges., betr. Dienstvergehen der richterlichen Militärjustizbeamten u. unfreiwillige Versetzung derselben usw. Militär-Strafgesetzbuch** *) mit Abdruck der entsprechenden Bestimmungen des Reichs-Strafgesetzbuchs. Zweite Auflage. 1 M. 50 Pf.

*) Ist auch einzeln zu haben. Preis 1 Mk.

Wechselordnung in der Fassung der Bekanntmachung v. 3. Juni 1908. Mit Anhang: **Wechselprozeß- und Ausführungsanweisung.** Text-Ausgabe mit Einleitung und Sachregister. 1908. 1 M.

Guttentag'sche Sammlung von Text-Ausgaben mit Sachregister ohne Anmerkungen.

Bürgerliches Gesetzbuch nebst Einführungsgesetz. Für Preußen unter Einfügung der sämtlichen Ausführungsbestimmungen. Von Landrichter Dr. **Paul Winter.** 1901. 8⁰. Geb. in Leinen 3 M.

Die Preußischen Ausführungsgesetze, Verordnungen und ministeriellen Verfügungen zu dem Bürgerlichen Gesetzbuche und den Reichs-Justizgesetzen nebst anderen zugehörigen Gesetzen. Textausgabe, nach Materien geordnet, mit Sachregister von **L. Busch.** Zweite Auflage von Gerichtsassessor **O. Eylau.** 8⁰. Preis geb. 4 M. 50 Pf.

Die Preußischen Ausführungsgesetze zum Bürgerlichen Gesetzbuche und Nebengesetze. Text-Ausgabe ohne Anmerkungen. Fünfte Auflage. Taschenformat. Preis geb. in ganz Leinen 1 M. 80 Pf.

Preußische
Bürgerliche Gesetzsammlung.

Sammlung der noch geltenden Landesgesetze privatrechtlichen Inhalts. Herausgegeben von den Gerichtsassessoren

D. Fischer und **Dr. F. Schroeder.**

8⁰. 2 Bände Preis geb. in ganz Leinen 20 M.

Erster Band: **Das Allgemeine Landrecht mit den Einführungs-Patenten.** Preis 6 M.

Zweiter Band: **Gesetze von 1773–1902.** Preis 14 M.

Preußisches Baupolizeirecht.

Mit Kommentar der Baupolizeiverordnung für die Vororte von Berlin. Vom 28. Mai 1907.

Von

Gemeinde-Baurat **Carl Haß,**
Königlichen Regierungsbaumeister a. D.

Preis ca. 6 M. 50 Pf.

Invalidenversicherungsgesetz vom 13. Juli 1899. Handausgabe mit Anmerkungen nebst den Ausführungsverordnungen der Reichsbehörden und der Preußischen Landeszentralbehörden sowie einer Übersicht über die zuständigen Landesbehörden. Herausgegeben von Dr. Richard Freund, Vorsitzendem der Landes-Versicherungsanstalt Berlin. Dritte vermehrte und verbesserte Auflage. Preis geb 5 M.

Wie leitet man eine Versammlung? Geschäftlicher Handweiser für Vorsitzende. Von einem Mitgliede des deutschen Reichstages und des preußischen Abgeordnetenhauses. Zweite Auflage. 1908. kart. 1 M.

Praktischer Ratgeber für Dienstherrschaften nach dem Preuß. Gesinderecht unter Berücksichtigung der neueren Entscheidungen bearbeitet von H. Grieben, Verwaltungsdir. a. D. u. Bürgermeister. 1908. 1 M.

Fluchtliniengesetz. — Das Gesetz, betreffend die **Anlegung und Veränderung** von Straßen und Plätzen in Städten und ländlichen Ortschaften vom 2. Juli 1875. Des Kommentars von weil. Oberverwaltungsgerichtsrat R. Friedrichs. Sechste, völlig neubearbeitete Auflage. Von Senatspräsident Dr. jur. Hugo von Strauß und Torney. 1909. Im Druck.

Handbuch des Testamentrechts mit zahlreichen Beispielen und Formularen. Dargestellt von Heinrich Peiser, Landgerichtsrat. gr. 8° (496 S.). Zweite Auflage. Preis 9 M., gebunden 10 M.

Die **Haftpflicht der Beamten.** Nach Reichsrecht und dem Recht der deutschen Bundesstaaten unter Berücksichtigung der Haftpflicht des Staates (Gemeindeverbandes usw.). Von Landrichter Dr. H. Delius. 1901. 8°. (147 S.) Kart. 2 M.

Das Recht der Handlungsgehilfen und Handlungslehrlinge auf Grund des Handelsgesetzbuches, der Reichs-Gewerbeordnung, der Reichs-Versicherungsgesetze und des bürgerlichen Rechts dargestellt für Juristen und Kaufleute. Von Rechtsanwalt Hugo Horrwitz. 2. vollständig neubearbeitete Auflage. 1905. (203 S.) Geb. in Leinen 3 M.

Handelsgesetzbuch vom 10. Mai 1897 nebst Abdruck des Gesetzes über die Angelegenheiten der freiwilligen Gerichtsbarkeit und Gerichtsverfassungsgesetz (Titel 7, Kammern für Handelssachen). Zu praktischem Gebrauch dargestellt von Oberlandesgerichtsrat H. Könige. 1899. 8°. (410 S.) Geb. in Leinen 4 M. 50 Pf.

Das **Kommunalabgabengesetz** vom 14. Juli 1893. Für den praktischen Gebrauch mit einer geschichtlichen Einleitung und Erläuterungen versehen, sowie mit einem die Ausführungsanweisung berücksichtigenden Nachtrag. Kommentar von Oberbürgermeister Dr. Franz Adickes. 1894. 8°. (417 S.) Kart. 6 M.

Konkursordnung mit Einführungsgesetz, Nebengesetzen und Ergänzungen in der Fassung des Gesetzes vom 17. Mai 1898. Kommentar von Oberlandesgerichtsrat Dr. Th. Wolff. 1900. gr. 8°. (555 S.) 11 M., geb. in Leinen 12 M.

Das **Wohnungsmietrecht** nach dem Bürgerlichen Gesetzbuch. Zum praktischen Gebrauch für Juristen, Hausbesitzer und Mieter bearbeitet von Rechtsanwalt und Notar Th. Loomann. 1900. 8°. (144 S.) 2 M.

Die **Verfügungen in Grundbuchsachen**. Leitfaden für Grundbuchbeamte, Notare und Referendare. Von Amtsgerichtsrat Max Löwenherz. 1904. (115 S.) gr. 8°. 2 M., geb. in Leinen 2 M. 50 Pf.

Die **Tätigkeit der Polizei in Strafsachen** auf Grund der Reichsjustizgesetze und des Preußischen Rechts für Polizeiverwalter und Polizeibeamte. Von Oberverwaltungsgerichtsrat St. Genzmer. 4. Auflage. 1900. 16°. (117 S.) Kart. 90 Pf.

Die Registratur. 2. Auflage. 1906. Von Hermann Kollrack, Kgl. Polizeisekretär am Berliner Polizeipräsidium. 8°. (84 S.) Kart. 1 M. 40 Pf.

Die Pflichten des Waisenrates. Ein praktischer Leitfaden für Waisenräte und Verwaltungsbeamte. Von F. Baum, Geh. Justizrat und Vormundschaftsrichter. Achte vermehrte und verbesserte Auflage. 1906. 8°. (46 S.) 60 Pf.

Der Vormund, Gegenvormund, Pfleger u. Familienrat. Nach dem Bürgerlichen Gesetzbuch, dem Reichsgesetz über die Angelegenheiten der freiwilligen Gerichtsbarkeit und dem Ausführungsgesetz zum BGB. Ein praktischer Leitfaden. Von F. Baum, Geh. Justizrat und Vormundschaftsrichter. 1899. 8°. (64 S.) 50 Pf.

Gesetz zum **Schutz der Warenbezeichnungen** vom 12. Mai 1894, nebst Ausführungsbestimmungen. 2. Auflage, bearbeitet von Dr. A. Seligsohn in Gemeinschaft mit Rechtsanwalt Martin Seligsohn. 1905. gr. 8°. (353 S.) 7 M., geb. 8 M.

Das **Wildschadengesetz.** Vom 11. Juli 1891. Kommentar von Dr. A. Holtgreven u. Dr. Th. Wolff. Vierte vermehrte und verbesserte Auflage. 1902. 8°. (224 S.) 4 M., geb. in Leinen 4 M. 50 Pf.

Das **Reichsgesetz zur Bekämpfung des unlauteren Wettbewerbs** nebst den ergänzenden Bestimmungen des Bürgerlichen Gesetzbuchs. Kommentar von Justizrat Albert Pinner. 1903. gr. 8°. (189 S.) 5 M., geb. in Leinen 6 M.

Verfassung des Deutschen Reichs. Mit Einleitung und Kommentar. Dritte, stark vermehrte und verbesserte Auflage. Von Prof. Dr. A. Arndt. 1907. 8°. (436 S.) 4 M., geb. in Leinen 5 M.

Das Recht der Agenten nach Deutschem Handelsrecht. Ein Kommentar zu §§ 84—92 des Handelsgesetzbuches von Dr. Carl Albrecht und Dr. Paul Tentler, Rechtsanwälte in Hamburg. 1908. gr. 8°. VIII und 202 S. Geb. in Leinen 4 M.

Erbrechtsreform. Ein sozial-politischer Vorschlag zur Befestigung der Reichsfinanzen. Von Justizrat Bamberger-Aschersleben. 8°. 1908. Preis 1 M.

Die **Rechtsverhältnisse der geschlossenen Gesellschaften und Vereine** nach preußischem Recht unter besonderer Berücksichtigung der Befugnisse der Polizeibehörden. Von Dr. H. Delius, Landrichter. 1902. 8°. (85 S.) kart. 1 M. 60 Pf.

Handbuch zum Verfahren der Zwangsversteigerung und Zwangsverwaltung nach dem Reichsgesetz v. 24. März 1897 (Fassung vom 20. Mai 1898). Ein Hilfsbuch für die Praxis und ein Lehrbuch für jüngere Juristen von Amtsgerichtsrat M. R. Samter. 1904. gr. 8°. (392 S.) 8 M. 50 Pf., geb. in Halbfr. 10 M.

Handbuch für Vereine bei Aufstellung, Beratung und Änderung der Vereinssatzung auf Grund der §§ 21—79 des Bürgerlichen Gesetzbuches. Mit erläuternden Anmerkungen, einer sachlichen Einleitung sowie einem Satzungsentwurf versehen von Paul Behrens. 1899. 8°. (57 S.) kart. 1 M.

Schlagwort-Register.

R. = Nummer der Sammlung Deutscher **Reichs**gesetze.
P. = Nummer der Sammlung **Preußischer** Gesetze.
S. = Seite.

FSC
www.fsc.org
MIX
Papier | Fördert gute Waldnutzung
FSC® C083411

Kolibri 360 GmbH
Ferdinand-Jühlke-Straße 7
99095 Erfurt, Deutschland
produktsicherheit@kolibri360.de